日本を壊した政治家たち

安倍晋三から裏金自民党政権まで

佐藤　章
Akira SATO

五月書房

まえがき

戦後初めて選挙で政権交代を成し遂げた民主党政権が崩壊し、自民党の安倍晋三政権が成立してから10年ちょっと、個人としての安倍は存命ではないが、時代としての「安倍時代」は現在にいたるもいまだ続いているとぼくは考える。

「うそは安倍晋三の始まり」。流行語のようになった週刊誌の中づり広告のタイトルは、この「安倍時代」の特徴をよく表していると思う。自民党政権をはじめ、この国の権力の磁場にはうそがはびこり、そのうそがまた新たなうそを次々にひきつけていく、という構造があちこちに見られた。もちろん、うその構造の上には真実で頑丈な建築物が構築されるわけはなく、日本のいたるところで、蜃気楼のような構築物が現出した。

こういう「安倍時代」に本当のサヨナラを。ぼくは、心の底からそのことを訴えたい。「うそは安倍晋三の始まり」というこの10年間の時代に別れを告げなければ日本社会、日本政治の未来はない。少なくとも日本社会、日本政治の上に、真実で頑丈な建築物は何一つ構築されるわけがない。ぼくは心底そう考えている。そして、この本に収めた短編ドキュメントは、いずれもそういう「安倍時代」に反撃を食らわす目的をもって、その時々に書かれたものだ。「うそは安倍晋三の始まり」というトーンがこの時代の主調であったとすれば、ぼくの短編ドキュメントはいずれも「反時代的」な性格を帯びざるをえない。

次に、「安倍時代」は現在にいたるもいまだ続いている、という命題について考えてみたい。

小池百合子という「政治家」が存在する。カイロ在住時代の同居者やかつての腹心などから「学歴詐称」が明らかにされ、カイロに住んでいたころには当地の一流ホテルから食器類などをたびたび盗み出していた事実まで赤裸々に暴露された。だが、こんな「常識」外れの人間がうそをつき続けて東京都知事の椅子に座り続けている。

そして高市早苗という自民党国会議員がいる。現岸田文雄内閣の経済安全保障担当大臣だが、2021年秋の自民党総裁選に立候補するまで、現在のように政界の重鎮的存在になるとはだれも考えていなかったのではないか。

これを正確に言えば、2021年の自民党総裁選に立候補した段階では、だれもが泡沫候補と考えていただろう。

ところが、この総裁選の最中のある日、元首相である安倍が突如、高市支持を表明して情勢がガラリと変わった。

ぼくはその情報に接したその日のことをよく覚えているが、安倍が自民党内外の周辺に根回しに動いて、高市は一躍、岸田、河野太郎と並ぶ本命の一人となった。自民党総裁選には敗れたが、高市が党の重鎮と目されるようになったのはこの時を境にしてのことだ。

そして、この総裁選の渦中で、高市は非常に突出したことを主張し始めた。防衛費をこれまでの2倍にして対GDP（国内総生産）比2％にするという主張だ。この時はいかにも高市らしい突拍子もない主張だと受け取られていたが、その後の世論の変化と、それを受けての安倍自身による主張によって日本社会に定着していった。そして、2022年暮れの岸田内閣による防衛3文書策定によって、2年前まで「突拍子もない主張」とされていたものが現実のものとなってしまった。

まず防衛費2倍について結論的に言っておかなければならないが、この2倍はほとんど無意味である。まず、概略を言っておくと、この2倍となった防衛費はアメリカの軍産複合体とそれに巣くう政治家や経済人を潤すだけだ。

戦後日本の防衛費はこの時までGDP比1％だった。それがなぜ2倍の2％に跳ね上がったのだろうか。この謎を解くには、その前史となっている日本の首相・安倍と、アメリカの大統領・トランプとの関係を考えなければならない。

安倍の第2次政権以来、アメリカからの高額兵器納入が続いた。それも、F35や、中途で買うことをやめたイージス・アショアなどの高額兵器の購買が続いただけではない。安倍・トランプの日米体制が続く間に購入の仕方自体が変わっていった。

通常の商取引であれば、たとえばアメリカの軍需企業であるロッキードやレイセオンなどから日本政府が直接購入するはずだが、安倍・トランプの間にFMS（有償軍事援助）と呼ばれる契約の形がぐっと増えた。この契約ではアメリカの高性能装備品が調達しやすくなる反面、アメリカ側の「言い値」での取引となってしまい、通常の商取引の場合の2倍から3倍の価格になってしまうケースが多い。

安倍政権や菅政権を無批判に引き継いでいる観の強い岸田政権では、2023年度の防衛省当初予算案で、アメリカからのFMS方式による契約額は過去最高の1兆4768億円となった。このFMS購入額は突出しており、さすがに会計検査院も問題視した。

簡単に言ってしまうと、安倍がFMS方式でアメリカの高額兵器を買い続けてきたために日本の防衛費が足りなくなってしまったのだ。それで、安倍とトランプの間で日本の防衛費を2倍にしようという話になったというわけだ。

防衛費を2倍にして具体的にどうするのか。具体的には、日本が反撃能力を持つと言っている。

その第一の手段はトマホークだという。しかし、このトマホーク、中国内陸部には届かず、マッハ1も出ない。トマホーク発射後に出発した自衛隊のジェット戦闘機に追い抜かれてしまう。これでどうやって反撃能力なのか。トマホークはレイセオン社の巡航ミサイルだが、1960年代設計で日本以外では今やだれも相手にしていない。これを2000億円以上で500発買う。アメリカ軍需企業にとって日本ほどありがたい在庫処理のマーケット、顧客は存在しない。

そして、この防衛費2倍、5年間で43兆円というとてつもない防衛予算の支払い内訳はどうなっているのだろうか。ぼくは、それを見た関係者の話を直接聞いた。これはもちろん公表されておらず、政府は極秘にしているが、その内訳、内実は驚くべきものだった。

実は、43兆円のうち、90％はアメリカ製兵器であり、国内製は10％程度だと関係者は証言した。

そして、ここで「台湾有事は日本有事だ」という安倍の不用意な発言が飛び出した。日中間に緊張を招いたが、実は、安倍にとってはこの発言は不用意でも何でもなく、その反対に用意周到な発言だった。

日本の周辺で安全保障環境の変化がなければ防衛費2倍はあまりに不自然となる。このために、中国の台湾武力侵攻という「神話」を利用した。アメリカの軍事研究所もこれに協力して台湾有事の際のシミュレーションを発表した。

しかし、現実問題として中国の台湾武力侵攻はありえない。中国の台湾統一のシナリオは長期的、経済的なもので、武力侵攻の選択肢はない。ただ一つ、台湾が独立を目指す時だけに武力侵攻の選択肢を残しているが、それは現実的にありえない。

岸田政権が防衛費の2倍を決めた後、アメリカのブリンケン国務長官は中国に飛んで習近平国家主席と会談、アメリカは台湾独立を支持しないことを明言した。これで台湾独立の動きから中国による台湾武力侵攻というシナリオはまったくなくなり、逆に言えば、日本が防衛費を2倍にする意味もほとんど消えてしまったのだ。

しかし、それにもかかわらず、防衛費2倍という安倍時代の負の遺産だけが残され、日本国民は今後21世紀の後半まで増税に苦しむことになるのである。

高市と安倍の関係をたどれば、この防衛費2倍の問題の前に、放送法の解釈変更の問題があった。放送法の解釈を勝手に変えて、一つの番組でも自民党の意に染まない番組があれば、そのテレビ局の電波停止まで宣言できるようにしてしまおうと陰で企図していた問題だ。

放送法の従来の解釈では、テレビ局の政治的公平というものは、そのテレビ局の番組全体の構成を見て判断するというものだったが、首相の安倍と総務相の高市は、一つの番組でもそういうことを判断して、2016年2月8日には、高市は衆院予算委員会で、テレビ局が政治的な公平性を欠く放送を繰り返したと判断した場合、電波停止を命じる可能性があることを明言した。

ぼくの推測だが、高市のこの電波停止宣言によってテレビ局は相当おとなしくなってきたために、安倍の究極の狙いとしては、放送法そのものをなくしてしまって、すべて安倍翼賛体制のテレビ局ばかりにしてしまおうと考えていたのだと思う。この狙いはテレビ関係者やマスコミにあまりに批判が強かったために実現はしなかったが、まず考えていただろう。いかに戦前のような独裁体制、安倍翼賛体制を狙っていたかということだ。

放送法というものは、もともとそういう事態となってしまうことを許さないために、戦後すぐの民主主義形成過程で出来上がった法律だ。そしてそれを壊そうとした安倍という人間は、戦前からタイムマシンでやってきたような人間だった。放送法について壊そうとしかけたが、半分だけ壊していなくなっていった。半分だけ壊したという意味は、安倍政権以来、有能なテレビキャスターたちが次々にクビを切られていった姿を見れば明らかだ。そして今テレビキャスターをやっている人たちは、ジャーナリストとしてのその姿勢において、去っていったキャスターたちに比べて批判力が格段に落ちていることは事実だろう。

「安倍時代」を考えるにあたって、もう一人の人間を考えてみたい。

自民党の萩生田光一政調会長は、自民党内において統一教会との密着度はほとんどトップクラスだ。ぼくは、自分が日々出演して時事問題を解説しているYouTube番組「一月万冊」で、萩生田政調会長のことをしばしば「バーベキュー萩生田」と呼んでいる。

なぜか。2022年8月に放送されたTBS系の『報道特集』で、自民党が野党だった2009年から2012年、落選中の萩生田が頻繁に統一教会の施設を訪れて、バーベキューつきの講演をおこなっていたという元信者の証言が報じられたからだ。しかも萩生田はただ講演しただけではない。信者たちに対して「一緒に日本を神様の国にしましょう」と呼びかけていたことも報道された。

そして、実を言えば、萩生田の選挙戦術は完全に宗教票頼みなのだ。宗教団体をめぐり歩くことこそ選挙運動と心得ている。創価学会にも4万票ほどお世話になっているが、このTBSをはじめとする報道であまりに統一教会と一体化していることがばれてしまった。さらに萩生田は統一教会だけではなく、幸福の科学にもアプローチしていることが暴かれてしまい、八王子方面の創価学会責任者が激怒して、萩生田に対して「あのやろう」と怒りをぶちまけているという話だ。

この萩生田は、岸田自民党政権にあっては党の政調会長という重職にあった。防衛費の2倍について自民党内の意見をまとめ、統一教会による被害者の救済法案の調整役となった。萩生田はもちろん安倍派の重鎮だった。安倍亡き後の派閥の頭目の椅子も狙っていた。岸田にとって解散前の最大派閥・安倍派は最も恐れなければならない集団であり、統一教会と一体化していようと何をしようと萩生田は最も気を使わなければならない人間だった。

かくして、安倍と統一教会との関係をそのまま引き継いだかのような萩生田に対して党の重職を与え、岸田自らその萩生田の意に沿うように行動していた。

そして、先に言及したように、安倍自身の別動隊として安倍に重宝されてきた高市も岸田によって重視されている。

現在の首相、岸田によって「安倍時代」は維持されている。政治の動きを象徴する政権党内の顔ぶれを見ても、言及した通り、萩生田と高市という「安倍時代」の第一の顔役は変わらない。安倍がレールを敷いた防衛費2倍については2023年暮れに簡単に決定した。

そして、安倍自身が最大の政治課題とした改憲について、岸田は自らの政権維持を念頭に積極姿勢を見せている。つまり、ここまで述べてきたように、岸田という国会議員には批判力という能力が圧倒的に欠乏しており、自らの政権維持のためなら何にでもすがりつくという性向を示している。

こうして、岸田は「安倍時代」にサヨナラするどころか、それを維持することに汲々としている。したがって、「安倍時代」に別れを告げなければならないというぼく自身のジャーナリストとしての社会的使命はまだまだ一息も二息もつきそうもない。

その「安倍時代」について時々刻々報告してきた最初のリポートは、まさに憲法問題、それも平成の天皇、つまり現在の上皇と安倍が最も鋭く対立していたという大問題について、その直接の目撃者、歴史の証言者の証言を基に報告したものだ。その最初のリポートをはじめとする数々の「反時代的」リポートを読まれ、「反時代的」考察を深めていただきたい。

佐藤 章

目次

まえがき……2

安倍首相と明仁上皇(上)……21
明仁上皇の思いは、安倍政権にはなく、沖縄とともにあった
2019年05月09日

安倍首相と明仁上皇(下)……39
「国民統合の象徴」を問う上皇のメッセージを封印した安倍政権の有識者会議
2019年05月17日

F35墜落事故は本当にパイロットが原因なのか……55
105機の追加購入に1兆2000億円。トランプとロッキードへの遠慮が見え隠れ
2019年06月28日

核燃料サイクルはマネーもぐるぐる回る……71
関西電力の原発マネーだけではない。六ケ所村の核燃マネーの恐るべき実態
2019年10月14日

『パラサイト』で日韓を考え抜く
〜ソン・ガンホの言葉とポン・ジュノの微笑……87
2020年02月26日

コロナ禍は安倍内閣の人災だ
〜「春節訪日熱烈歓迎」動画の舞台裏……101
中国国民訪日を熱烈歓迎、海に浮かぶ培養皿…。素人でもわかる過ちをなぜ繰り返すのか
2020年03月11日

安倍首相が語った「コロナのピークを遅らせる」と
「五輪開催」の政策矛盾……117
検査数はなぜ抑制されているのか。そこを深掘りすると安倍内閣の末期症状が見えてくる
2020年03月17日

公文書改竄で自殺した近畿財務局職員の「手記」を手に、
私は石破茂に会いに行った……133
2020年03月21日

「日本型雇用」の幻想
～「昔はみんな年功賃金と長期雇用だった」は本当か？…… 147
2020年03月27日

緊急事態宣言が目前に迫る！
「首都封鎖」そしてその先にあるもの…… 159
2020年03月28日

私はこうしてコロナの抗体を獲得した《前編》…… 169
保健所は私に言った。「いくら言っても無駄ですよ」
恐らくはジャーナリストとして初めてであろう「私のコロナ体験記」
2020年04月23日

私はこうしてコロナの抗体を獲得した《後編》…… 177
ＰＣＲ検査の意外な結果、そして…
恐らくはジャーナリストとして初めてであろう「私のコロナ体験記」
2020年04月24日

悪いのは「西浦モデル」ではない。
何もしてこなかった安倍政権だ……189
西浦教授の「接触8割削減」を突出させた安倍政権の無策
2020年05月05日

国民に自粛を強いる「8割削減」目標を根底から疑え！……201
西浦教授はなぜ、現実の数値とは言えない「8割削減」に固執したのか？
2020年05月08日

「37・5度以上が4日以上」の目安は国民の誤解だったと
言い放った加藤厚労相の傲慢……213
PCR検査をなりふり構わず抑制して安倍政権が守りたかったもの
2020年05月13日

「感染者数」より「超過死亡」に注目せよ！
～東京は6週間で300人……223
世界の潮流である「超過死亡」を、なぜ日本のメディアは無視するのか
2020年05月20日

「超過死亡グラフ改竄」疑惑に、
国立感染研は誠実に答えよ！……237
不可解なグラフの変化を検証するため、国立感染研は原数字などのデータを公開せよ
2020年05月27日

何一つ有効な対策を打たなかった安倍首相が言う
「日本モデルの力」とは？……253
コロナ第2波に備え必要なのは「日本モデル」の解体だ！
2020年06月07日

ポスト安倍は「麻生」か「菅」か／安倍vs二階の攻防激化……267
安倍内閣総辞職の可能性強まる。「佐藤栄作」越えの24日以降か
2020年08月21日

「安倍・麻生」vs「二階・菅」
国家権力を私物化する総裁選の行方……277
麻生総理、二階総裁、菅幹事長……「総総分離」案も浮上!?
2020年08月29日

デジタル庁に忍び寄るアマゾン
～国家の機密情報や国民の個人情報は大丈夫か？……289
菅政権「デジタル改革」の罠（1）
2020年09月27日

アマゾンに日本政府のＩＴ基盤を丸投げする菅政権
～ＮＴＴデータはなぜ敗北したのか……301
菅政権「デジタル改革」の罠（2）
2020年09月28日

デジタル庁初代長官は竹中平蔵氏!?……315
菅政権「デジタル改革」の罠（3）
2020年09月29日

パンケーキとグループ・インタビュー
／菅首相と政治部記者の歪んだ関係……327
内閣記者会の記者たちは、もう一度初心に立ち返り真実を追求する志を取り戻すべきだ
2020年10月08日

菅総理と検察が安倍氏に迫る「政界引退」……339
「安倍前首相秘書ら聴取」の舞台裏と今後の行方を読み解く
2020年11月28日

『粛清裁判』『国葬』『アウステルリッツ』
〜「群衆3部作」が問う現代の民主主義……353
セルゲイ・ロズニツァのドキュメンタリー映画を観て
2020年12月08日

驕れる者は久しからず
〜「安倍氏立件」はあるのか……369
安倍前首相に壊された法治国家を取り戻すために
2020年12月14日

沖縄・西表島の炭坑に眠る台湾の記憶
〜黄インイク氏の最新映画『緑の牢獄』……379
騙されて島にやって来た橋間おばあ、台湾人坑夫は何を思って生きていたか
2021年04月01日

21世紀は人に優しい新たな戦争の時代
〜戦場のＡＩ化が進み「死傷ゼロ」……391
中国軍の現役将校が縦横に展開するＡＩ戦略の未来の驚くべき中身
２０２１年05月23日

コロナワクチン接種のチェック体制の再構築を
〜副反応疑い死の遺族が遺族会結成……401
２０２２年11月05日

※以下、本文中で使用した写真は、特記なき限りすべて朝日新聞社の言論サイト「論座」に当該記事が掲載された時と同じもので、写真の著作権は朝日新聞社が有しています。

安倍首相と明仁上皇（上）

明仁上皇の思いは、安倍政権にはなく、沖縄とともにあった

２０１９年05月09日

明仁上皇と安倍首相の軋み

右翼団体「一水会」が安倍首相に対して怒りを表明している。「一水会」の公式ツイッターからその言葉をまず引用しよう。

安倍総理が、４月30日の天皇陛下の退位礼正殿の儀で「天皇皇后両陛下には末永くお健やかであらせられます事を願って已みません……あらせられます事を願って（已）いません」とやってしまった。これでは意味が逆。問題は、官邸ＨＰから映像削除したこと。潔く字を間違えたこと認め不見識を謝罪せよ。

次のツイートでこう言葉を継いでいる。

安倍総理の国民を代表しての挨拶だが、確かに滑舌の問題もあろう。しかし、一世一代の大厳粛なお役目を努める立場である。間違いがあってはならない。本来、自身が心情を込めた代表文を作成して準備万端にしておく。それが叶わなかったならば、一度、二度と確認は必要だ。慢心が不見識を招いている。

安倍首相が、退位する天皇と皇后の前で「国民を代表して」あいさつしたが、その際に「已みません」という文字を読めなかったのかどうか「いません」と発音してしまった。

これでは「お健やか」であることを願わないこ

「退位礼正殿の儀」で天皇陛下（当時）に国民代表の辞を述べる安倍晋三首相＝ 2019年 4 月 30 日、皇居・宮殿「松の間」

とになってしまい、戦前ならば「不敬」なこととして大きい騒ぎになっただろう。

さすがに「一水会」は「慢心が不見識を招いている」として「不見識を謝罪せよ」と糾弾しているが、明仁上皇に対する安倍首相の「慢心」、「不見識」はこれにとどまるものではない。「生前退位」を打ち出した明仁上皇がまさに退位するまで、安倍政権のほとんど礼を失するような対応が進行していた。

なぜ、このような事態が起こるのか。

憲法の第1章に置かれた「天皇」は神や現人神ではない。人間である。この日本で、「天皇」と呼ばれるただひとりの人間として、85年の人生をかけて「国民統合の象徴」（憲法第1条）の意味をひとり実直に考え続け、その地位からの「生前退位」の考えを初めて強く打ち出した。その明仁上皇の歴史認識、社会観、さらには人間観と、安倍政権のそれらとはあまりに深い逆断層を形成している。

自らの存在基盤である憲法の意味を考え続け、まさに「国民統合の象徴」として立ち続けてきた明仁上皇と、憲法の精神を省みず何度も違憲の疑いをかけられている安倍首相とでは、互いに相互理解の理路が欠けている。上皇関係者への取材なども踏まえて、その逆断層の構造を報告しよう。

明仁上皇の基本的な歴史認識と安倍政権のそれとが、深い地表下で人知れぬ激しいきしみを生じさせた事例をまず見てみよう。

「主権回復の日」のハプニング

２０１３年４月28日午前、それは、東京・永田町の憲政記念館のホールで起きた。第２次安倍政権が発足してほぼ４カ月が経ったこの日、政府主催の「主権回復・国際社会復帰を記念する式典」（主権回復の日）が開かれた。１９５２年の同日、サンフランシスコ講和条約が発効し、日本政府に主権が戻ってきたことを祝う式典だ。

現在ユーチューブでもその様子を見ることができるが、登壇した上皇夫妻を取り囲んだ安倍晋三首相や麻生太郎財務相らが力強く「君が代」を斉唱した。

その後、式典が終了し退席しようとしたその時、ハプニングが起きた。突然「天皇陛下、万歳」の声がかかり、会場は「万歳」の大声の渦となった。安倍首相も壇上で万歳三唱に加わったが、上皇夫妻の表情は硬く、沈黙したまま会場を後にした。

突然の万歳三唱、そして硬い表情の裏には、実は明仁上皇の人知れぬ苦悩があった。万歳三唱どころではない。この式典に出席するべきかどうか思い悩んでいたのだ。

式典出席の要請を受けて、明仁上皇は参与会議の議題にかけた。参与というのは天皇の相談役だが、この時、明仁上皇の疑問と苦悩に応えてくれる相談役はいなかった。

「日本が講和条約を締結した時、沖縄はその中に入っていないじゃないか。沖縄が独立の中に入っていない状況で、それを記念するというのはどういうものだろうか」

出席者の記憶では、明仁上皇の疑問は、このような言葉で表現された。

疑問の背景には沖縄の歴史がある。1945年3月から6月にかけて悲惨きわまる地上戦が繰り広げられ、沖縄住民の約3分の1が犠牲になった。集団自決の例も数多く報告されている。

そして戦後、講和条約からひとり取り残され、1972年まで米軍に統治され続けた。以来、沖縄県民は、米軍基地のために土地を奪われ、米兵の犯罪や米軍用機の事故に悩まされ続けた。県内では4月28日は「屈辱の日」と呼ばれ、2013年のこの日も、政府主催の記念式典と同時刻に、宜野湾市で「屈辱の日」大会が開かれた。

つまり、この日付をめぐる明仁上皇の思いは、

「主権回復」式典に参列した天皇、皇后両陛下(当時)。式典が終わり退席する際、「天皇陛下、万歳！」の声が上がった＝ 2013 年 4 月 28 日、東京都千代田区

安倍政権にはなく、沖縄とともにあった。

しかし、政府主催の式典への出席要請を断るとなれば、政権との対立を深めることになる。参与会議は深刻な空気に支配されたが、政権との衝突を回避する意見が大勢を占めた。

出席を承諾した明仁上皇はやむなく、出席にあたって自身の意見を述べる意思を示したが、これも「おやめになった方がいい」という反対意見に阻まれた。沖縄県民の苦難の歴史に添いたいという心情は、ことごとく政権の意思を忖度する参与会議の壁に跳ね返された。コメントや挨拶なしの明仁上皇の沈黙の裏にはこのような事情があったのだ。

天皇家と安倍政権の沖縄を巡る落差

さらに、沖縄が「日本独立」からひとり取り残された裏には、昭和天皇をめぐるもうひとつ複雑な事情が隠されていた。

1947年9月19日、側近の寺崎英成を使って連合国軍総司令部（GHQ）のシーボルト外交顧問を訪ねさせた。「寺崎が述べるに天皇は、アメリカが沖縄を始め琉球の他の諸島を軍事占領し続けることを希望している」（1947年9月20日付マッカーサーあてシーボルト公文書、同22日付マーシャル国務長官あて同公文書）というメッセージを伝えさせたのだ。

昭和天皇のまさに冷徹な意思を貫徹させたものと言えるが、様々な歴史資料をも渉猟する明仁上皇は、このような裏の秘史をも恐らくは熟知しているだろう。

沖縄県民の側に立って、苦悩しつつ政府主催の式典に出席した上皇は、さらに「天皇陛下、万歳」の唱和に直面し、硬い沈黙の表情の裏で苦悩を味わっていたにちがいない。

「沖縄問題に対する現政権の処し方と天皇陛下（明仁上皇）の見方とは全然違うんですよ」

この時会議で相談を受けた参与の一人は、安倍政権と上皇の間に横たわる深刻な断層を指摘した。

この記念式典が開かれる直前、私は、沖縄本島の米軍北部訓練場に接する東村高江地区を訪ねていた。オスプレイの着陸帯であるヘリパッドの建設地帯だ。現在、激しい建設反対運動が展開されている。

その建設地帯にほど近い「土地」を訪ね、私は衝撃を受けた。平らな赤土が楕円形状に広がっているが、ほとんど植生がないのだ。太陽の光を浴びた赤土の上に、ぽつぽつとまばらな影を落としていたのは高さ30センチほどの小さな松だけ。まるで人工的に造られた空き地のようだった。

この北部訓練場は、これまでに部分的に返還されてきている。私が衝撃を受けた土地は、1960年代に米軍から返還されて以来、そのままの状態だった。つまり、ほぼ50年もの間、沖縄の太陽と雨の恩恵を受けながら、この土地だけはなぜかほとんど不毛の状態にあった。

ベトナム戦争で使われ、先天的な奇形など重い障害と悲劇を生み出した枯れ葉剤がここで貯蔵されていたのではないか――。

住民はそう疑っている。

沖縄を天皇即位後5回訪問した明仁上皇

さらにこの高江地区の住民には、消しがたい強烈な記憶がある。1960年代のベトナム戦争時の体験だ。

1964年8月26日、沖縄の北部訓練場内の「ベトナム村」を舞台に実施された軍事演習の写真を見ていただきたい。

貴賓席のような場所から眺めているのは当時のワトソン高等弁務官を中心とする米軍幹部たちだ。海兵隊員たちが、ベトコン役の住民をとらえるという演習だった。

ほぼ50年もの間、盆栽のような松しか生えていない土地。100人を超える米軍元将兵が沖縄での枯れ葉剤被害の救済を米政府に訴え、何人かは枯れ葉剤散布などを自ら証言。米陸軍の元高官は沖縄タイムズの取材に、1960年から2年間、北部訓練場内と周辺一帯で強力な枯れ葉剤「オレンジ剤」の試験散布を証言した。沖縄の施政権は1972年に日本に返還されたが、当時の佐藤栄作政権は、本来米国が負担すべき土地の原状回復費用を日本が肩代わりしてやり、さらにその事実を最後まで隠し通そうとした＝沖縄県東村高江

役柄とはいえ、住民たちは文字通り標的以外の何者でもなかった。現在予定されているオスプレイのヘリパッドがすべて完成すれば、高江地区は囲まれる形になる。住宅の上を飛び回るオスプレイや化学物質の貯蔵も、結局実戦前の標的訓練や準備なのではないか。「ベトナム村」の歴史的記憶を抱える住民たちの深刻な懸念だ。

戦争最終盤で悲劇的な地上戦が繰り広げられた沖縄。日本の主権回復にあたってはひとり取り残すメッセージを発した昭和天皇は、この沖縄の地をついに踏むことがなかった。

住民たちがベトナム人役に仕立てられた『ベトナム村』。左方の畑を米海兵隊が進むのが小さく見える。海兵隊員たちが、村に隠れていたベトコン役の沖縄の住民を捉えて演習終了というシナリオだった。貴賓席のような高台から当時のワトソン高等弁務官ら米軍幹部たちが見学している。＝ 1964 年 8 月 26 日、沖縄北部訓練場・東村高江（写真・沖縄県公文書館）

それに対して、明仁上皇は天皇即位後5回訪問している。皇太子時代に初めて訪れた1975年7月17日には、糸満市のひめゆりの塔で火炎瓶を投げつけられたが、その日の夜には談話を発表した。

「過去に多くの苦難を経験しながらも、常に平和を願望し続けてきた沖縄が、さきの大戦で、わが国では唯一の、住民を巻き込む戦場と化し、幾多の悲惨な犠牲を払い今日にいたったことは忘れることのできない大きな不幸であり、犠牲者や遺族の方がたのことを思うとき、悲しみと痛恨の思いにひたされます」

身体に危険の迫った初めての事件だったが、その後も沖縄訪問をやめることはなかった。

人々の記憶に残る上皇の戦跡慰霊の訪問は沖縄だけではない。

戦後50年の前年にあたる1994年2月、太平洋戦争最大の激戦地と言われた硫黄島を訪問、次いで1995年7月に長崎県と広島県を訪れて原爆犠牲者を慰霊、8月には沖縄県糸満市の国立沖縄戦没者墓苑に礼拝、さらに東京都墨田区の東京都慰霊堂で東京大空襲の犠牲者を追悼した。

戦後60年の2005年には、激戦地のサイパン島を訪れ、崖際に追い詰められた多数の日本人兵士や民間人が「天皇陛下、万歳」などと叫びながら断崖から身を投げたバンザイクリフに向かって深々と頭を下げ、黙祷した。

戦後70年の2015年には、やはり日本軍が壊滅したパラオのアンガウル島に向かって深々と頭

サイパン島バンザイクリフに向かって深々と黙礼する上皇夫妻
＝2005年6月28日

を下げた。

明仁上皇が慰霊の対象としたのは兵士だけではない。長崎や広島の原爆犠牲者や東京大空襲の犠牲者は先に触れたが、サイパン島では、沖縄出身者のおきなわの塔、韓国人慰霊塔にも向かい、黙祷を捧げた。

2014年6月には、沖縄県那覇市の対馬丸記念館を訪問、遺族らと懇談した。戦時中の1944年8月、沖縄から九州に向かっていた学童疎開船の対馬丸は鹿児島県沖で米潜水艦の魚雷を受けて沈没、約1500人の子どもたちが犠牲となった。この年、10歳だった明仁上皇は、千葉県成田から静岡県沼津、栃木県日光へと疎開先を転々としている。同じように疎開しようとした同年代の子どもたちの犠牲に強い衝撃を受けたようだ。

対馬丸や沖縄、長崎、広島、そしてサイパンやパラオ慰霊訪問にうかがわれるように、上皇の旅は、悲劇の歴史に対するひとりの人間としての深い感情と洞察に由来しているようだ。

象徴天皇制と戦争放棄の取引

明仁上皇は、日本人として忘れてはならない四つの日付を挙げている。

6月23日　沖縄慰霊の日
8月6日　広島原爆の日
8月9日　長崎原爆の日
8月15日　戦争の終わった日

そこには、安倍首相らが万歳三唱をした4月28日「主権回復の日」は存在しない。明仁上皇にとっては、日本人にとって最大の悲劇となった日々の記憶こそ忘れるべきではないのだ。

しかし一方で、最大の悲劇の日々をもたらした戦前日本の中心に存在していたのが昭和天皇であることは歴史の事実としてまちがいない。

昭和天皇の戦争責任問題は戦後何度も議論された。極東国際軍事裁判（東京裁判）では法廷に立つことはなかったが、議論は繰り返された。

しかし、昭和天皇は、「道義的責任」も法的責任も問われることなく、GHQのマッカーサーと巨大な取引に応じ、自ら「人間宣言」をして連合国軍の戦後間接統治を安定させた。

国民主権と象徴としての天皇（第1条）、そして戦争放棄（第9条）がうたわれた日本国憲法の誕生は、この巨大な取引の結果だ。

「人間宣言」をするまでの戦前の天皇はどのような存在だったのだろうか。

文学者としての戦争責任を問われながらも、戦前の自身の来歴を正直に詩篇に編んだ高村光太郎は、大日本帝国憲法発布の日、明治天皇の馬車行列の前に土下座させられた7歳の記憶をこうつづっている。

錦の御旗を立てた騎兵が見え、／そのあとの馬車に／人の姿が二人見えた。／私のあたまはその時、／誰かの手につよく押へつけられた。／雪にぬれた砂利のにほひがした。—眼がつぶれるぞ—

明治以来、戦前の天皇は神の子孫であり、直接見れば「眼がつぶれる」と子どもたちは教えられ、怖れられた。もちろん実際に目がつぶれた人間はいないが、怖れの心情だけは広がっていった。この心情の広がりの先には、「私たちの同年のある若者は—（略）—古事記をいだいてただ南海のジャングルに腐らんした屍となることを熱望していた！」[1]という一群の軍国少年たちの拡散があり、戦後、三島由紀夫の「文化概念としての天皇」という残光を漂わせてほとんど消えていった。

戦前、軍国少年のひとりだった評論家の吉本隆明は、高村の詩をひきながらこう解説する。

1　橋川文三「日本浪曼派批判序説」『橋川文三著作集1』所収、筑摩書房、1985

「ただ目の前を通っただけで、畏怖する存在だということ自体は、やっぱり権力だと僕は思います。――（略）――天皇は威圧する、畏怖する存在としては最大の存在だったといえそうな気がするんです」

なぜ、畏怖の「最大の存在」となったのか。吉本の説明は常識的で説得的だ。

そもそも日本列島に人が住みつき始めたのは天皇制の始まるはるか以前、数万年前の話だ。人々はそれぞれの地域で原始的な祭りの仕方を持っていたが、あとからやって来た天皇制が武力や組織的な力で支配権を確立し、それぞれの宗教的な信仰の形を次々に「接ぎ木」していった。このため、天皇制は政治的な権力でありながらも、それぞれの風土に根ざした現人神信仰を兼ね備えていった、というわけだ。

未開の王国

吉本とはちがう角度からのアプローチを試みた政治思想史家、丸山眞男の天皇制論を見てみよう。

丸山の天皇制との思想的対決は１９５９年に始まった。鶴見俊輔や加藤周一、竹内好らの協力を得て筑摩書房から『近代日本思想史講座』全８巻を出版し始めたが、丸山が担当した天皇制を中心とする第2巻「正統と異端」は、丸山が死去した1996年にいたるもついに出版しえなかった。丸山自身、天皇制をめぐる思想的正統性の根拠をつかみえなかったからだ。

丸山によれば、正統概念には、「一定の教理・教義」を前提としてその中で正統性を論じるキリスト教などのような宗教的なorthodoxy（O正統）と、「成員の服従を徴求しうるため」だけの支配のためのlegitimacy（L正統）のふたつがあり、天皇制は後者のL正統に過ぎなかった。

この結論を得た丸山は、前述の土着宗教との「接ぎ木」を見る吉本からは批判されたが、L正統の上に、明治以降の天皇制官僚国家という日本独特の近代国家体制が築かれていく構造を分析していった。

この天皇制官僚国家の体制は、英国の哲学・政治社会学者、アーネスト・ゲルナーが引いたナショナリズムの補助線を見ると、わかりやすい。ゲルナーは、近代的なナショナリズムが成立する由縁を説明、産業社会の形成とともに、読み書きを入り口とする中央集権的な教育システムが整序され、その集約点として「ナショナリズムの要請」が高まっていく、と説明している。

近代的な産業社会が形成されていった明治期日本に即して言えば、明治天皇による教育勅語の発布と東京帝国大学を中心とする教育制度、官僚養成システムの構築、その集約的頂点としての天皇制ナショナリズムだ。

明治期以降の天皇制の構造と機能をきわめて大雑把に腑分けすれば、吉本が説明するような地域の民俗に「接ぎ木」した祭祀の構造と、丸山やゲルナーが分析する近代産業国家としてのナショナリズムの集約の二つが挙げられる。この二つの構造と集約点にとって、ひとりの天皇の登場と退場によって時代区分が変わる一世一元の制はきわめて都合のいい制度だろう。構造の強化と集約度の高度化はより著しい。

「王様が代替わりをすると時間の軸が変わるのは、未開の王国ではひろくみられる」

歴史学者の網野善彦はこう指摘し、日本人に対して警告の言葉を続けている。

「最高度に発達した資本主義国において、一人の人間の死によって時間の軸が変わるという習俗をもち伝えているのは、おそらく日本だけではないか──（略）──こういう習俗をもつ天皇をそのままにしているわれわれ日本人は、世界の民族のなかで博物館行きの民族になってしまう可能性を、十分はらんでいるといわざるをえない」

平成から令和へ元号は変わったが、国際政治の構造も国民生活の問題も何一つ変わるわけではない。「新しい時代」という空気を振りまいているのは安倍政権だけであり、それに踊らされているのは一部の国民だけだろう。しかし、そのことは網野の言葉を借りれば「一人の人間の死によって時間の軸が変わるという習俗をもち伝えている」一部の日本人の前近代性を利用している話だ。

明仁上皇が85年の生涯をかけて問い続けてきた「国民統合の象徴」とは、しかし、令和という新元号が醸し出すようなあいまいな空気のようなものではない。

歴史認識の大河があるとすれば、上皇のいるところとは向かい岸にいる安倍首相は、上皇の追い求めた「国民統合の象徴」の意味を恐らくは深くは認識していない。

冒頭に引いた上皇夫妻が「お健やか」であることを願っていないという安倍首相のあいさつはもちろん何かの間違いだ。しかし、上皇が追求し体現し続けてきた「国民統合の象徴」の意味については、まさに安倍首相の「慢心が不見識を招いている」状態だと言えるだろう。

安倍首相と明仁上皇（下）

「国民統合の象徴」を問う上皇のメッセージを封印した安倍政権の有識者会議

２０１９年05月17日

明仁上皇と安倍晋三首相の間に走る深い溝、逆断層の構造を理解するには、憲法第１条に謳われた「日本国民統合の象徴」の意味を実直に追求してきた明仁上皇の生涯と、その生涯の意味を破壊するにも等しい安倍首相の政治活動とを考え合わせてみることが必要だ。

「日本国民統合の象徴」とは何か？

「日本国民統合の象徴」として生きるとはどういう生き方なのだろうか？

内外ともに破壊し尽くし、破壊し尽くされた戦争の惨禍の後、日本国民はどのような構想の下に統合されていくのだろうか？

そして、その国民統合の「象徴」として生きていくということは？

皇太子、そして天皇として自分ただ一人に突きつけられたこれらの問いに生涯を捧げた明仁上皇の孤独な旅は、様々な意味でいま終わりつつある。

国民はその旅の局面を折に触れてしばしば目撃してきた。いま、旅の到達地点から逆にたどってみて、まずは「日本国民統合の象徴」の意味を探ってみよう。

「私は80歳で皇太子に譲位したい」

明仁上皇が「生前退位」を初めて口にしたのは2010年7月22日の参与会議だった。午後7時、皇居の中にある天皇の住居、御所。そこには、長いテーブルに置かれた弁当に箸を運ぶ10人ほどの人々の姿があった。

テーブルの中央に、まだ退位していない上皇、つまり明仁天皇（上皇）と美智子皇后（上皇后）夫妻がいた。ほぼひと月に1回開く恒例の会議だったが、この夜はとんでもない衝撃と緊張が参与たちの間に走った。

私は、この衝撃を味わった参与の一人からこの夜の様子をつぶさに聞いた。

「私は80歳で皇太子に譲位したい」

この時76歳の明仁上皇の口から出た言葉は、心の準備をしていなかった参与たちを驚かせた。

皇室典範では生前退位の制度がなく、摂政を置くことだけが定められている。しかも、天皇の意思だけでは摂政を置くことはできない。このため、明仁上皇の意思を尊重すれば、皇室典範を改正して、現状でも摂政を置けるようにすればいい。

あまりに衝撃的な発言だったため、参与たちは挙って「生前退位」に反対し、摂政に公務を肩代わりしてもらうことを口々に述べ立てた。

しかし、明仁上皇の意思は固かった。

「摂政では天皇の代わりはできません」

明仁上皇はこう断言し、母にあたる香淳皇后（当時）の事例も挙げた。外国からの賓客を招いた晩餐会の折、高齢の皇后の会話は滞りがちだった。通訳が取り繕う場面もあったが、近くで会話

象徴としてのお務めについて、お言葉を述べる明仁上皇＝2016年8月8日、宮内庁提供

を耳にした皇太子時代の明仁上皇はいたたまれない思いをした、とのことだった。

衝撃発言が続く間、明仁上皇の隣に座っていた美智子上皇后は、当初、生前退位に反対していた。しかし、明仁上皇の言葉と論理に耳を傾けるうちに反対論から少しずつ転じ始めた。

出席者のひとりが、大正天皇の摂政を務めた皇太子時代の昭和天皇の事例を挙げ、「天皇への道としては好例にあたるのではないでしょうか」と指摘したところ、美智子上皇后は「摂政を経なければ天皇の務めをまっとうできないとは思えません」という趣旨の反論をした。

美智子上皇后は常に明仁上皇の最大の理解者であり、この場でも明仁上皇の言葉の真意を真っ先に理解したようだ。

しかし、参与たちは明仁上皇の考えをなかなか理解できなかった。会議は深夜の12時を回っても続いた。結論は見えず、最後は上皇自身立ち上がったまま議論を続けた。生前退位にかける明仁上皇の思いはそれほど強かった。

政治学者、岡義武の『近代日本政治史Ⅰ』

「国民統合の象徴」の意味を追い求める旅の最終到達地点の近くに来て、生前退位を思う明仁上皇の強い意志はどこから来ていたのだろうか。

前回の「安倍首相と明仁上皇（上）」で記したように、明仁上皇は、日本人として忘れてはならない日付として四つ挙げている。6月23日・沖縄慰霊の日、8月6日・広島原爆の日、同9日・長崎原爆の日、同15日・戦争の終わった日だ。

そして、何度も訪れた沖縄や長崎、広島、サイパンやパラオなどの激戦地慰霊訪問、沈没して約1500人の子どもたちが犠牲となった那覇市の対馬丸記念館訪問にうかがわれるように、明仁上皇の旅は、悲劇の歴史に対するひとりの人間としての深い感情と洞察に由来している。

「退位礼正殿の儀」でおことばを述べる明仁上皇
＝2019年4月30日、皇居・宮殿「松の間」

平和への強いメッセージを発し、戦争の犠牲者への慰霊の旅を黙々と続けてきた明仁上皇が思い描く「国民統合の象徴」の像はここに来ておのずと明らかだろう。そして、憲法の最大の柱のひとつである平和主義への旅を公務として続けられなくなってきた高齢の段階になって、その「象徴」の役割は次の世代に引き継がれなければならない。これが、生前退位にかける明仁上皇の真意だった。

明仁上皇のこの真意は自らどのように養い、どのように醸成されてきたのだろうか。その由って来たる場所をもう少し探索してみたい。

その探索作業の過程で見えてくるものは何だろうか。明治以降の近代天皇制に対する客観的な理解と、戦争に急傾斜していく戦前政治への正確な知識を自ら身につけたことによって深い歴史的な洞察力を獲得した明仁上皇の姿だ。

２０１４年10月、東京・高島屋日本橋店で「天皇皇后両陛下の80年」特別展が催された。そこに展示された明仁上皇の愛読書の中に、皇太子時代、常時参与の小泉信三とともに読んだ『ジョージ五世伝』の原書と並んで、政治学者、岡義武の『近代日本政治史Ｉ』（創文社）が置いてあった。

「教科書で使ったとかという意味で並べたんじゃありません。自分が影響を受けた本として陳列したんです」

この時、明仁上皇と会話を交わした関係者が聞いた上皇の言葉だ。

幕末以降、大日本帝国憲法が制定されるころまでの明治期の政治史を叙述したこの本には、藩閥勢力による天皇制官僚国家の成立と、教育勅語発布による天皇制ナショナリズムの萌芽が明瞭に指摘されている。

前回の「安倍首相と明仁上皇（上）」で紹介したが、丸山眞男とアーネスト・ゲルナーは天皇制官僚国家とナショナリズムの明治以来の原初的な構造をそれぞれに追究した。この構造について、明仁上皇は深く理解していたと言えるだろう。

明治期の講義を希望した皇太子を容れなかった上皇

明仁上皇は、皇太子時代の11歳の時に敗戦の日を迎えた。

昭和天皇の望みによって米国人家庭教師、ヴァイニング夫人の下につき、皇太子といえども特別視しない教育を受けた。ヴァイニング夫人は、ひとりの人間として主体的に考える力を養成する教育を施したという。

同時に、常時参与の小泉が『ジョージ五世伝』とともに、福沢諭吉の『帝室論』や『尊王論』の講義をし、岡義武が明治以降の日本政治史の教鞭を執った。

岡は、大正デモクラシーの中心人物のひとりだった吉野作造に師事しており、東京帝大の教授と

「退位礼正殿の儀」を終え、「松の間」を出る明仁上皇＝ 2019 年 4 月 30 日

なってからは、大学に入りたての丸山を教えた。丸山自身、岡に対する大学1年時の味わい深い思い出を語っている。

時代や年齢にちがいはあるが、明仁上皇と丸山は、吉野の流れをくむ同じ師の薫陶を受けた、とも言える。

岡は、現在の天皇、徳仁皇太子が英国オックスフォード大学に留学する1983年に、日本近代史について留学前に特別講義を受けさせるべく、明仁上皇から相談を受けた。

この時、徳仁皇太子は、関心の強い明治期の講義を希望したが、明仁上皇自身はあえてこの希望を容れなかった。

「いや、そういう時期のものは適当な文献を読めばいい。なぜ戦争が起きたのかという講義をしてもらうことが重要だ」

明仁上皇のこの一言で講義のテーマが決まった。

この時、岡自身が直接講義したわけではないが、満州事変以降の戦前史が徳仁皇太子への特別講義となった。次代を託す次の天皇はどのような素養を特に身につけなければならないか、明仁上皇の深い認識がわかるエピソードだ。

明仁上皇は、これまでに天皇即位後の会見のほか即位10年と20年に際しての会見、結婚50年に際しての会見など計11回にわたって、「天皇は憲法に従って務めを果たす」という趣旨の発言をしている、という（山本雅人『天皇陛下の本心　25万字の「おことば」を読む』新潮新書による）。

自らの根拠法であるため、憲法を最大限尊重することは当然のことだが、前述のように公務として取り組み続けてきた戦跡慰霊訪問、広島や長崎の原爆慰霊などを併せ考える時、憲法の柱である平和主義へのきわめて強い信念といったものを想起することができる。

日本の憲法学者のほとんどが憲法9条違反と断じた安倍政権の集団的自衛権導入は、明仁上皇の目にどう映っただろうか。

２０１６年8月8日、明仁上皇は、天皇退位に関する自身の考えを初めて国民に語りかけた。その中で明仁上皇は、「国民統合の象徴としての役割」を特に強調し、「日本の各地、とりわけ遠隔の地や島々への旅も、私は天皇の象徴的行為として、大切なものと感じて来ました」と述べている。

ここではっきりしていることは、明仁上皇の考える「国民統合の象徴」とは、皇居の奥まった御所に座り続け、祭祀だけを司る天皇ではないということだ。

平和主義という憲法の理念を体現し、積極的に心と体の旅を続ける天皇だ。ひとりの人間として平和主義を体現し続ける天皇像。これが現代の「国民統合の象徴」でなくて何であろうか。

上皇のメッセージを封印した安倍政権の有識者会議

ここでひるがえって、明仁上皇の言葉を聞いた1か月半後、2016年9月23日に安倍首相が決裁した「天皇の公務の負担軽減等に関する有識者会議」を見てみよう。

まず、「有識者」として選ばれた6人の顔ぶれを見た時、メンバーたちは明仁上皇の考えに深く思いをいたした発言なり論考なりを公にした例があったのだろうか、という疑念にかられる。

6人のメンバーのうちただ一人、近現代の日本政治史を専攻する御厨貴・東大名誉教授だけが「天皇」に関する著作を刊行している。残りの5人は「天皇」に関する問題領域とはほとんど関係がない。5人はいわゆる「素人」と言っていい。

特定のイデオロギー色の強い専門家を選ばなかったという観点もあるかもしれないが、御厨のような中立的な専門家を揃える方法もあったはずだ。

そして、最大の疑念はこの会議の名称にある。一体、いかなる根拠に基づいてこのような名称の会議になったのだろうか。明仁上皇が1か月半前に国民に向かって発したメッセージのどこを見ても、「公務の負担軽減」などを訴えた箇所は存在しない。

それどころか、こう語っていた。

「天皇の高齢化に伴う対処の仕方が、国事行為や、その象徴としての行為を限りなく縮小していくことには、無理があろうと思われます」

高齢化に伴って国事行為や公的行為を減らしていくことに明確に反対している。さらには「（摂政を置く）場合も、天皇が十分にその立場に求められる務めを果たせぬまま、生涯の終わりに至るまで天皇であり続けることに変わりはありません」と言葉を継いでいる。

「その立場に求められる務め」、つまり「国民統合の象徴」としての公的行為を続けることのできない天皇はすでに天皇としての役割を終えている、ということを自ら語っているのだ。

これらの言葉は、「公務の負担軽減」という考

「天皇の公務の負担軽減等に関する有識者会議」に臨む有識者ら＝ 2017 年 4 月 13 日、首相官邸

え方をはっきりと退けている。

ここまでの論考で明確なように、明仁上皇が生前退位を打ち出したのは、「国民統合の象徴」としての心と体の旅ができなくなった時にはその座を退き、次代の天皇にその仕事を託さなければならない、という信念からだ。

この信念の前を素通りすることは、ひとりの人間としての明仁上皇に対する非礼か、国民としての怠惰か、どちらかでしかないだろう。

有識者会議を通じて安倍政権は、「生前退位」に込められた明仁上皇のメッセージを封印し、むしろその意味を葬り去ろうとしていたように見える。

会議のメンバーが天皇制や皇室制度に詳しい研究者らに聞いた「有識者ヒアリング」を少しだけのぞいてみよう。

【２０１６年11月７日】
平川祐弘・東京大学名誉教授
「天皇が日本の象徴であるのは、天皇家が日本国民の永生の象徴でもあるからで、一系の天子が代々続くことは、代々民族の命が続くことの象徴でもあるからと存じます。人は死んでもこの民族は続くと感じられるからこそ、有り難く尊い」

八木秀次・麗澤大学教授
「(天皇は）まずは存在なさるということ、これはしかも誰も取って代わることができない地位であるということを強調しておきたいと思います」
【2016年11月14日】
櫻井よしこ・ジャーナリスト
「天皇様は何をなさらずともいてくださるだけで有り難い存在であるということを強調したいと思います。その余のことを天皇であるための要件とする必要性も理由も本来ないのではないでしょうか」
今谷明・帝京大学特任教授
「天皇は神に近い存在ですから（略）お忙しい業務は皇太子や弟宮ら皇族に代行をお願いしても一向差し支えはないというように考えております」
渡部昇一・上智大学名誉教授
「宮中にあっても絶えず祈っておりますぞということで、これが私は天皇の本当のお仕事であって、あとはもうお休みになって宮中の中でお祈りくださるだけで十分なのですと説得すべき方がいらっしゃるべきだったと思うのです。（略）幸いなことに、これからは私の感想でございますが、安倍首相という方がいます。（略）安倍首相の皇室に対する思い、尊敬の念に関しては、それこそ一点も疑う余地がございません。幸いにして、この安倍内閣は長期内閣であると決まりましたし、この安倍内閣が皇室会議などで意見をまとめられまして、天皇陛下に、「今、天皇陛下がおっしゃったことは有り難過ぎることなのですと、そこまでお考えにならなくても結構ですよ」と言われて、「ああそうか」と言ってもらえば全て済む話です」

もちろん、人の考え方、意見は千差万別。ここに引用した発言は明仁上皇の信念からは最も遠いところにあるものばかりだが、「有識者ヒアリング」を読む限り、ジャーナリストの岩井克己らの発言を除いて「国民統合の象徴」に関する上皇の考え方を正確に捉えて、論を深く構えるものはほとんどなかったと言える。

「天皇の象徴としてのあり方等に関する有識者会議」であるべきだった

憲法第1条の全文はこうなっている。

天皇は、日本国の象徴であり日本国民統合の象徴であって、この地位は、主権の存する日本国民の総意に基く

「総意」を形成するためには、天皇のあり方をめぐって、国民自身が天皇の行動と言葉に思いをい

たし、十分考えなければならないだろう。

その場合、本来であれば、明仁上皇の発言を受けて立ち上げるべき会議の名称は「天皇の象徴としてのあり方等に関する有識者会議」となるべきはずだった。生涯をかけたひとりの人間としての明仁上皇の問題提起に応え、まさに皇室典範そのものの改正を正面から論ずべき問題だったはずだ。

明仁上皇の関係者から聞いた話では、上皇と徳仁天皇、秋篠宮皇嗣はしばしば意思の疎通を図り、上皇の考えはよく伝わっているという。徳仁天皇と安倍首相の間にもまた、逆断層の構造が抜きがたく存在していそうだ。

F35墜落事故は本当にパイロットが原因なのか

105機の追加購入に1兆2000億円。トランプとロッキードへの遠慮が見え隠れ

2019年06月28日

安倍首相は憲法9条を変えたくてうずうずしている。うずうずしているどころかその願望を堂々と公言さえしている。このこと自体、憲法99条の憲法尊重擁護義務違反に当たる可能性が大きいが、安倍首相の憲法軽視の姿勢は今に始まったことではないのでさしたる驚きはない。

首相の憲法違反の言動、政治的行動に格別の驚きを感じないというのは極めて異常な政治状態であることを示しているわけだが、そんな状態の中でもやはり驚くことはある。

墜落したF35、捜索は2か月で打ち切り

航空自衛隊三沢基地（青森県）のステルス戦闘機F35が青森県沖の太平洋上に墜落した。約2か月という短期間の捜索、原因究明の結果、死亡したベテラン・パイロットが空間識失調という平衡

感覚を失う状態に陥り、墜落の原因をつくったという推定の結論を出して、捜索、原因究明の努力を放棄した。

安倍首相は憲法9条を変える理由として、自衛官を父親に持つ子どものことを考え、自衛隊の存在を憲法に堂々と書き込む必要があると何度も繰り返してきた。しかし、そこまで自衛官のことを思うのならば、わずか2か月で捜索打ち切り、原因究明中止というのはあまりに諦めが早いのではないか。

安倍首相の言動と実際の行政行動とのギャップに驚く。

F35は安倍首相が1兆2000億円という巨額支出をして105機の追加購入を決めた次期主力戦闘機だ。

ベテラン・パイロットの墜落事故についてはもっと時間をかけて慎重に原因を追究すべきだろう。米

三沢沖に墜落したのと同型の航空自衛隊 F35A ＝航空自衛隊 HP から

国ロッキード・マーチン社が開発製造した機体には何も原因がなく、推定だけで自衛隊のパイロットに原因があったと結論を出すのはあまりに非論理的だ。まるでトランプ大統領やロッキード社に遠慮しているようではないか。

本当に「空間識失調」なのか

事故はどのようにして起こったのか。航空自衛隊の発表に基づいて再現してみよう。(「航跡概要図」参照)

発表によれば、4月9日午後6時59分ころ、三沢基地所属のF35A戦闘機の4機編隊が同基地を離陸。1番機に搭乗していた細見《ほそみ》彰里《あきのり》3等空佐(41)は同7時25分ころ、戦闘訓練の対抗機2機を訓練の上で撃墜したことを地上の管制機関に報告した。

その1分後、近づいていた米軍機との距離を取るため管制機関から降下の指示を受け、細見3等空佐は「はい。了解」と送信し、左降下旋回を始めた。

この時、近づいてきた米軍機の高度は約1万1300メートル。細見3等空佐のF35Aは約9600メートルだったが、細見3等空佐は約4900メートルまで約20秒で降下、時速約900キロ以上という急降下だった。

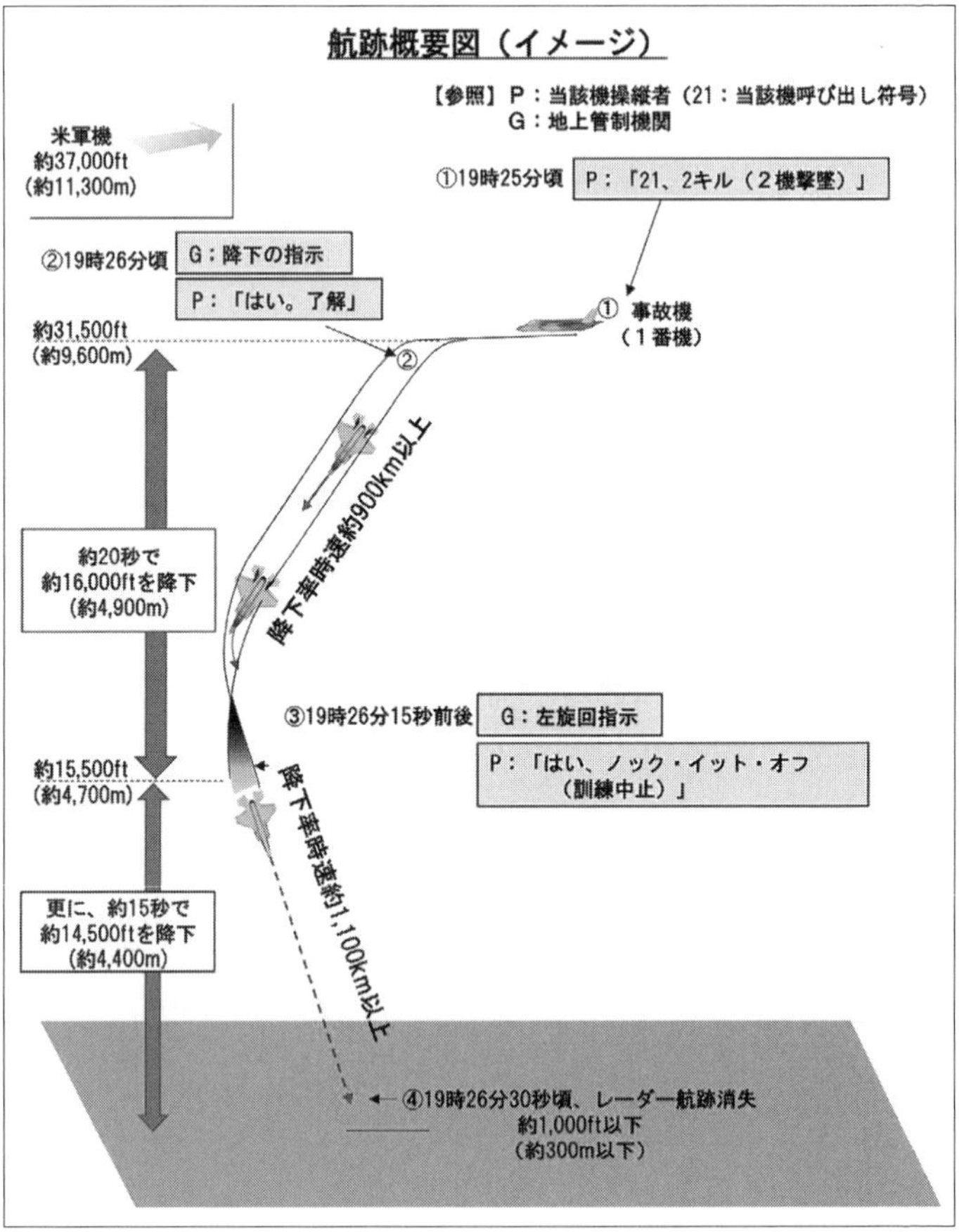

航跡概要図 A（航空自衛隊の発表資料より）

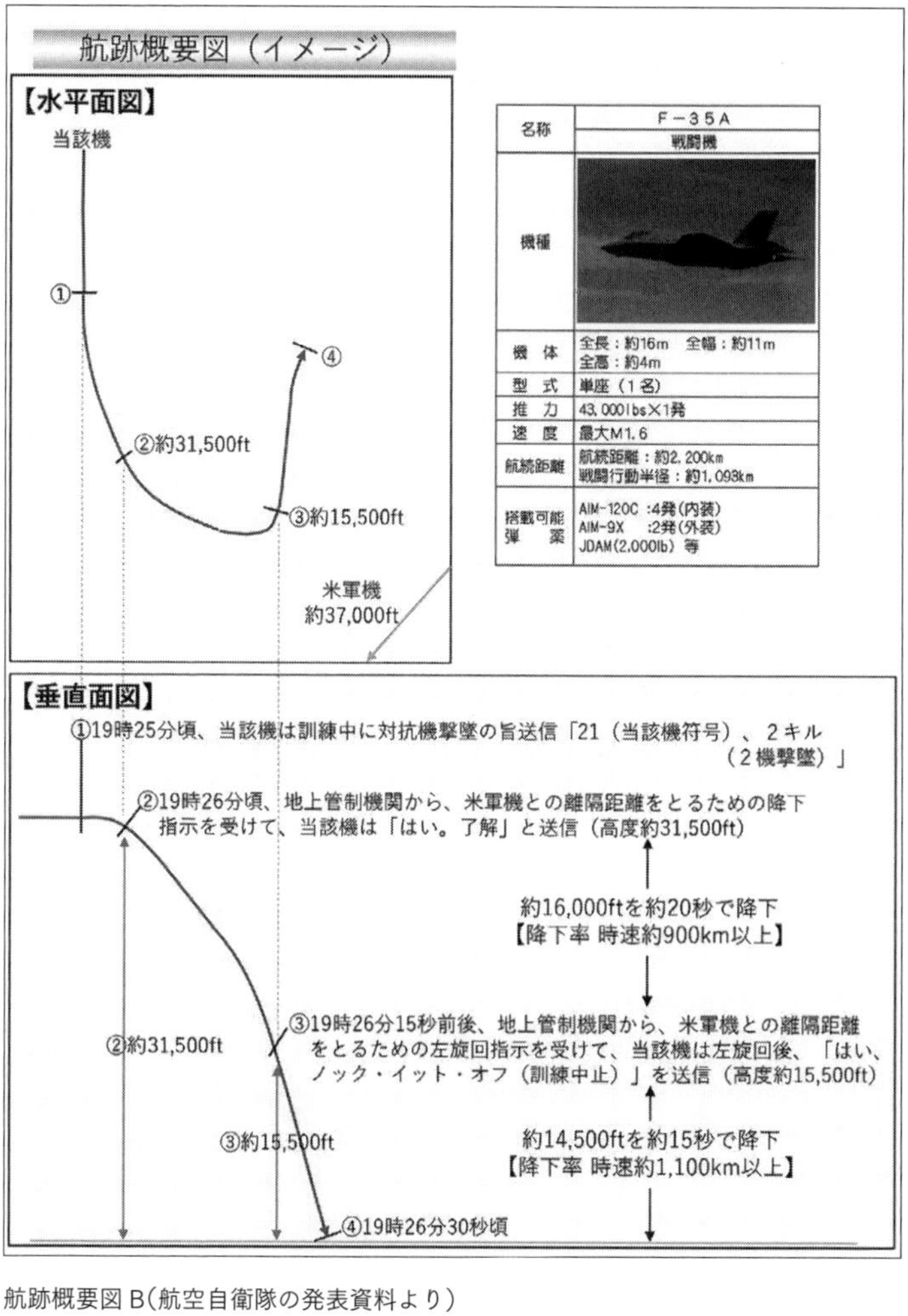

航跡概要図 B（航空自衛隊の発表資料より）

さらに午後7時26分15秒前後、管制機関は左旋回を指示、細見3等空佐は左旋回した後「はい、ノック・イット・オフ（訓練中止）」という落ち着いた送信の声を最後に約4700メートル下の海面に時速約1100キロ以上の速さで激突したとみられる。

航空自衛隊の発表では、緊急脱出の形跡は確認されず、機体は激しく損壊し、部品や破片などが海底に散乱していたという。

では、事故原因についてはどうか。航空自衛隊はまず、酸欠やG－LOC（重力に起因する意識喪失）、機体の不具合などの可能性は極めて低いとしており、その上で次のように結論づけている。

有効な回復操作が可能な最低高度に至っても回復操作が見られないことから、操縦者が「空間識失調」（平衡感覚を失った状態）に陥っており、そのことを本人が意識していなかった可能性が高いと推定

しかし、この「推定」は本当に合理的なのだろうか。

航跡概要図を見てまず驚くのは、細見3等空佐が約9600メートルの高さから約4900メートルの高さまで時速約900キロの速さで左旋回しながら降下し、さらに左旋回しながらスピードを緩めるどころか速めて海面に激突していることだ。この間、本当に細見3等空佐は「空間識失調」の錯覚の中で操縦桿を握っていたのだろうか。

飛行時間3200時間のベテラン・パイロット

「空間識失調」とは何か。バーティゴともいい、地上が下にあるのか上にあるのか、あるいは機体が上昇しているのか下降しているのかさえわからなくなる状態のことで、夜間飛行や濃霧の中などで地平線や水平線が見えない飛行中に陥りやすいという。

ここで合理的な疑問は、細見3等空佐は総飛行時間3200時間、F35での飛行時間は60時間という経験を持つかなり熟練したパイロットであるという点だ。これほどのベテラン・パイロットが空間識失調に陥り、海面に激突するまで気がつかなかったということがありえるだろうか。

疑問の第2点は、空間識失調は周りが見えない夜間などに起こりやすいとはいえ、F35のパイロットは夜間でも昼間のように見えるゴーグルがついたヘルメットを着用している点だ。F35自体1機100億円を超え、維持費を含めると300億円は超えると言われるが、ヘルメットひとつ取っても4400万円という代物だ。

F35は、このヘルメット・ゴーグルと風防ガラスのセットで、明るすぎる時は暗めに、夜間は昼間のように外が見える「総合視認システム」を採用している。つまり、どんな強烈な太陽光線の下にいても、真っ暗な夜中にいても、操縦桿を握ってさえいれば快適なジェットの空が楽しめるシステムになっているのだ。

したがって細見3等空佐も最後まで水平線をにらんでいたことは確実だろう。横に見える水平線の状態をにらみながら、飛行時間3200時間のベテラン・パイロットが水平飛行の錯覚の中に居続けたということが果たしてありえるだろうか。それともこの「総合視認システム」が壊れていたとでも言うのだろうか。

実は、墜落原因については、パイロットの空間識失調などではなく、機体の方に問題があったのではないだろうか、とする見方が根強い。

「ある特定の操作法」

2018年6月、米国会計検査院（GAO）はF35に966件もの未解決の欠陥があり、そのうち111件が「安全性や他の重要な性能を危険にさらしうる欠陥」と位置づけている。

これだけ多くの欠陥がGAOによって指摘されていることも驚きだが、さらにこの6月12日、米国のオンライン軍事専門誌ディフェンス・ニュースが内部文書を入手し、「13の最も重大な欠陥」があると報じた。超音速飛行は短時間だけ可能、制限時間を超えるとステルス機能を失い、機体の損傷などもあることなどが指摘されているが、その6番目に掲げられた項目は今回の自衛隊事故を考える上で座視できない欠陥だろう。直訳するとこうなる。

ある特定の操縦法の後、F35BやF35Cのパイロットは常に完全に機体の上下左右のコントロールをできるわけではない

ここでなぜF35Aが含まれていないのかは不明だが、主語のパイロット以下の原文を示すとこうだ。

Pilots are not always able to completely control the aircraft's pitch, roll and yaw.

pitch, roll and yaw というのは簡単に言えば上下左右のこと。飛行機に即して言えば、進行方向に対してまっすぐな直線がX軸としてのroll、水平方向がY軸としてのpitch、垂直方向がZ軸としてのyawだ。

F35A = 2019年4月10日、航空自衛隊三沢基地

つまり、ある特定の操縦法の後ではパイロットは、進行方向、水平方向、垂直方向すべての機体のコントロールに支障が生じてしまうと言っているのだ。パイロットにとってこれほど大変なことはないだろう。

「ある特定の操縦法」とは何だろうか。

一般的には戦闘機同士の対決、俗に言うドッグファイトのことを指すようだが、細見3等空佐が直前に訓練していたのは、まさに2機対2機に分かれての「対戦闘機戦闘訓練」(航空自衛隊発表)だった。しかも、その直後に左旋回して急降下している。

電子化された「高技術」だが…

実は私は、このディフェンス・ニュースの記事が出る前に、専門家から、自衛隊機事故の真の原因は機体の上下左右の傾きを測るジャイロセンサーの問題なのではないか、と聞いていた。

かつてはアナログ式だったジャイロセンサーはコマの原理を応用しており、傾いた姿勢から真っ直ぐになろうとするコマの原理を応用して傾きを測る方式を採っていた。アナログ式ではあるが、かなり完成度の高い技術だった。

ところが、近年これを電子化したのはいいが、地磁気や飛行機自体の磁気の影響を受けやすいという。したがって、電子化したこのジャイロセンサーをジェット戦闘機に組み込んだ場合、どのような影響を受けるのかよくわかっていない、と専門家は指摘していた。

この電子化ジャイロセンサーが原因となって、民間航空機であるボーイング７３７ＭＡＸが２０１８年10月にインドネシアで、今年3月にはエチオピアで相次いで墜落している。

機首の上下の向きをコントロールする水平尾翼はパイロットが手動で操作しているが、７３７ＭＡＸでは、この操作を補助するためにＭＣＡＳ（エムキャス）と呼ばれる装置を初めて設置した。機体の前方につけたセンサーで機首の角度を検知、そのデータを基にＭＣＡＳが自動的に機首を下げる。

このことを取材して報道したＮＨＫの「ニュー

空自の F35A を捜索する米海軍機と海自の護衛艦＝ 2019 年 4 月 10 日、青森県三沢市沖の太平洋上

スウォッチ9」によれば、インドネシア事故の調査報告書に驚くべきデータが記されていた。

事故の前にパイロットが20回以上も機首を上げようと操作を繰り返し、そのたびにＭＣＡＳが機首を下げようとしていた。つまり、どういう不具合が生じたのか電子化されたジャイロセンサーが機首を下げよう下げようとしているのに反し、パイロットがそれに抗して機首を上げよう上げようと悪戦苦闘しているうちに地上に激突してしまったという状況だ。

もちろん、簡単に推論の糸がつながるような話ではないが、事故を起こした自衛隊機についても、その観点から十分調査すべきポイントではないか。

戦闘機の歴史は教訓に満ちている。

太平洋戦争の初期、日本の零戦はなぜ強かったのか。簡単に言えば操縦士の安全性を極限までそぎ落とした設計だったために、軽く、戦闘性に秀でていたためだ。安全性を追求すれば鉄板の厚さなども分厚くなり機体は重くなる。戦闘機の場合、この「割り切り」が問題になる。

Ｆ35の場合、ステルス性と重厚なコンピューター装備が特徴だ。特にコンピューター装備では機体の周りに張り巡らせた配線のケーブルが相当に重くなる。私も専門家に１００メートルのケーブルを持たせてもらったが、かなり重い印象を持った。このケーブルが１機につき何千メートルも張り巡らされているのがＦ35だ。

そして、Ｆ35はこのコンピューターシステムを盛り込みすぎているのではないか、と専門家は指摘した。この盛り込みすぎのシステムがジャイロセンサーにどのような影響を与えたか。

戦闘機コンピューターのもうひとつの問題は、エンジニアの問題だ。マイクロソフトやアップルなど民間のシニアクラスのエンジニアは、年収数千万円。ところが、軍需産業に関わるエンジニアの場合、いたるところで守秘義務に縛られる上に違反すれば重罪、しかも年収はせいぜい1000万円クラス。優秀なエンジニアが民間と軍需のどちらに向かうかはおのずと明らかだろう。

今回のF35墜落事故の原因を考える上でもうひとつ大きく膨らむ疑問は、フライト・データ・レコーダーが見つかっていないという点だ。通称ブラックボックスと呼ばれるこのレコーダーは、端的に言って墜落事故を前提にして製造、搭載されている。海底に破片が散乱している状況まで確認していながら、肝心のブラックボックスが未発見という事態が果たしてありえるだろうか。

このブラックボックスのデータを見ればすべて明らかになるだろうが、なぜかその捜索さえも打ち切られている。事故の真相が明らかになることがそんなにまずいことなのか。あるいは、そんなに早く捜索を打ち切る理由があるのか。どう考えても首をひねらざるをえない。

細見3等空佐が最期にどのような闘いを遂行していたのか、何としても明らかにする義務が、残された者、あるいは政府にはあるのではないだろうか。今後も、F35は日本の上空を飛び続ける。「空間識失調」などという推定の結論ではなく、事実に基づいた原因究明は航空自衛官のためにも、ジェット音の下にいる国民のためにも必要だろう。

ロッキードからの高い買い物

Ｆ35は民主党の野田政権時代に42機購入することを決定したが、安倍政権はさらに１０５機を買い増し、合計１４７機を導入することにしている。この閣議了解が２０１８年12月。これにより航空自衛隊の現有Ｆ15戦闘機のうち99機をＦ35と入れ替える。

ところが、今年３月、米国防総省は２０２０年度から24年度までの間に、日本の航空自衛隊が退役を決めたＦ15を80機購入すると発表した。日本にはＦ35を売り込んでおきながら自らは以前のＦ15購入を決めるというとんでもない動きだ。

Ｆ35は米空軍、海軍、海兵隊合わせて２０００機以上配備する予定なので、Ｆ15の80機購入は問題にするほどの数ではないと見る見方もあるが、専門家は「予定は単なる予定。これからＦ15に切り替えていく動きが出てくるのではないか。日本への売り込みは、ロッキードの製造ラインを動かしていくための方便ではないか」と皮肉に見ている。

Ｆ35については米国でも評判は芳しくないようだ。Ｆ16戦闘機を設計したピエール・スプレイ氏は、Ｆ35に関するインタビューを受けて「生まれつきどうしようもない飛行機だ、構想そのものがバカなんだ」と取り付く島もない。

——なら、なぜこんなもの作ったんですか？

金じゃよ。金をつかうこと、それがこの飛行機のミッションだ。米議会からロッキードに金を送る。それがこの飛行機の真のミッションなのさ。

ロッキードと言えば、日本ではすぐに１９７６年のロッキード事件が思い出される。表向きは民間航空機Ｌ１０１１トライスターが問題になったが、実は軍需用の対潜哨戒機Ｐ３Ｃが、日本に対するロッキードの売り込みの本命だった。Ｐ３ＣからＦ35へ、ロッキードからの高い買い物は相変わらず続いている。

トランプ米大統領（右）との首脳会談で、握手を交わす安倍晋三首相＝ 2019 年 4 月 26 日、ワシントンのホワイトハウス

核燃料サイクルはマネーもぐるぐる回る

関西電力の原発マネーだけではない。六ケ所村の核燃マネーの恐るべき実態

2019年10月14日

日本の原子力政策の骨格を形作る核燃料サイクル事業は、青森県六ケ所村の再処理施設がほとんど動かないことに象徴されるように、完全な失敗の歴史を刻みつつある。同じ原子力をめぐるサイクルの話でも、汚染された原子力マネー・サイクルの一端が関西電力と福井県高浜町との間で露見した。

関西電力の役員ら20人が7年間で、高浜町の森山栄治元助役（故人）から3億2千万円を受け取っていた。関西電力が高浜町の土木建築会社「吉田開発」に原発関連工事を発注、吉田開発は森山元助役に裏金を渡し、森山元助役はその裏金の中から関西電力の八木誠会長らにせっせとカネを送っていたという構造だ。

私は過去に、この構造とは少し異なった汚染原子力マネーの実態のひとつを取材したことがある。

まさに六ケ所村の再処理施設をめぐるマネー・サイクルの事例で、30年以上にわたる私の新聞記者活動の中で最大級の驚きをもってノートにメモを走らせた案件だ。

その内容はあまりに衝撃的かつ奇天烈な話だったため、私の担当デスクは新聞掲載に二の足を踏んでしまい、ついにボツになったという代物だ。しかし、私が生きている限りいつかは社会に出さなければならないネタの一つだ。そして今ここに明らかにする。

「私は、選挙はすべて買収で当選してきました」

少し古い話で恐縮だが、2008年、私は朝日新聞東京本社の経済部で地方経済を担当していた。「列島けいざい」という大型のコラム欄を持ち、1か月に1回、日本列島各地が抱える経済問題を掘り下げて取材、記事化していた。私は、同年6月のコラムでまさに「核燃マネー」を取り上げることにし

日本原燃の核燃料再処理工場＝2008年5月11日

た。

前月の5月中旬、ほぼ2週間にわたって下北半島を中心に青森県を歩き回り、同13日午後1時、私は六ケ所村の元有力村議の自宅を訪ねた。以前から青森県の原子力事業と地域コミュニティの関係を研究していた東北大学の研究者の紹介を受けて取材を了承してもらっていたものだ。

家人はいなかったと記憶している。元有力村議は外に開け放した居間で私と向かい合ってあぐらをかくと、あいさつもそこそこにいきなり切り出した。

「私は、選挙はすべて買収で当選してきました」

六ケ所村に落ちる巨額の核燃マネーの取材という趣旨は確かにこの元村議に伝わっていたが、私は数秒の間、言葉の意味をつかみ損ね、元村議が何を言ったのか聞き返してしまった。

「私は、選挙は買収で当選してきました」

元村議は同じ趣旨の言葉を繰り返し、驚くべきマネー・サイクルの構造を説明し始めた。元村議が私に説明した話を何の脚色もなくそのまま書き記そう。

議員歳費は買収費用に、談合で入る利益で生活費

長年議員を務めていた元村議は、すべての選挙を買収で通した。村発注事業の請負会社を経営し

ていた元村議は、4年間でほぼ1500万円になる議員歳費をすべて買収費用に充てた。有権者ひとり3万円で500票集めれば当選できた。

買収方法は、有権者を自宅に呼ぶか直接訪ねるかして、1対1の時にカネを渡す。その際に酒が入るケースも多い。また、元村議が経営していた会社は村の有力な公共事業指名業者だった。

「カネは談合で入ってくる。公共事業は自分たちで決めるんだから、談合なんて簡単だ」

元村議はそう説明した。六ケ所村には、村発注の公共事業を受注する土建業者がやたら多かった。元村議によると、談合で入ってくる利益で生活費などをまかない、議員歳費を買収資金に回すという構造だ。

このころ2007年度の六ケ所村の歳入予算の構造を見てみると、約101億円のうち20％は再

村役場近くの尾駮沼から見える日本原燃の核燃サイクル施設＝ 2018 年 6 月、青森県六ケ所村

処理施設などのために国から交付された電源3法交付金、40％は同施設などからの固定資産税収入だった。つまり、核燃サイクル関連のカネがぐるりと回り、最終的には議員歳費が買収資金に化けて、選挙民に落ちている構造である。

関西電力と高浜町の場合には原子力マネーが電力会社に環流している構造だが、六ケ所村の場合には、核燃マネーが選挙の買収資金に化けている構図だ。

これらの資金は元はと言えば消費者の電気料金。原子力マネーや核燃マネーがいかに国のエネルギー政策を歪め、地域の民主主義を蝕んでいるかがわかる。

「選挙は地場産業、景気対策」

元村議の居間を辞してちょうど1週間後の5月20日夜7時、私は六ケ所村では知る人ぞ知る「選挙ブローカー」を訪ねた。「選挙ブローカー」と言っても、飲食店を経営する気っ風の良さそうな村の有力者で、私の質問に対してほとんど真っ正直な答えを返してくれた。

「村長選では3億から4億はかかったな。だけど、それだけかけても、当選すれば何10億と入ってくるからね」

過去に村長選の選挙参謀を務めた時の経験を披露した有力者は、さらに驚くべき選挙買収のノウハウを語り始めた。

「村長選では、買収金額はやはりひとり3万円だった。5000票を目標にして1億5000万円ぐらいはかかったね」

さすがに「知る人ぞ知る」買収のプロの話だった。

「だれがカネをもらい、だれに入れたかは自分は全部わかったね。私は、だれに投票するかあやふやで、ちょっと危ないなと思ったところは自分で訪ねたよ。6人家族であれば、18万円用意する。『今回は向こうに入れたい』などという話をし出したら、まずひとり5万円に上げるんだ。それから、告示と同時に不在者投票させる。車に乗せて投票所まで同行して、投票箱まで付き添うんだ。その間に、投票用紙を脇からのぞき込む。これらのカネが1週間のうちに村の中を動き回るんだ。今はないが、かつては自治会役員選挙や農協役員の選挙にまでカネが動いていたよ」

買収方法とそのカネの「活かし方」をここまで赤裸々に明かしてくれる「プロ」はなかなかいない。

「選挙は六ヶ所村の地場産業、景気対策なんだ」

とこの有力者は明るく付け加えたが、妙に説得力のあるブラックジョークだった。

再処理施設をはじめとする六ヶ所村の核燃料サイクル施設は、巨額の電源3法交付金などと引き替えに立地された。また、再処理施設などが誘致される前に、六ケ所村を中心とする下北半島に展開された「むつ小川原開発」は、1970年代前半から土地買収などをめぐって、陰に陽にカネを村々にばらまいた。

そのカネばらまきの歴史の中で生成してきた民主主義の毒の花が買収選挙だった。実を言えば日本のあちこちに見られる形態ではあるが、日本の重要国策との絡みでこれほどの典型例はないだろう。

原子力マネー、核燃マネーはかくも地域の民主主義を痛めつけてきた。さらに関西電力と高浜町のケースは日本経済や日本社会に対する信頼感、規範といったものまで危機にさらす問題だ。

「地震動原因説」を極力無視する電力会社や経産省

ではここで視点を変えて、六ケ所村の再処理施設について、人類の生存の問題にまでかかわるような話をしよう。これはマネーの話ではないが、やはり欺瞞に満ちた日本の原子力行政が人類の危機を呼ぶ話だ。

まず、私の根本的な疑念に耳を傾けていただきたい。

東京電力福島第一原子力発電所の事故をめぐって、強制起訴された勝俣恒久元会長ら3人が東京地裁から無罪の判決を言い渡されたが、この裁判の争点自体、もう一度出発地点から問われるべきなのではないだろうか。

というのは、この裁判は「巨大津波は予測できたか」あるいは「予測できなかったか」という点をめぐって争われたが、そもそも福島第一原発は津波の到来前に、地震の揺れだけで壊れていたのではないか、という疑いが濃厚になっているからだ。

木村俊雄・元東電原子炉設計管理担当が『文藝春秋』9月号に寄稿した論考によると、東電が新たに開示したデータに基づき、「メルトダウンの第一の原因は、『津波』ではなく『地震動』だった可能性が極めて高い」という結論が導き出された。

実は、津波襲来前に地震動だけで原子炉が壊れていたのではないかという疑いは国会事故調査委員会の委員だった田中三彦氏により当初から提示されていた。田中氏はその当時明らかになっていたデータを駆使してそのことを証明しようとしたが、決定的なデータがなく合理的な疑問の提示にとどまっていた。

それが今回、新たなテータに基づく木村氏の分析によって、ほとんど確定的になった。

しかし、今回の裁判の争点を見てもわかるように、福島第一原発の原子炉が壊れてメルトダウンしたのは津波で電源を失ったことが原因という見方がほとんど決定的なまでに流布してしまっている。なぜだろうか。地震動がメルトダウンの真の原因であるとすれば、すべての原子力施設の耐震設計基準をさらに見直さなければならなくなるため、すべての原発は即時運転停止となってしまうからだ。

3・11の前から『AERA』誌に所属していた私は当初から田中氏の分析を積極的に紹介していたため、電力会社や経産省を中心に田中氏の「地震動原因説」を極力無視している様子がよくわかった。原発を続けていくためには「地震動原因説」は絶対にあってはならないからだ。

下北半島の「活断層」

ここで六ケ所村の再処理施設に話を戻すと、実はこの施設の耐震設計基準は驚くほど低い。再処理施設だけではなく、同じ下北半島に建っている東北電力の東通原発、建設中の東京電力・東通原発、電源開発の大間原発も全国の原発に比べて格段に低い。

なぜだろうか。再処理施設を運営する日本原燃が、下北半島の近くには警戒を要する活断層は存在しないと、かつての原子力安全・保安院に報告、その報告をチェックする保安院と当時の原子力安全委員会がそのまま認めてしまったからだ。

原子力施設の耐震指針は、3・11前の2006年9月に大幅改定された。既設の原発や再処理施設については、新指針に基づいてバックチェックと呼ばれる耐震安全性の再評価を行うことが電力会社や日本原燃に指示された。下北半島の原子力施設の再評価報告を検討したのは、原子力安全委員会の地震・地震動評価委員会及び施設健全性評価委員会のワーキンググループ（WG）のひとつ、WG4だった。

しかし、このWG4の議論は最後まで紛糾した。

「私はまとめには納得しておりませんので、皆さんがそうお思いになるのなら、それで結構ですが、私は一委員としては納得しておりません」

2010年8月30日、WG4の席上、こう発言したのは、地球惑星科学専攻の池田安隆・東京大学大学院准教授（当時、現奈良大学教授）だった。池田氏は、下北半島の東沖合を100キロ以上の長さにわたって走る巨大な大陸棚外縁断層が危険な活断層であることをWG4の会合があるごとに何度も指摘していた。

池田氏は、第34回のこの日の会合で、活断層ではないとする日本原燃側の報告を通そうとする山崎晴雄・WG4主査のまとめに反論した。首都大学東京教授の山崎氏は、旧通産省地質調査所の出身だ。

「学問の世界では、下北半島東の大陸棚外縁断層は99％活断層です。原子力安全委員会は常識的な判断をしていません。だれが考えても非常識だ。こういう判断がまかり通っているということに本当に驚いています」

かつて話を聞きに行った私に対して、池田氏はこう憤っていた。「普通、自動車保険や火災保険の場合、危険率が1％以下でも保険をかけるでしょう。それが、防災上99％危険なのに保険をかけないとはどういうことですか」とも話した。

さらに東通原発近くの地点で、地下6000メートルまで人工地震探査をしてみた結果、池田氏は、驚くべきことが強く推測されると指摘した。下北半島の東を走る大陸棚外縁断層はそのまま半島の西の方へ深く斜めに切れ込み、ほとんど陸奥湾あたりまで入り込んで、再処理施設や東通原発のある半島の細い首の部分は、この断層の上にそっくりそのまま乗っかった状態だ、というのだ。

池田氏によれば、大陸棚外縁断層は数千年に

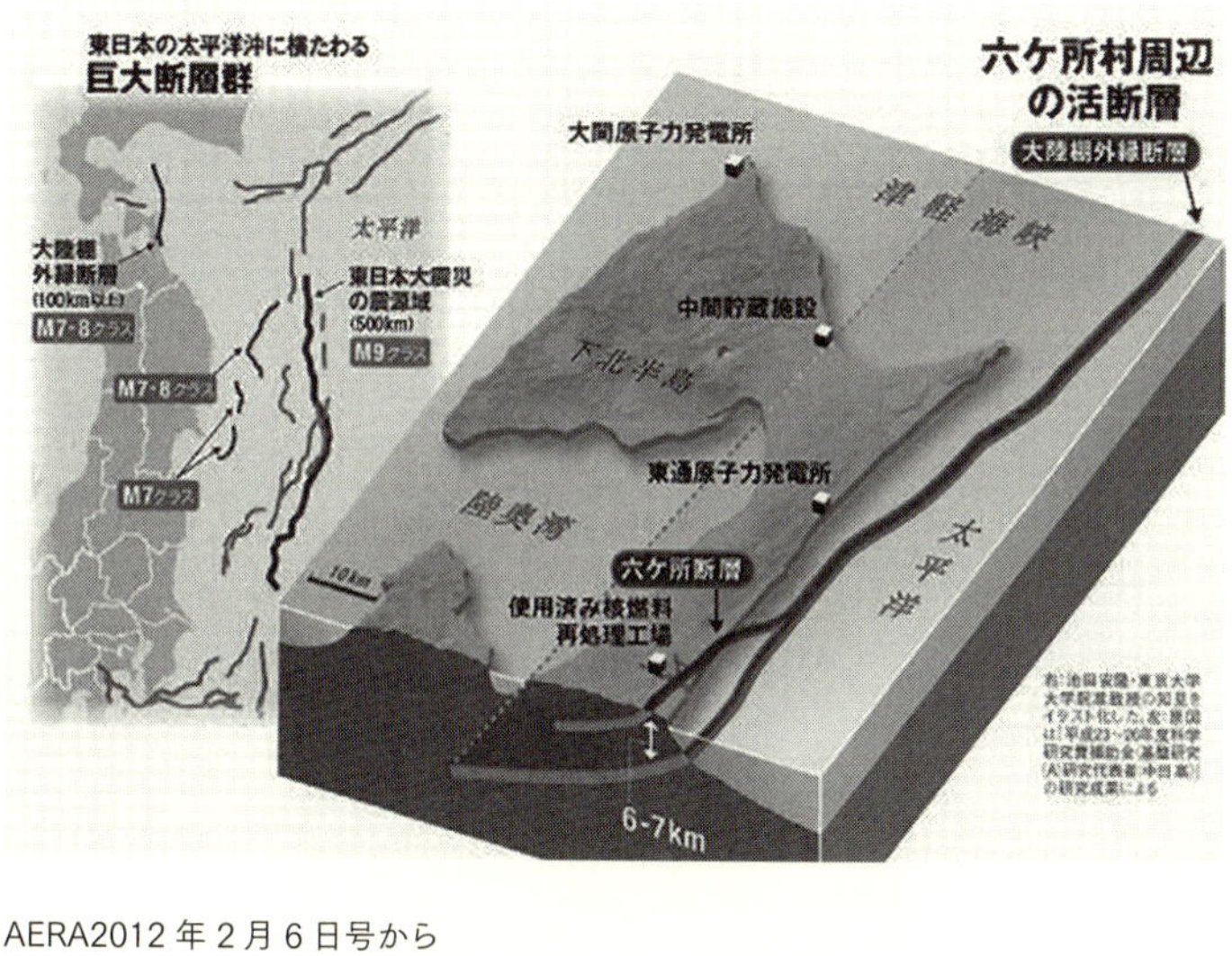

AERA2012年2月6日号から

一度は動くという。すぐには動かないのではないかとも思えるが、千年に一度と言われる東日本大震災は2011年に起きた。一度動けば、取り返しのつかない事態となる。

これほど大きな危険が予測されながら、日本原燃や保安院、原子力安全委員会は、なぜ大陸棚外縁断層を活断層と認めなかったのだろうか。

原発30基分の使用済み核燃料

超高濃度の高レベル放射性廃液からガラス固化体を製造する再処理施設内のセル（小部屋）は超高濃度に汚染されているために人間が入ることができず、遠隔操作で作業を行っている。つまり、再処理施設はすでに相当汚染されているために、人間が近づけないセルが数多くあり、耐震補強工事は不可能なのだ。

東通原発や大間原発の耐震基準が低いのも、そんな再処理施設の基準に合わせなければならなかったからだ。

しかし、原発に比べても再処理施設の危険性は飛び抜けて高い。六ケ所村の再処理施設敷地内にたまっている使用済み核燃料は約3000トン、原発30基分だ。本格稼働すれば、通常の原発から出る放射能1年分を1日で出すとされる。

万が一ではなく、数千年に一度の大陸棚外縁断層の動きが始まり、再処理施設が破壊された場合、その影響は地球の北半球全体の生物に及び、人類の生存にもかかわってくると言われる。日本の原子力関係者、政治家は人類に対してどういう責任を取るつもりなのだろうか。

再処理施設と並んで核燃サイクルの要の施設だった高速増殖炉の原型炉もんじゅはすでに廃炉が決まっている。政府は代わりに、ウラン・プルトニウム混合燃料（ＭＯＸ）を軽水炉で燃やすプルサーマル計画で核燃サイクルを維持しようとしているが、ＭＯＸ燃料は格段に高価で経済性が成り立たない。

政府はなぜここまで核燃サイクル事業にこだわるのだろうか。

核保有能力を温存する

佐藤栄作政権時代の「１９６９年９月25日」の日付がある「わが国の外交政策大綱」という文書がある。１９９４年８月に明らかになった外務省の外交政策委員会の極秘文書だ。そこにはこう書かれている。

「当面核兵器は保有しない政策をとるが、核兵器製造の経済的・技術的ポテンシャルは常に保持するとともにこれに対する掣肘を受けないよう配慮する」

「核兵器製造の経済的・技術的ポテンシャル」というのは、核兵器用の純度の高いプルトニウムが抽出できる再処理施設のことだ。日本の核武装については、日本政府は岸信介内閣以来、憲法9条に違反しないという解釈を取っている。ただ、米国が容認しないだけの話だ。

佐藤栄作首相は当時のジョンソン米国大統領に日本が核兵器を保有することを打診、ジョンソン大統領はそれを認めず、代わりに再処理施設の建設を認めたという経緯がある。このため、再処理施設は核保有国の5大国以外では日本だけが保有、核兵器の潜在的保有願望を持つ保守層にとっては隠れた「虎の子」となっているのだ。

もうひとつ、核燃サイクル事業を手放せない事情は経済的なものだ。現在、全国の原発サイトに置いてある使用済み核燃料は、プルトニウムを取

日本原燃の核燃料再処理工場（中央左手）。周辺にはウラン濃縮工場や低レベル放射性廃棄物埋設センターなど関連施設が立ち並ぶ＝青森県六ケ所村、2008 年 5 月 11 日

り出す再処理施設があるためにバランスシートの資産勘定に入っている。これから再処理施設に売ることになる資産だからだ

ところが、再処理施設がなくなってしまえば何の価値も持たない危険なゴミと化し、資産勘定から負債勘定に移ることになる。莫大な損失となり、このロスに耐えうる電力会社は恐らく1社もない。

日本の核燃サイクル事業は事業としては完全な失敗、その核燃マネーは地域の民主主義を破壊し、再処理施設は人類の生存に脅威を与えるほどの危険物となっている。しかし、それにもかかわらず事業は日本の政治経済に骨絡みにしがみついている。

本来であれば、日本の政治はこの骨絡みを解いて新しいエネルギー供給体制の構築を目指さなければならないが、現在の安倍政権にはそれをやる気はまるでない。ないどころか、問題の所在さえ理解していないだろう。まったく新しい政治体制が望まれる由縁である。

『パラサイト』で日韓を考え抜く
～ソン・ガンホの言葉とポン・ジュノの微笑

２０２０年02月26日

ＣＯＶＩＤ–19（コロナ・ウイルス）の「海に浮かぶ培養シャーレ」と呼ばれたクルーズ船ダイヤモンド・プリンセス号から下船した乗客たちが横浜駅から日本各地へ散って行った2月19日、私は東京・渋谷のシネマ・コンプレックスでスクリーンを見上げていた。

スクリーンには、今全世界で話題沸騰中の映画『パラサイト・半地下の家族』が上映されていた。渋谷でも満席状態で、買える席は最前列しかなかった。

振り返って見渡すとほんとんどの客がマスク姿。私も白いマスクをしてＣＯＶＩＤ–19の侵入を極力防御しながら、まるで地下室から地上をのぞき見るようにして『半地下の家族』を鑑賞した。

『パラサイト』はカンヌ国際映画祭の最高賞であるパルムドールを受賞、続いてアカデミー賞の作品賞、監督賞、脚本賞、国際長編映画賞の4冠受賞。カンヌとアカデミー作品賞を制したのは実に

64年ぶりという快挙だ。

便器より低い食卓を持つ半地下の住居

監督のポン・ジュノは映画のプログラムの中で、「本作をご紹介頂く際、出来る限り兄妹が家庭教師として働き始めるところ以降の展開を語ることは、どうか控えてください」とネタバレ回避を「お願い」しているので、詳細を書くわけにはいかないが、この兄妹をはじめ主人公一家が暮らす家は、ソウルの低所得層家族が多く生活するビルの半地下。

半地下の床よりも下水道管の方が高く通っているために、水圧の関係でトイレの便器は床より1・5メートルほど高く置かれている。

食事の場所より便器の方が高いところにある生活というものはなかなか想像しにくいが、この地下生活のイメージは、以前から貧窮や社会の二極化と結びつけて考えられてきた。

韓国だけではない。ロシアの文豪ドストエフスキーの『地下生活者の手記』は、貧困の中にある最下層官僚が自閉気味に喘ぎながら地上の市民生活をのぞき見る話が背景になっている。

20世紀ロシアの独裁者スターリンが少年時代に過ごしたジョージア・ゴリの貧しい実家にも半地下があった。スターリンの父親の靴職人はこの半地下から地上の喧噪を聞きながら、子どもや妻に暴力を振るっていた。

私は、ソ連が消えてなくなる直前ゴリを訪ねて、地上から木造の窓越しにこの半地下をのぞき見たことがあったが、いかにも市民生活から抑圧された下層職人の仕事場だった。

便器より低い食卓を持つ半地下の住居。もともとは朝鮮戦争休戦後、北朝鮮の攻撃に備えるために1960年代半ばから作り始めた各ビルの防空壕だった。韓国経済は同時にこのころから急成長を始め、ソウルへの人口急増をもたらした。

1970年代から、人口急増と住居不足に対応するためにこの半地下を住居用に廉価で貸し出すようになった。1975年、韓国政府はこの実態を追認、法律を改正し

高層マンション群の近くにある半地下の住居。道路と同じ位置に窓がある＝2020年2月10日、ソウル

てこの半地下にも公然と住めるようになった。『パラサイト』が全世界的にヒットして、韓国政府はこの半地下住民の一部に補助金を支給することを決めた。

「半地下生活者」が少なからず存在する韓国社会を歴史的に理解するためには、半地下室の元となった防空壕の由来、つまり国が南北に分かれ続ける朝鮮半島の緊張の原因を探らなければならない。

日本による韓国併合

この緊張の原因をたどってみると、当然、１９５０年6月に勃発し、１９５３年7月に休戦協定が結ばれた朝鮮戦争に至り着くが、さらにその先を探ってみると１９１０年の日本による韓国併合が大きい要因として横たわっていることに気がつく。

西欧列強に比べてはるかに遅れて近代化に乗り出した日本は、近代化や資本主義化の面でさらに遅れていた李王朝朝鮮を支配下に置いた。

李王朝は中央集権国家だったが、その実、集権体制は弱かった。米国の歴史学者ブルース・カミングスによる歴史的な名著『朝鮮戦争の起源』によると、李朝朝鮮の支配体制はむしろ貴族階級である両班（ヤンパン）が実質的に握っていた。

この両班階級による李朝朝鮮政府への侵食が国力を弱め、日本の支配に対する抵抗力を奪った。日韓併合条約とともに、実質的な植民地統治機構である朝鮮総督府庁舎がソウルに建設された。

この庁舎は1945年の日本敗戦以降も韓国政府の中央庁舎の一部として使われていたが、1993年、金泳三政権によって取り壊しが指示された。

庁舎を精しく調査した結果、地下に拷問室が存在することがわかった。部屋に排水路などが設えられていることから、水責めなどの拷問が行われたのではないか、と推定されている。

カミングスによると、朝鮮総督府は朝鮮国家のあらゆるものから屹立していた。その支配体質は「全体主義的」という言葉でも穏健過ぎる

朝日新聞の「秘蔵写真が語る戦争」（2009年4月30日発行）に掲載された植民地支配の拠点だった朝鮮総督府の庁舎＝撮影時期は1926年の建設以降

もので、朝鮮人社会を巧妙に操って日本への協力者を増やし、朝鮮人同士の内紛を煽った。全体主義支配の常套手段devide and rule（分割と支配）で社会を押さえ込み、日本本土の利益のために朝鮮人社会の余剰を搾り取った。

１９４０年代後半に南北に分かれていく朝鮮半島の淵源は、このような日本に対する抵抗運動の存在にあった。

分裂国家と戦前日本の傷跡

日韓併合の前後から続いていた抵抗運動は、１９３０年代にいたって、満州・朝鮮国境地帯でひとりの抗日パルチザンに光を当てるようになった。現在の朝鮮労働党委員長、金正恩の祖父、金日成だ。

金日成は数百人の朝鮮人遊撃隊を率い、日本軍から数多くの勝利をもぎ取った。日本が真珠湾を攻撃し日米戦争に突入すると、自らは満州とシベリアの国境地帯まで後退した。数多くの同志が命を落とし、日本軍に捕まってしまった中で、日本軍からの追跡、拘留を免れた。金日成はさらにソ連で教育、訓練を受け、戦後ソ連軍艦に乗って朝鮮半島に帰り、ソ連占領下の朝鮮半島北部で支配者の地歩を築いていく。

戦後の朝鮮半島にとって不幸だったのは、1945年4月まで存命だった米国のフランクリン・ルーズベルト大統領が、「朝鮮人もまだ独立政府を運営するだけの能力を身につけておらず、従って40年間は後見者の下における訓練を受ける必要がある」（カミングス前掲書）という理解しか持っていなかったことだ。

朝鮮半島を南北に分けた北緯38度線も米国の陸海軍担当官が実質的に30分で決めた。独立政府樹立を目標に準備を進めていた朝鮮の建国準備委員会の人々の中には、やむなく北部に向かって出立する人もいた。

北部はソ連と中国の後ろ盾を得て北朝鮮として独立し、南部は米国の全面協力の下に韓国として出発した。朝鮮戦争を経て、1989年の東西融和の後も朝鮮半島だけ分裂国家として残された。そして、その歴史と感情には戦前日本の傷跡がまだ生々しく残っている。

「徴用工判決」に流れる精神

2018年10月30日、韓国大法院は新日鉄住金（旧日本製鐵、現日本製鉄）に対して、戦時中に強制動員させられた韓国人4人に、一人当たり1億ウォン（約909万円）の損害賠償金支払いを命じる判決を確定させた。

このいわゆる「徴用工判決」に対して、安倍政権は姿勢を硬化させ、対韓貿易の規制を厳しくすることで対抗した。

以来、現在に至るまで日韓関係の冬の時代は続いているが、安倍政権が「徴用工判決」を頭から拒否する理由は、「徴用工問題は1965年の日韓請求権協定で解決済みだ。国と国との約束を守らないのは国際法に反する」ということに尽きている。

しかし、大法院判決を読めばよくわかるが、日韓請求権協定は単なる経済・財政補償協定に過ぎない。強制動員されて戦前日本の利益のために酷使された「徴用工」に対する個人的な慰謝は何らなされていない。

日韓請求権協定にはこの慰謝は含まれておらず、慰謝を求める「徴用工」の個人的な請求権は残されているというのが大法院判決の趣旨だ。

さらに、2018年の大法院判決の先触れとなっ

徴用工判決を受け、首相官邸で取材に応じる安倍晋三首相＝ 2018 年 10 月 30 日

た２０１２年5月24日の大法院判決は、「徴用工」の損害賠償請求などを認める理由として、１９８７年制定の韓国憲法を根拠として示している。

韓国の自主独立を憲法の精神の根幹とし、それを妨げた戦前日本の植民地支配を不法のものとするという考え方だ。

１９６５年の日韓請求権協定はこの植民地支配の不法性を前提としていないために、その見解は受け容れがたいとしている。

恐らくは安倍首相自身をはじめ安倍内閣の面々は誰一人として大法院判決を読んでいないだろう。大法院判決を読解して、そこに流れる精神を理解すれば、「解決済み。国際法違反だ」という、日本の歴代政権に比べてもかなり後退した浅知恵の言い方は出てこないだろう。

ソン・ガンホの言葉

安倍政権の浅知恵のために貿易やインバウンドを含め日韓関係は冷え切っている。

この状況でさらにＣＯＶＩＤ－19による中国との交流激減が加わった。日本の有権者が自ら選んだ安倍政権とはいえ、その外交失態は見るも無惨な結果を招来しつつある。

２月23日午後5時、東京・内幸町のプレスセンター・ビル10階の記者会見場に二人の大柄な男性が現れた。

モジャモジャ頭に黒いジャケットを着た『パラサイト』監督のポン・ジュノ、その後ろに黒いV字カットのシャツとオレンジ色のジャケットを羽織った『パラサイト』主演男優、ソン・ガンホだ。パルムドールとアカデミー作品賞など世界の映画賞を総なめにした映画監督と主演男優だが、満席の記者たちを前にして緊張気味に見えた。

記者会見の最初にそれぞれが韓国語で挨拶した。伏し目がちな名優ソン・ガンホは、味わい深い声でこう語り出した。

「『パラサイト』が日本の皆さんにも興味深く受け容れられ、評価していただけたことを大変うれしく思っています。20年前くらいでしょうか。２０００年代初期のころ、韓国の映画が日本でも広く公開されていました。そういう時代はありましたが、その後、韓国と日本の交流は少なくなってしまったような気がします」

「韓国と日本の間で交流が活発だった時期には、韓国と日本のそれぞれの優れた映画作品などに両国とも強い関心を持っていました。この時のように、互いの優れた作品に強い関心を持ち、互いに声援を送るような時代がまた訪れることを希望いたします」

「韓国と日本は非常に近い国同士ですので、『パラサイト』が評価いただけたように、また互いの文化をあたたかく応援し合えるような関係になれればいいなと思っています」

ソン・ガンホは、『パラサイト』では、半地下に住む兄妹をはじめとする一家の父親役で、悲劇を織りなす映画全体の主人公だ。

監督ポン・ジュノの作品には多く出演しており、極めて高い評価を得た『殺人の追憶』や『グエムル─漢江の怪物』でも主人公を演じている。黒澤明映画における三船敏郎的な存在だ。

そのソン・ガンホが、微妙な役作りの「コツ」を披露した。

「私の役作りは、他の人と違うかもしれませんが、監督には聞かないんです。その役について、監督の考えはあえて聞かないで、自分の中で考え抜いて、その結果を出せるようにするんです」

演出の中心となる監督に役の性格や演技について聞くということが、普通の俳優の考えるところだろう。

しかし、ソン・ガンホは明らかにそれとは異なる考え

会見するポン・ジュノ監督（右）と主演のソン・ガンホさん＝ 2020 年 2 月 23 日、東京・内幸町のプレスセンター・ビル

を持っていた。

自分自身で考え抜き、その考えが身体と表情に出るまで自分自身のものにするという演技法だ。

ポン・ジュノの微笑

そのソン・ガンホが満席の記者たちを前にして語った挨拶の言葉は、現在の日韓関係を考える上で非常に含蓄のあるものだった。

私は、現代史の中でも難しい日韓関係について映画化するつもりがないかどうか、どうしてもポン・ジュノに質問してみたかった。

しかし、不運にも私の挙手は記者会見の最後まで指されなかった。仕方がないので会見場を退席する二人についていき、エレベーターに乗るところで、ポン・ジュノに「一問だけ」と食い下がった。同じエレベーターに乗ることは主催者の担当者に阻まれてしまったが、ポン・ジュノは、両手を肩の上に広げて「仕方ないですね」という表情で微笑していた。

私は質問することはできなかったが、微笑のメッセージについては自分勝手に解釈した。それは、映画『パラサイト』のラストシーンと同じメッセージだと理解した。

ポン・ジュノ監督との約束で「ネタバレ」してはいけないので、ラストシーンについては少し抽象的に記すことにするが、最大の悲劇に襲われた父親役のソン・ガンホと息子役の俳優が試練を乗り越えて抱擁し合うシーンだ。

息子はある遠大な夢の計画を立て、その計画の成就の後にソン・ガンホを迎えに行く。映画を見る人には、その夢は遠大過ぎて、まさに夢の中の抱擁にしか見えない。しかし、それにもかかわらず、その抱擁は美しく人の心を打つ。

夢は遠大でも、それを見続けて努力する中で、その夢に近づく日が来るかもしれない。複雑な日韓関係について、ソン・ガンホの言うように2000年代初めに、夢に近づいた日々があった。

今、性急にポン・ジュノに日韓関係について質問しても、ソン・ガンホ以上の言葉は出てこないだろう。しかし、その言葉を、名優ソン・ガンホのように自分自身の中で考え抜いてほしい。

この記事のコンセプトを考え抜いているうちに、そういうメッセージが私の中に少しずつ広がっていくのが感じられた。

コロナ禍は安倍内閣の人災だ～「春節訪日熱烈歓迎」動画の舞台裏

中国国民訪日を熱烈歓迎、海に浮かぶ培養皿…。素人でもわかる過ちをなぜ繰り返すのか

２０２０年03月11日

アルベール・カミュの小説『ペスト』が売れに売れている。凶悪な感染症ペストに襲われたアルジェリアの架空都市を舞台に、医師リウーや新聞記者ランベールなど一群の人間群が織りなす行動と思弁のドラマだ。

はるか昔の学生時代に読んだきりでディテールは覚えていないが、小説の導入部で一人の老人が登場する。

老人は、窓の下に集まって来る猫に唾を命中させる遊びを習慣としている。ところが、ある日、集まって来るはずの猫が一匹も現れず老人を失望させる。人知れぬペストの襲来が猫の習慣を変えたのだ。

学生時代に小説家を志望していた私が、数年後に小説『コロナ』を書くとしたら、冒頭は次のよ

うに書き始めるだろう。

情熱的なその男は、人知れぬ葛藤に胸を痛めていた。自身の情熱の拠って来たる使命感とプレスやSNSなどが醸し出す「世論の声」との間に、かつてなく大きい間隙が生じ、激しい葛藤の痛みを感じざるをえなくなったからだ。

その男、安倍晋三首相の大きい情熱の炎は、「東洋の奇跡」とも呼ばれ、世界の大国ロシアをも打ち負かした明治維新以来の「アジアの盟主」日本国を現代に再興することだった。晋三は他人には決して口外しなかったが、そこには祖父の岸信介が折ある毎に晋三に口伝えしていた長州人の血脈が自身の内部を脈々と流れ伝っていることを感じていた。

晋三が戦後の憲法を変えようと焦燥感を感じるのも、あるいは戦後復興の一里塚となった東京オリンピックを現代に再現しようと、「アンダー・コントロール」と心にもない虚言を口走ってしまったのも、この情熱に由来していた。

この情熱の下、晋三はある特異な世界観に支配されるようになった。ある一定期間を取ってみると、この列島に住みつく半分の人間は死に、代わりに半分の人間が生まれてくる。死ぬ時期や死に方は様々だが、そのことは「運命」や「神のなせる業」「運不運」としか言い様がない。

そして、もう少し長い期間を取ってみると人間はすべて新しい人間に入れ替わっている。すると、大事なものは個々の人間ではなく、人間群を貫いて伝わっていく「民族の精神」や「民族の伝統」といったものになる。

この世界観を礎に持つ情熱の向かうところ少しばかりの虚言や方便は改めて問題にするようなことではない。列島に住みつく人間群はいずれすべて入れ替わるのだ。「民族の精神」「民族の伝統」の前では何事も小事に過ぎない。森友学園や加計学園、あるいは公文書の改竄なども一部の世間は騒いでいたが、悠久の時の流れの前には泡沫のように流れ去っていくものだった。

新しい問題は次々に起き、そして過ぎていった。

列島に攻め込んで来た「コロナ」もそのように過ぎ去る態のものだった。

しかし、「コロナ」はそのようには過ぎていかなかった。列島に一定期間住みついて入れ替わるはずの個々の人間群がなぜか今回ばかりは沈黙していなかった。入れ替わるはずの個々の人間がなぜか耳障りな声を立て始めたのだ。

大きい情熱に後押しされた晋三の目算では、東京

首相官邸に入る安倍晋三首相＝ 2020 年 3 月 5 日

オリンピックという「民族の祭典」を列島の住民に与え、高揚した民族の気分のまま秋の総選挙に勝ち、列島の「主人」をもう一期勤め上げて「自主憲法」の形に目安をつけるはずだった。「コロナ」の発生源、中国から人間を大量に入れたのも、検査の数を少なくし感染者数を少なめに抑えようとしたのも、すべてその使命感と情熱のなせる業だった。

だが、そういう晋三にも忘れていることがひとつあった。個々の人間にとってはその人生こそが唯一のドラマであり、そのドラマを終わらせようとする力には絶対的に抗うということだった。

「コロナ」は、個々の人間と晋三との大きい間隙を際立たせた。この間隙の前では、それまで晋三が得意としていたプレスへの圧力もＳＮＳ工作も効力を発揮しなかった。

公費を使った「情報交換」の美食会まで批判を向けられた晋三はようやく事の重大さに気がつき始めた。やむなく、夜は自宅テレビで情報収集に努めるよう考えを変えた。以来、各紙の「首相動静」には生彩がなくなった。

小説家志望を早々に断念してよかったと思うが、学生時代に読みまくったジャン・ポール・サルトルの長編小説『自由への道』を少しだけ真似してみた。同時代をほぼ同時進行で描いたこの小説にはイギリスのチャーチル首相なども登場するが、その気分や考えなどはもちろん推測。私も、安倍晋三の精神のあり方を描写するに当たっては私の推測に拠ったことを断っておく。

しかし「事実は小説より奇なり」という言葉がある。摩滅するほどに使い回された言葉だが、私はここでもそれを使わせていただきたい。

中国国民の訪日を熱烈歓迎した安倍首相の春節動画

「『コロナ』の発生源、中国から人間を大量に入れたのも、検査の数を少なくし感染者数を少なめに抑えようとしたのも、すべてその使命感と情熱のなせる業だった」かどうかは知る由もないが、ここで日本へのコロナ禍襲来初期のころのことを改めて記録しておくことは重要なことだと思われる。

昨年12月31日の大晦日、中国当局はWHO（世界保健機関）に原因不明の肺炎が発生したと報告して、翌1月1日に武漢市の海鮮市場を閉鎖。同5日には、武漢市衛生健康委員会が肺炎により7人が死亡したと発表した。同9日、新型肺炎による初の死亡者が中国で確認された。

1月16日には日本の神奈川県内で、同19日には韓国で最初の感染症例を確認。このあたりから、新型コロナウイルス禍のニュースが世界中で飛び回り始める。

1月22日、WHOが緊急会議。台湾が台湾と武漢間の団体旅行を一時停止、米国は武漢からの渡航者の入国を国内5空港に制限。北朝鮮は中国からの観光客の受け入れを全面停止した。この日、中国国内の感染者440人、死亡者9人。

1月23日、武漢市が閉鎖され、市内の空港、鉄道、フェリーなど交通機関の運行がすべて停止された。中国国内の感染者571人、死亡者17人。

1月24日、台湾、中国大陸全土への団体旅行を全面中止。フィリピン、武漢からの観光客500人を強制送還。日本は、武漢を含む中国湖北省への渡航を中止勧告。中国国内の感染者830人、死亡者25人。

ご覧の通り、1月下旬、中国を中心にコロナウイルス危機が東アジアに急速に拡大していった。日本のニュース番組、ワイドショーなどでこのニュース、特集が集中的に組まれ、各家庭でもこの話題で持ちきりとなっただろう。

ところが、日本政府はこの段階で、「まさに事実は小説より奇なり」という言葉を地で行くことをやってのけた。しかも、日本の首相である安倍晋三自らが率先垂範して「奇」なる行動に出たのだ。

台湾が中国大陸全土への団体旅行を全面中止する措置を講じ、フィリピン政府が武漢からの観光客500人を強制送還した1月24日、安倍は北京の日本大使館のHPに自ら登場、中国国民に向けて春節（旧正月）をお祝いし、訪日を熱烈歓迎する動画を公開した。

漫画のような失策ではあるが、その結果を考えると決して笑って済ませられる問題ではない。この問題は国会でも取り上げられ、批判、疑問の声がネット上などで広がったため1月30日には動画は削除されたが、中国発のコロナウイルス禍が世界中で恐れられている1週間、中国へのメッセージとして掲げられ続けた。その祝辞の要点を記録しておく。

日本で活躍されている華僑・華人の皆様、謹んで2020年の春節の御挨拶を申し上げます。今春、桜の咲く頃に、習近平国家主席が国賓として訪日される予定です。（略）習主席の訪日を、日中両国がその責任を果たしていくとの意思を明確に示す機会にしたいと思います。本年夏には、東京オリンピック・パラリンピックが開催されます。（略）春節に際して、そしてまた、オリンピック・パラリンピック等の機会を通じて、更に多くの中国の皆様が訪日されることを楽しみにしています。その際、ぜひ東京以外の場所にも足を運び、その土地ならではの日本らしさを感じて頂ければ幸いです。（後略）

ウイルスなどが席捲していない通常の時であれば常識的な挨拶文として人目をひかなかっただろうが、ウイルスの恐怖にすくみ上がっていた中国では、脱出先として熱い視線で注視されたにちがいない。メッセージを出した3日後の1月27日には、感染者は24日の3倍以上の2744人、死亡者は80人に達していた。

日本の首相自らが熱く歓迎の言葉を発している。滑舌も悪く、この時節に何を考えているのかはよくわからないが、弟分とみなしていた北朝鮮が早々に受け入れを全面停止した状況下にあって、珍しくも奇特な脱出口に見えたことだろう。

習近平来日の親善ムードを優先

実際、日本政府観光局（ＪＮＴＯ）の国別入国推計を見ると、今年1月全体では中国からの訪問客は前年比22・6％増の92万４８００人となっている。前年中国と同レベルだった韓国が60％近く減少している姿と対照的だ。

2月に入ると、日本人の間で感染者が見つかり始め、追跡調査の結果、1月中に訪日した中国人を接待したり乗せたりしたタクシー運転手や屋形船従業員だった。

そして、「ぜひ東京以外の場所にも足を運び、その土地ならではの日本らしさを感じて頂ければ幸いです」という安倍の呼びかけに応えたのかどうか、北海道が全国最多の感染者数となってしまった。

この要因について、日本政府観光局や北海道の統計数値はないが、厚生労働省の新型コロナウイルス感染症対策専門家会議は、「北海道には中国からの旅行者が多く、そうした人々から感染が広がったと考えられます」と報告している。

それにしても、首相の安倍はなぜこのような常識外れのメッセージを堂々と発してしまったのだろうか。

もちろん、メッセージの文言自体は事前に内閣官房の方で準備し、メッセージ発信について安倍が最終判断を下したにちがいない。

この背景説明としては、「大ごとにしないでほしい」（2月18日時事通信）という中国側の要請があったことや、4月に予定されていた習近平の来日に合わせた親善ムードを壊したくなかったという

中国の習近平国家主席（右）の出迎えを受ける安倍晋三首相＝2019年12月23日、北京の人民大会堂

ような事情が報道されている。

しかし、私が厚労省関係者から間接的に聞いた話では、同省幹部や加藤厚労相は当初、1月22日に米国が中国・武漢からの渡航者の入国を5空港に絞ったように入国制限をかける意思を持っていたようだ。

ところが、この動きを察知した二階俊博自民党幹事長がこれにストップをかけ、さらに「習近平のメンツ」を考えて「春節訪日歓迎」の安倍メッセージを出させた、というのがストップをかけられた厚労省周辺の情報だ。

二階は中国政府と独特のパイプを持ち、「習近平への朝貢」(遠藤誉・中国問題グローバル研究所長、2019年4月26日、Yahoo!ニュース)体質まで指摘されている。上野動物園にも2頭しかいないパンダが二階の地元、和

「日中友好交流の夕べ」に出席する習近平国家主席(右)と二階俊博氏= 2015 年 5 月 23 日、北京

歌山・白浜町のアドベンチャーワールドには7頭もいることから、親中派議員の筆頭格であることがよくわかる。

その二階は自民党内運営を一手に握り、党運営に関しては安倍の地盤を支えている。その二階の意向については安倍も無視できない。

安倍は、党運営や政策に関して特別に優れた才覚を持っているわけではない。よく指摘されるように、二階幹事長や菅官房長官、麻生財務相などの有力議員、あるいは今井首相補佐官や北村国家安全保障局長ら側近グループの上でバランスを保ちながら立っているだけだ。

このため、多少バランスに揺れが生じると、自身の行動や政策がしばしば突拍子もないものになる。「春節訪日歓迎」メッセージはその典型例であり、コロナウイルス禍への拙劣な対応は、その政権の弱点が痛いほど鋭角的に突き出てしまった形だ。

「海に浮かぶ培養皿」

安倍内閣の特異な力学関係によって厚労省の進言行動が抑えられたように、大型クルーズ船ダイヤモンド・プリンセス号への対応を完全に誤った。

1月20日に横浜港を出港したダイヤモンド・プリンセス号は当初2666人の乗客を乗せて中国、

ベトナム、台湾に寄港する予定だった。しかし、途中の香港で下船した一人の感染男性によってコロナウイルスが船内に感染し始めた。

深刻な状況がわかったのは2月5日だった。乗員乗客31人の検査結果が判明し、10人の感染者がいることがわかった。感染した香港の男性との濃厚接触者、せきや発熱などの症状がある人だけを対象にした検査で、それ以外の乗員乗客については当初下船させることにしていたが、ここで判断を間違えた。

結局、乗員乗客を全員船内に留め置き、厚労省調査では、最終的に696人もの感染者を出してしまった。

感染症のプロでもある医師、岩田健太

岩田健太郎・神戸大教授が公開した動画。大型クルーズ船のダイヤモンド・プリンセス号内に入った感想を語っている＝ユーチューブから

郎・神戸大学教授が2月18日にダイヤモンド・プリンセス号に入り、ユーチューブで内部告発をした。

それによると、危険ゾーンと安全ゾーンの区別がほとんどなく、船内では感染者と日常的にすれ違った。

「どこの手すり、どこの絨毯にウイルスがいるのかさっぱりわからない状態」というのは、乗客にとっては大変な恐怖とストレスだっただろう。

これは後付けで論じているわけではない。テレビ報道などを見ながら、感染症素人の私でもその愚策はよくわかった。クルーズ船などの閉鎖空間に3000人もの人間とウイルスを一緒に閉じ込めればどういう事態が起こるか、容易に想像できた。ウイルスは2週間もの間、新しい宿主を求めてまるで貪欲な狩人のように飛び回るだろう。

結果的に、素人の予測通りになった。「海に浮かぶ培養皿」。海外メディアが名付けたダイヤモンド・プリンセス号の別名だ。大変な人権問題でもある。

その後、安倍政権は、国内外での批判に耐えられなくなったためか、乗員乗客を次々に下船させ始めた。しかし、ここでもまた信じられないほどの愚策をやってのけた。一度のPCR検査で陰性が出ただけで横浜駅で解散、そのまま各自の自由行動に任せたのだ。

一度陰性の結果が得られたからと言って、絶対に安全というわけではない。ウイルスがまだ隠れている可能性もある。このことはテレビのワイドショーなどでさえ解説しているくらいの話だ。米国などは下船後さらに2週間隔離して様子を見ることにした。

素人でもわかる過ちを繰り返す

安倍政権はなぜ、素人でもわかるような過ちを何度も繰り返すのだろうか。

ひとつには「春節訪日歓迎」メッセージに見られるように、官僚の正常な働きが何らかの非本質的な要因によって封じ込められてしまっているからだ。そしてさらに、最大の要因として考えられるのは、問題に対する安倍首相以下の緊張感の欠如である。

この二大要因は、通常の行政においては緩慢な非効率となって現れるが、コロナウイルス禍のような大きい危機管理の問題においては非常に危険な結果をもたらす。

つまり、結論的に言えば、このコロナウイルス禍のこれまでの進展状況を見る限り、安倍政権による人災の要因が極めて強いと言わざるをえない。

冒頭に引いたカミュとサルトルは、ともに20世紀を代表する実存主義文学者、哲学者だった。その文学、哲学は、ペストのような「不条理」の下における人間の苦悩と脱却への意思に基礎を置いている。

「不条理」は日本語ではしばしば「理不尽」とも翻訳される。

21世紀初頭の日本人は、安倍政権という不条理、理不尽に耐えながらカミュの『ペスト』に思いを致す。皮肉と言えば皮肉な図柄だが、いつかこの構造を打ち破らなければならない。

打ち破る時期が遅れれば遅れるほど取り返しのつかない事態となる。

安倍首相が語った「コロナのピークを遅らせる」と「五輪開催」の政策矛盾

検査数はなぜ抑制されているのか。そこを深掘りすると安倍内閣の末期症状が見えてくる

2020年03月17日

安倍政権は完全な末期症状を起こしている。3月14日午後6時過ぎ、首相官邸で開いた記者会見の席上、安倍首相は、自ら気がつかないうちにその末期症状を国民の前にさらけ出してしまった。

しかし、会見に参加した記者たちもほとんど気がついていなかったのだろう。安倍首相の発言の矛盾、あるいは政権が追求する二大政策の大きい矛盾を指摘する質問はひとつも出なかった。

私はNHKとニコ動で会見を見終わった後、すぐにこの矛盾を指摘するツイートを発した。

安倍が最もヌケているところ。「コロナのピークを出来るだけ後ろにずらすことが重要」と言いながら「五輪開催を」と発言している。ピークを数ヶ月遅らせたらモロに7月だろう。コロナは簡単にはなくならない。コロナピークの国に世界から人が来るか？　安倍はなぜ気づかない？

このツイートに反応する「イイネ」数はみるみる膨れ上がり、１日経って１万３０００を超え、リツイート数も５０００を超えた。

　コメントの大半はその矛盾に素直に呆れかえるもので、「なぜ気づかない？」という疑問には安倍首相の理解能力の限界を指摘するコメントが多かった。

　コロナウイルス禍が発生した地域ではあるが、徹底した検査と封じ込め政策が功を奏して中国はほとんど収束した。同じように積極的な検査と封じ込め政策を採る韓国も早めに感染ピークを迎え、日本より格段に早く収束するだろう。

　この積極封じ込め政策とは対照的に、日本では「検査難民」という言葉が生まれたように、検査そのものに消極的で、国民に対して自粛を

改正新型インフルエンザ等対策特別措置法を受けた記者会見を終えて会場を出る安倍晋三首相＝ 2020 年 3 月 14 日、首相官邸

安倍首相が語った「コロナのピークを遅らせる」と
「五輪開催」の政策矛盾

2020年03月17日

呼びかけるだけの政策に終始している。ワイドショーなどでも、安倍首相の発言同様「感染ピークを出来るだけ後ろの方にずらすことが大事」としきりに解説している。

中国での収束の時間を見るとほとんど3か月。すると、日本でも、同じように徹底検査、徹底封じ込め政策を採れば4月か5月には収束のメドが立つのではないかと推測される。しかし、現在安倍政権が採用している「ピークずらし」政策では、さらに数ヶ月遅れて、オリンピック開催予定の7月にピークが来る可能性が高い。

コロナウイルス対策とオリンピック開催という二大課題を目指す完全な政策矛盾である。

政策の矛盾に気づかない安倍官邸

私は、記者会見で自ら発言しながら、その矛盾に気がつかなかった安倍首相に問題があることには同意するが、実は安倍政権が現在抱える問題はもっと深刻だと考える。

安倍首相が矛盾した発言をしただけではない。つまり、政策自体が矛盾していることに安倍首相以下、官邸の住人たちは誰も気がついていないのだ。冷静になれば誰もが気づく政策矛盾を認識できないため、整合性を取るための調整にさえ動いていない。

原稿の冒頭に「末期症状」と記したが、このまま安倍政権の矛盾政策が進めば、戦前の陸軍、海軍の矛盾だらけの政策が国民的破局を招いたように、大きい混乱と破綻が国民の前に現出する恐れがある。

私は、安倍首相の矛盾発言を突くツイートをした後、その2日前に取材で訪ねた上昌広・医療ガバナンス研究所理事長に連絡を取った。

なぜ大きい政策矛盾にも気がつかないような「末期症状」が現れたのか。取材を土台に私が立てた仮説について、上理事長の意見を聞いてみたかったのだ。

私の仮説に上理事長も完全に同意してくれた。その仮説とはどういうものだろうか。それを紹介する前に、仮説の土台となった上理事長の解説を見てみよう。

3月14日の記者会見では、安倍首相はこんなことを言っていた。

現時点において感染者の数はなお、増加傾向にあります。しかし、急激なペースで感染者が増加している諸外国と比べてわが国では増加のスピードを抑えられている。

人口1万人当たりの感染者数を比べるとわが国は、0・06人にとどまっており、韓国、中国のほかイタリアをはじめ、欧州では13カ国、イランなど中東3カ国よりも少ないレベルに抑えることができています。

さらに厚生労働省の発表によると、日本と韓国の感染者数は次の通りだ。3月14日正午の時点で、韓国が8086人なのに対して、日本はクルーズ船ダイヤモンド・プリンセス号を含めて1396人。あたかも、日本は韓国をはじめとする世界各国と比べてコロナウイルス封じ込めに格段の成功を収めているかのごとくだ。

しかし、世界の専門家は決してそのようには見ていない。

対照的な日韓コロナ対策

3月14日の朝日新聞デジタルに、「パンデミック」状況に精しい米国ジョンズ・ホプキンス大学のジェニファー・ナゾ上席研究員の話が紹介された。同氏は、日本のPCR検査人数について「韓国は、現時点で約20万以上。（日本の）数字は低い」と指摘した。厚労省によれば日本は14日時点で1万2090人。韓国の20分

米ジョンズ・ホプキンス大のジェニファー・ナゾ上席研究員（ジョンズ・ホプキンス大提供）

の1程度しか検査していない。

ナゾ氏は「適切な検査ができなければ、対処能力が著しく制限される」とも指摘している。つまり、日本の感染者数が小さく見えるのはただ単に検査を抑えているだけで、実際には、顕在化していない感染者がまだまだ町中を歩き回っているということだ。

韓国の文在寅政権が採っている積極的な検査体制は日本のテレビなどでもよく紹介されている。医師の勧めで検査すれば保険適用となり、自ら検査を希望すれば自費でPCR検査を受けることができる。ドライブ・スルーの検査方式さえある。

コリア・レポート編集長の辺真一氏によれば、自宅隔離者も多く、この自宅隔離者に対しては公務員一人が対応することになっているという。

韓国と日本のこの体制の違いはどこから来ているのだろうか。

韓国の場合は積極的に検査をして、感染者が見つかれば軽症や無症状でも自宅隔離などをして、さらに追跡調査をしてコロナウイルスを徹底的に滅ぼしていくという方法を採っている。重症化から死亡という結末を迎えやすい高齢者を守るには、無症状の段階から検査、隔離が必要だという考えだ。

簡単に言えば、政権と社会が一体となってウイルスとの全面戦争を戦っている体制だ。医療の基本に忠実な体制とも言える。

一方、日本の場合は、安倍首相が記者会見で述べたように「コロナのピークを出来るだけ後ろにずらすことが重要」という、素人が考えてもすぐには首肯しづらい体制だ。

そもそもウイルスの活動のピークを「後ろにずらす」などということが人間の力で可能なのだろうか。そんなことが極めて難しいことは素人でも容易に想像できる。

しかし、ピーク自体を後ろにずらすことは難しくても、検査数を極力抑えて、ピークが後ろの方に来たと見せかけることはできるかもしれない。これが、安倍政権が採用しているコロナウイルス対策の考え方だろう。

なぜ、検査数を極力抑える必要があるのだろうか。

検査数が増えない理由

2月27日のテレビ朝日「モーニングショー」に出演した国立感染症研究所ウイルス部の元研究員、岡田晴恵・白鴎大学教授が驚くべき発言をした。

国立感染症研究所のOBがデータを独占したがっていることが背景にある。

このデータはすごく貴重で、地方衛生研究所からあがってきたデータは、全部、国立感染症研究所が掌握しており、このデータは自分で持っていたいと言っている感染研OBがいる。

岡田教授は「数万人の命がかかっているので、そういうことはやめてほしい」と切に訴えていた。純粋な職業倫理から発された正義の告発だろう。

しかし、岡田教授の告発について、私がじっくり解説を聞いた上昌広・医療ガバナンス研究所理事長は少し違った角度からの見方を紹介した。

――まずお聞きしたいのは、PCR検査について保険が適用されるようになったのですが、実際の検査の状況はどうでしょうか。変化はありましたか。

従来とまったく変わっていません。サンプル数も1日100件くらいで、全然増えていません。6000件できると言っていたけど、全然できていない。クリニックから直接検査を頼めないので変わらないんです。

従来、発熱がありコロナ感染の疑いのある患者は、受診したクリニック（開業医）から保健所に紹介され、保健所はさらに各都道府県の帰国者・接触者相談センターに問い合わせ、その判断で感染研や全国の地方衛生研究所でのPCR検査となった。

これまでは開業医がいくらコロナ感染を疑っても保健所の判断で検査を受けられないケースが数多く報道されていた。

3月6日に保険が適用されたために、今後は保健所を通さずにクリニックから直接民間検査会社にPCR検査を依頼することができるのではないか、と期待されていた。しかし、6日以降も、実態はそれ以前と変わらなかった。民間検査会社に直接依頼できたのは、数少ない大病院だけだった。

――この状況について、岡田晴恵・白鴎大教授は「感染研OBがコロナウイルスのデータを独占したい、と言っていることが背景にある」とテレビで告発しましたが、どう見ますか。

私は実は、誰かが強烈な意思でやっているとは思っていません。感染研の人たちが使命感に燃えて、おれたちが日本を救うんだ、日本をリードしてやるんだという意識があって、こうなっているんだと思います。

「おれたちが日本を救う」「日本をリードする」という「使命感」とはどのようなものなのだろうか。

「凡庸な悪」

国立感染症研究所の人的淵源を探ってみると、戦前の人体実験、細菌爆弾研究で悪名高い関東軍七三一部隊にたどり着く。

戦前の最先端細菌学研究は、陸軍防疫給水部や七三一部隊、東京帝国大学伝染病研究所（伝研）の3組織で行われていた。

戦後、東大伝研はそのまま残って医科学研究所に改組された部分と、当時の厚生省直轄の予防衛生研究所（予研）とに分割された。

この予研は1949年に国立予防衛生研究所、さらに1997年に国立感染症研究所となった。

七三一部隊出身者の戦後の軌跡を追跡した加藤哲郎・一橋大学名誉教授の労作『「飽食した悪魔」の戦後』（花伝社）によれば、戦後に出発したこの予研の中心には七三一部隊の関係者が多い。七三一部隊出身で、敗戦時に陸軍防疫研究所にいた金子順一は予研発足とともに関係し、1949年に東大に提出した博士論文は、ペストノミ（PX）爆弾の感染効果に関するものだった。

予研の研究者の仕事がそのまま「悪魔」の仕事につながっていると言っているのではない。使命感、正義感を駆動力にした仕事が政治に利用されやすい側面を多分に持っているということだ。

戦前戦中のナチス体制の下で、強制収容所などへのユダヤ人輸送計画の中心にいたアドルフ・アイヒマンは、罪の意識を何ら感じることなく官僚の本分に基づいて、効率的な輸送計画に没頭した。

戦後、その罪が問われた時、裁判を傍聴、報告したドイツのユダヤ人哲学者ハンナ・アーレントはアイヒマンについて「凡庸な悪」と呼んだ。「凡庸」であるがゆえに、ただ官僚の意識の中に埋没し、社会全体の利害得失を意識の外に追い出す「悪」。そこにアイヒマンたち凡庸な官僚たちの罪がある。

コロナウイルス感染の疑いを持った開業医は、その患者を保健所に紹介し、さらに保健所から、帰国者・接触者相談センターの判断で感染研や地方衛生研究所でのＰＣＲ検査に回されるが、保健所の段階ではじかれるケースが数多く報道されている。健康保険適用後も、この構造には大きい変化はない。

この構造の大元に存在する感染研は、どのような「使命感」、どのような「凡庸な悪」に基づいてこの体制を維持しているのだろうか。

「感染研にとっては、未曾有のゴールドラッシュが来そうなんです」

上理事長は、本来単なる研究組織で、民間研究会社ではない感染研が、なぜ自らの検査キャパシティをはるかに超える検査を独り占めにしているのか、その理由を説明した。

感染研の予算

国立感染研はその名の通り国の組織。つまり、国の一般会計の中で活動している。

この感染研予算が増えるか増えないかは、一般的な官僚の例に漏れず、人事と並んで最大の関心事だ。

コロナウイルス禍が日本列島に襲来したために、これにひとり立ち向かう感染研の日本政府予算は今後増えることは間違いない。予算が増えれば当然ポストも増える。組織を第一に考える官僚の「使命感」にとっては否が応でも燃え上がる場面だ。

ところが、この場面でPCR検査に健康保険が適用され、何でもかんでも積極的に民間検査会社が活用され出したらどうなるだろう

参院予算委公聴会に公述人として出席し、意見を述べるNPO法人「医療ガバナンス研究所」の上昌広理事長＝2020年3月10日

か。間違いなく感染研の出番は終わり、カネの流れは一般会計から健康保険を通じたものにガラリと変わる。

私はやはり一番はお金だと思います。感染研がデータを独り占めしたって薬を作るなどということはできません。いま感染研の予算を重視することは国民の誰も反対しません。予算が増えてポストが増える。今役人のポストが減っているところには大きい話です。

上理事長はそう言う。つまり、パンデミックが宣言されたコロナウイルスのPCR検査は一研究所の検査キャパシティをはるかに超えているが、組織第一主義の官僚たちの「使命感」によって検査を極力他に譲らず、PCRの孤塁に必死にしがみ続けているというわけだ。

保健所や帰国者・接触者相談センターは、キャパシティがいっぱいの検査をこれ以上増やすわけにいかない。開業医がコロナウイルス感染を強く疑っても検査さえ受けられない「検査難民」は、こうして日々生み出されている。

では、実際にPCR検査の中心が感染研から離れ、民間検査会社が中心となって検査を大量にさばいていった場合、本当の感染者数はどのくらいになるのだろうか。

上理事長はその一つの貴重なテストケースとしてクルーズ船ダイヤモンド・プリンセス号の数字

を挙げる。ダイヤモンド・プリンセス号では、最終的に3712人の乗客乗員中696人の感染が確認された。ほぼ19%だ。積極的な手立てを打たなければこのくらいの割合で感染が広がるのではないか、という推測が成り立つ。

しかし、感染研がいつまでも検査の主役でいるためには、日本は感染者数が少なく、このまま感染者数のピークを後ろの方にずらし続けることこそが重要だという「神話」を成り立たせる必要がある。

実態は検査数を後ろにずらせるだけだが、感染研と厚生労働省が「神話」に基づくそのようなシナリオを作れば、政治的に利用できる余地が生まれてくる。

東京オリンピックを何としても開催したい安倍政権にとっては、感染者数を極力少なく見せるこ

記者会見中、頭を下げる安倍晋三首相＝2020年3月14日、首相官邸

のシナリオは限りなく魅力的に見えたことだろう。

思惑が一致したんです。官邸が感染者数を下げたいと思ったのは間違いないと思います。感染研も検査のキャパシティを超えています。だから、感染者数を少なく見せたいという官邸と感染研の思惑が一致したので、誰も止められなかったということでしょう。

日本の検査数が、韓国をはじめとする各国と比べて極端に少ないのはこのような構造から出ている、と上理事長は説明した。

完全な末期症状

しかし、安倍政権にとっては、ここでとんでもない見落としが発覚した。東京オリンピックの存在は、感染研の眼中にはまったく入っていないということだった。

このため、「感染者数のピークを後ろにずらす」というシナリオには、「ピーク」がオリンピック開催予定の7月に限りなく近づくという危険が内在していた。

3月14日の首相動静を見ると、安倍首相は記者会見の約2時間前、午後3時58分に政府関係者と会合を開いている。メンバーは、加藤勝信厚労相や菅義偉官房長官、西村康稔経済再生相、それに今井尚哉首相補佐官や北村滋国家安全保障局長、鈴木俊彦厚労次官、鈴木康裕医務技監ら15人だ。

コロナウイルス対策とオリンピック開催の追求アプローチ方法の間には大きい矛盾が生じていた。これだけのメンバーが顔をそろえていながら、肝心なこのことに誰一人気がつかなかったのだろうか。

しかし、こんなことも容易に想像がつく。二大政策課題のアプローチ方法はすでに取り返しのつかないほどの距離を走り続けており、今さら矛盾を言い立ててみても何の役にも立たない。このため、気がついていた者も何人かいたが、あえてダンマリを決め込んでいた、ということだ。

いずれにしても、二大政策課題の間で追求アプローチ方法に調整がつかず、しかも国民不在の理由が齟齬の原因となっていた。安倍首相の周辺には気がついていた官僚も何人かいたかもしれないが、あえて首相には知らせず、そのまま会見に出させた。

誰が見ても、安倍政権には完全な「末期症状」が出始めていると言えるだろう。

公文書改竄で自殺した近畿財務局職員の「手記」を手に、私は石破茂に会いに行った

2020年03月21日

3月18日午後2時前、私は東京の地下鉄半蔵門線、永田町駅構内を第2衆議院議員会館を目指して急ぎ足で歩いていた。地下鉄のホームには、永田町や霞が関に用事があるネクタイにマスク姿の人たちが思い思いに立っていた。

少なからぬ人が手に携えていた雑誌は、この日売り出したばかりの『週刊文春』だった。そのことは私にはすぐにわかった。

なぜなら私自身それを手に丸めて持っていて、地下鉄の中で熟読してきたからだ。

お目当ての記事はもちろん、森友事件に絡む公文書改竄問題に巻き込まれて自ら命を絶つことになってしまった近畿財務局職員の「手記」全文。

日本の政治経済の中心地、永田町や霞が関の住人たちがいかにこの問題に強い関心を持ち続けて

いるか。そのことは、特に第2次安倍政権以降の政界関係者、官僚たちでなければわからないかもしれない。

自ら命を絶つかどうかは別にして、同じような境遇に落とされる可能性は、この政権以前に比べればはるかに高まっているからだ。

2018年総裁選でのこと

私が約束の午後2時前に訪れた場所は、元自民党幹事長、石破茂の部屋。岩波書店の月刊誌『世界』5月号（4月8日刊行）のインタビューのためだ。

インタビューをきっかり1時間で終えた私は、石破に『週刊文春』を渡し、後ほど電話で「手記」の読後感想を聞かせてくれる約束を取り付けた。

私は、石破には「手記」の感想をぜひ聞いてみたいと思っていた。なぜか。

現在もユーチューブで視聴できるが、2018年9月の自民党総裁選で、石破は安倍首相に二度目の挑戦を試み、NHKをはじめ各テレビ局のニュース番組などで公開討論を展開していた。

その討論のひとつ、テレビ朝日の報道ステーションで、私は、安倍を前にした石破の表情に異様な感情の高まりとそれを懸命に抑えながら話す姿を見た。その表情の下に渦巻く緊張感が、画面の向こうから伝わって来るようだった。

森友事件に関連して大規模な公文書改竄の事実を朝日新聞が報道し、意思に反して改竄作業を手伝わされた近畿財務局職員、赤木俊夫氏が自ら命を絶ったのは２０１８年3月。その半年後の総裁選、テレビ討論だった。

その一連の問題について質問したキャスターに、安倍はこう答えた。

「行政のプロセスということについては公正で公明でなければならない。それには心がけてまいりました。今後さらに公文書の改竄があってはなりません」

言葉づらそのものには何の問題もなく、発音した安倍の音声にも何の問題もなかった。しかし、発生されたその言葉の響きには、文書改竄に対する罪悪感や人の死にまつわる重い情感がなく、地方の特産物を試食した後に感想を喋る時とさして変わらない印象しか残さなかった。

この安倍の様子を前にした石破は、表情を一変させた。それまでの総裁選候補者の顔から明らかに大きな怒気を含んだ顔に変わった。表情の下では静かな怒りが荒れ狂い、それを必死に抑えつけながら言葉をつないでいる様子がありありと見て取れた。

「なんで近畿財務局の職員が自ら命を絶たなければいけなかったんですか。そういう人たちがどうしてこんなことにならなければいけなかったんだ、ということをきちんと明らかにしていかなければいけない」

石破のこの言葉も、文字に起こしてみれば特に変わったものではない。しかし、何らかの形で前代未聞の公文書改竄にかかわらざるをえなかった官僚の死に対して、その行政組織のトップが、まるで特産物試食の感想と変わらない調子でコメントする姿を前にして、心の底から怒っている様子は見て取れた。

「どうしてこんなことにならなければいけなかったんだ」

石破がそう言及したその近畿財務局の官僚、赤木俊夫氏が死の直前に綴り続けてきた「手記」が『週刊文春』に載った。私が、石破に最初に感想を聞きたかった理由はそこにある。

「権力は弱い人のために使うもの」

その日の夕方6時30分ごろ、石破と連絡が取れた。携帯の向こうに出た石破は静かな声で話し始めた。

「これは、本物でしょう。財務省は再調査はしないと言っているが、政治的に言って口が裂けても再調査するとは言えないでしょう。裁判を見てみないとわからないが、大変なことです。何でも末端から切られる。歴史の中ではこういうことはあったんでしょう。民事裁判が始まり、事実をどう押さえていくか、それを見てみたい」

多忙の中で記事を読み、読後の感想がまだうまく整理できていないように見えた。

私は、２０１８年の総裁選テレビ討論の時の静かな怒りの様子について聞いてみた。

——あのテレビ討論の時、石破さんは本当に怒っているように見えました。だから、今回感想を聞いてみたかったんです。

「それは普通なら怒るでしょう。権力は弱い人のために使うものです。それが政治です」

あらためてこう話し始めた石破は、突然自らの子ども時代の話を始めた。

「私の家では本当に厳しかった。昭和30年代、40年代の鳥取県知事と言えば、その地方では大権力者です。その末っ子で長男と言えば、さぞ溺愛されたんだろうとみんな思うかもしれないが、とんでもない。厳しかった」

自民党総裁選で連続３回当選を果たした安倍晋三首相（手前）と握手する石破茂元幹事長＝ 2018 年 9 月 20 日、東京・永田町の党本部

石破の父、二朗は1958年に建設次官から出身地の鳥取県知事に転身。この最初の知事選の前には友人の田中角栄が東京都知事選への出馬を要請したが、それを断って故郷の鳥取で出た。「なぜ日本一小さい鳥取の知事を望むんだ」と聞く角栄に、二朗は「私は鳥取県人だ。鳥取に生まれ育ち、そして死ぬのだ」と答え、角栄は「郷土を思う至情に打たれた」と回顧した逸話が伝わっている。

その知事選は激戦になり、東京の自宅では二朗の二人の娘がこたつに入り、開票を伝えるラジオ放送に耳を傾けていた。同じこたつには角栄も足を突っ込み、当選が決まると「これで安心だね」と言って帰って行った。そんな微笑を誘うお返しのエピソードも残っている。

石破茂はこの二人の姉の末の弟。その弟の茂が物心つくころには二朗は2選、3選を重ねていた。

「本当に厳しかったんです。お手伝いさんや県庁職員に私がちょっとでもぞんざいな態度を取ったら『出て行け』と言われて、一晩家に入れてもらえなかった。家には秘書課の人たちがよく出入りしていました」

茂が小学校1年か幼稚園の年長のころ、家に来ていた秘書課の職員に「ぞんざいな口」を聞いたらしい。その冬の夜、茂は外に出され、一晩凍えて立っていなければならなかった。

「父は夜の9時か10時ころに宴会の席から帰って来ることが多かったんですね。その時に、4人いたお手伝いさんがまだ起きていて食事の用意などをしていると、母に対して『お前は人のことがわかっていない』と叱っていました」

テレビ討論の時の話から、なぜこのような話が出てきたかと言うと、石破は子ども時代の話を始める前に「安倍家の教育がどうだったかはわかりませんが」という前置きの言葉を語っていた。

石破は安倍に気を使ってこの言葉は使わないように私に注意を促したが、ここに注意書きを残しておけばいいだろう。つまり、テレビ討論で見せた石破の怒りの背景には、子どものころ父親の二朗から授かった冬の教育があったということだ。

恐らくは家に出入りしていた秘書課の職員たちとも親しくなったにちがいない。

「権力は弱い人のために使うものです。それが政治です」

この政治観、権力観は父親の二朗から受け継いできたものだろう。

県議選の応援に駆けつけ有権者らと握手する石破茂氏＝2018年12月2日、茨城県古河市

「最後は下郎がしっぽを切られる」

私は安倍のルーツを探るべく、祖父の岸信介と大叔父の佐藤栄作兄弟の故郷、山口県・田布施を訪ね、実家跡や出身小学校の跡などを歩き回ったことがある。現在ではこの宰相兄弟の子ども時代を思わせるものは自然の景観を除いてはほとんど存在しない。

同じように、安倍の子ども時代どのような教育が施されたか、強い印象に残るようなものはないようだ。

ただ、安倍の血脈をたどると、岸、佐藤兄弟をはじめ、父親には元外相の安倍晋太郎を持ち、あまり知られていないが、遠縁には戦前の外相、松岡洋右がいるというように、大変な「政治一家」であることがよくわかる。

「政治一家」の血脈を背後に持ち、現在のこの国の行政トップである安倍。その安倍が従えるこの国最強の官僚組織、財務省本省のエリート局長の指示は、近畿財務局の1官僚にとってまぎれもなく絶対的なものに見えたことだろう。

それでも赤木俊夫氏は公僕としての良心の及ぶ限り抵抗した。

「ぼくの契約相手は国民です」(『週刊文春』)

この言葉が口癖の赤木氏にとって、本来公表すべき国有地の売却価格を伏せ、実は近隣価格の10

分の1ほどの破格の安値で売っていたという森友学園の事実は我慢のならないものだっただろう。

森友学園前理事長の籠池泰典はこの土地に設立する小学校について、当初「安倍晋三記念小学校」と命名することにしていた。

この命名については安倍側から反対されて断念したが、安倍の妻、昭恵には名誉校長になってもらい、2014年4月25日に、この土地をバックに籠池夫妻が昭恵を挟んで記念写真を撮った。

財務省近畿財務局が森友学園に破格の値段で国有地払い下げに動き始めたのは、この写真を近畿財務局の担当者に見せたことと、翌2015年の秋に昭恵付の政府職員が財務省に問い合わせたことが大きな契機になった（朝日

大阪府豊中市の小学校予定地で撮影されたという安倍昭恵氏（中央）と森友学園の籠池泰典・前理事長夫妻の写真。特例承認の決裁文書の記述通り、右下に 2014 年 4 月 25 日の日付がある＝菅野完氏提供

新聞取材班『権力の「背信」――「森友・加計学園問題」スクープの現場』朝日新聞出版）。

その後の経過をたどれば、2017年2月9日に朝日新聞がこの問題を報道。追及の動きを強めた野党の質問に対して、同17日に安倍が「私や妻が関係していれば、私は総理も国会議員も辞める」と答弁。

これを受けて同24日、当時の財務省理財局長、佐川宣寿が「(与党議員などの）不当な働きかけは一切なかった」と答えた。

その2日後の日曜日、26日の午後3時半だった。赤木氏夫妻と妻の母親が訪れていた自宅近くの梅林公園で、俊夫氏の携帯電話が鳴った。直属上司からの改竄作業指示だった。

この日以降、赤木氏にとっては煉獄の日々が続いた。「手記」を読む限り、公僕の使命感に徹していた赤木氏は、佐川理財局長を頂点とする改竄作業指示に可能な限り抗った。

しかし、抗いの果てには自身の使命感を枉げて改竄作業をしなければならない日々があった。

かつて組織ジャーナリストの一人だった私には、赤木氏の苦悩と諦めの心理が理解できるような気がする。

自身の使命感が巨大な組織の壁に正面衝突して、自身の小さな力では何一つ身動きできないことを知った時、組織人は巨大な力にねじ伏せられ、その力が静かに去っていくまで自分を殺して待っていなければならない。

しかも、赤木氏の場合、これに加えて検察庁の圧力もあった。

「末端の逮捕」で形をつくる検察

時の経過を見る限り、最初に、理由なき破格の安値での国有地払い下げがあった。この払い下げの背後には、時の首相、安倍晋三の妻、昭恵の存在があった。

次に「私や妻が関係していたら総理も議員も辞める」という安倍自身の国会答弁があり、これを受けた形で佐川理財局長の取引経過文書の改竄指示があった。

この公文書改竄を見た検察庁が動き出し、その末端作業に携わった赤木氏自身に対して任意での事情聴取要請が来た。その時に赤木氏が走り書きした手書きの文書。

「理財局の体質はコンプライアンスなど全くない　これが財務官僚王国　最後は下郎がしっぽを切られる」

この言葉に込められた怒りと恐怖、寂寥感とはどういうものだろうか。

内閣人事局を通じて幹部官僚人事に介入し続ける安倍政権。その政権中枢に今の検察が手を突っ込めるはずはない。そうであれば、官僚組織のひとつ検察庁は、最末端の実行者である自分を逮捕起訴して形を整えるにちがいない。

完全な「冤罪」に終わった小沢一郎の「陸山会事件」を取材したことのある私には、赤木氏のこの心理状態はよくわかる。「陸山会事件」でも、検察は事実関係を度外視して元秘書の犯罪でまとめようと元秘書に手打ち話を持ちかけてきた。

政権中枢や財務省幹部を被疑者にすることのできない検察は、必ずや末端の自分を逮捕して最低限の事件の形とするだろう。煉獄の日々の果てに待ち構えるこの日を思い浮かべ、赤木氏は、誰にも相談できない孤立無援の自身の影を見詰めたにちがいない。

一方、今回、赤木氏の妻から「手記」の提供を受けて『週刊文春』にスクープ記事を書いた相澤冬樹氏の著書『安倍官邸vs.ＮＨＫ』（文藝春秋）によれば、２０１７年5月から6月にかけて、東京地検は出来るだけ早く籠池前理事長を逮捕して詐欺事件として問題を収束させたいという願望を抱いていたようだ。

事件報道に集中し、地検の動きなどに注意を傾けていれば、この検察の姿勢を通じて、事件は「トカゲの尻尾切り」で終わることが推測できただろう。

「それは普通なら怒るでしょう」

年が明けて２０１８年3月7日、赤木氏は自らの命を絶った。その少し前の同年2月に認めた

「手記」の最後の方で赤木氏はこう記した。

「家族（もっとも大切な家内）を泣かせ、彼女の人生を破壊させたのは、本省理財局です。私の大好きな義母さん、謝っても、気が狂うほどの怖さと、辛さ。こんな人生って何？」

この原稿の前半部分で、私は石破の怒りに触れた。石破は、公僕の使命に徹して苦しみ抜いた赤木氏の自殺と、公文書改竄にまつわる一連の問題について誰も責任を取ろうとしない安倍政権のあり方に対して、「それは普通なら怒るでしょう」と率直に感情を吐露した。

国会と行政の狭間にいて、毎日官僚たちと一緒に仕事をしていながら、安倍政権の面々は、赤木氏の手記を読んで何も感じないのだろうか。

最初に嘘をつかなければならなかったために、その後も嘘に嘘を重ね、公文書まで改竄してしまった。その犠牲となった官僚についてはあえて心の外に置いておく。

安倍政権の面々の心理的機制は、恐らくはそんなところだろう。

「日本型雇用」の幻想 ～「昔はみんな年功賃金と長期雇用だった」は本当か？

2020年03月27日

私にとってその名前は密やかな部類に属する。

近代日本や日本語の成り立ちを考える時に、丸山眞男や吉本隆明の著作に刻された活字の並びと言説を脳内に呼び出してしまうように、戦後の言論空間、社会思想の蠢きなどを思い浮かべようとすると、広島の原爆ドームの下の大群衆に向かって帽子を掲げる昭和天皇の写真を表紙にしたその大著『〈民主〉と〈愛国〉――戦後日本のナショナリズムと公共性』（新曜社）のことを真っ先に考える。

その大著の著者、小熊英二・慶應義塾大学教授が記者会見のマイクの前に座った。雇用問題を考える日本記者クラブの会見企画のひとつで、小熊氏は昨年、日本型雇用システムなどを追究した『日本社会のしくみ――雇用・教育・福祉の歴史社会学』（講談社現代新書）を刊行した。

手振りを交えて早口で喋りだした小熊氏は、「このくらいのスピードで大丈夫ですよね」と問いかけながら、豊富なデータを基に、日本の雇用の仕組みと社会構成、その問題を報道する報道機関のあり方などを次々に説明した。

小熊氏が近年取り組んでいる雇用問題については、小熊氏のインタビューなどを折に触れて読んでいたため、その問題意識の中核部分は理解しているつもりだった。しかし、コロナウイルス禍などで今後経済情勢が急速に悪化していく恐れもある現在の状況下で、直接問題のありかを聞き、考えを進めてみると、まさに暗澹たる思いに沈まざるをえなかった。

記者会見の冒頭1時間、小熊氏はいわゆる「日本型雇用システム」の構造とその成り立ちの歴史について説明した。

まずは小熊氏の話に耳を傾けよう。

昔はみんな「年功賃金と長期雇用」は幻想

「昔の日本はみんな年功賃金と長期雇用だったと言われますが、それは幻想です」

こう語る小熊氏によれば、「日本型雇用システム」の特徴とされる「年功賃金と長期雇用」は日本でも3割を超えたことはない。全体の就業タイプを大きく分類してみると、「年功型正社員」「学歴不問・経験不問の正社員」「自営業及び非正規」の三つに分かれ、それぞれが3分の1ずつを占める。

しかし、それにもかかわらず、「日本型雇用システム」を改革しようという議論になるとほとんど必ず上層の3分の1「年功型正社員」の話になってしまう。

これはなぜかと言うと、議論をリードする経済団体、それからマスコミの組織労働者である記者がこの上層3分の1に属しているため、下層の2タイプにまで目が届かないからだ。

ここで議論を限って上層の「年功型正社員」についてだけ見ても、日本と欧米などの他国とでは「タテの移動」と「ヨコの移動」という大きい雇用慣行の違いが浮かび上がる。

日本の場合は一斉新卒採用で、難易度の高い大学入試を突破した潜在能力を高く買って、大学別の序

小熊英二氏

列ランキングを選抜の主な指標としている。入社後は社内で長期観察し、職種を変えながらあくまで同じ社内で「タテ」に昇進、昇給していく。

一方、欧米などの他国の場合は、ポストに空きがあれば職務内容を提示して募集をかけ、専門学位と職業経験年数を評価して賃金を決めていく。その際に、博士号や修士号、学士号という序列がものを言う。わかりやすい基準があるために、欧米などでは労働者はいくつかの会社を「ヨコ」に移動していく。

欧米などの場合は、ヨーロッパの職種別組合や職種別労働市場の成熟が歴史的背景にある。職種別組合が熟練証明免許を発行して標準賃金などを決めていた。このため、労働者は企業を横断しても、経験年数や共通の資格が評価されて、保険や年金も変わらなかった。

このため、組合での職人修行が近代化されて教育課程となり、免許が学位に転化していった。熟練証明免許を発行していた組合や専門職協会が大学院教育のプログラム作成に関与するようになり、各種組合の免状の全国統一化、ＥＵ統合を経てヨーロッパ標準人材評価基準へ発展していった。

30歳以上はやり直しできない社会

日本の「年功型正社員」の歴史的背景には、小熊氏の見立てによると、明治時代の官庁と軍隊の制度が民間企業に波及したことがあるようだ。

明治の官庁や軍隊では、まず官位に任じ職務をあてがう任官補職原則がある。官位は学歴と勤続年数によってアップし、俸給もそれに従って上昇していく。このために、評価基準は、職務能力よりも性格や忠誠心、適応性などという抽象的なものになりやすかった。

この背景を持つ「年功型正社員」は、職業能力の証明によって選抜されるのではなく、潜在能力や「信頼できる人柄」を証明するとされる大学の名前によって選抜されるようになった。このために、日本では大学院進学率が伸びていない。

しかし、欧米などでは「ヨコ」の移動が頻繁なために労働市場が成熟しているが、日本ではいったん入った「タテ」の会社社会から出ないために、労働市場が未成熟のままとなっている。

労働市場は、教育や経験の評価基準が「ヨコ」社会

衆院解散の２日後、フリーターや学生らが「反富裕」を訴えて東京・新宿の繁華街をデモ行進した＝2014年11月23日、東京都新宿区

で共有され、それに基づいて賃金が上昇していく一次労働市場と、そのような「ヨコ」の評価基準がない二次労働市場に分けられるが、小熊氏の分析では、この二次労働市場の割合は日本では7割、米国では3割という激しい格差が生じてしまっている。

「このために、日本では30歳以上になると、欧米に比べてやり直しのできない社会になってしまっているんです」

小熊氏のこの嘆きは、まさに30歳以上の日本人なら身に染みて実感できるところだろう。教育や経験の積み重ねに基づいた「ヨコ」の評価基準が確立されていないために、就職した会社で躓いて、自身のスキルと経験を基に「ヨコ」にある会社に転職したいと考えても、ほとんど「やり直し」が効かない。その「ヨコ」の会社は、労働者の評価基準を持っていないからだ。

そして、日本の労働市場の問題はこれに留まらない。むしろ小熊氏が、「こちらの方が重大な問題かもしれない」と言うように、非正規雇用者の増大は、今後の日本社会を苦しめ続けることは間違いないだろう。

非正規雇用に無関心なマスコミの正社員たち

非正規雇用者は一体どこから来たのか。

もちろん、1990年代から2000年代初頭にかけての「就職氷河期」や「団塊ジュニア」など「ロスト・ジェネレーション」の受難の問題もあるが、小熊氏の前掲書によると、1990年代半ばから、自営業主や家族労働者が大きく減り、ちょうどその分だけ非正規雇用者が増加している。

「わかりやすくいえば、自営商店や自営食堂が減り、スーパーや飲食チェーン店の非正規労働者が増えたのである」（前掲書）

これをさらにわかりやすく言えば、「特に地方の自営業が減って駅前がシャッター街となり、その分、非正規労働者が増えた」と小熊氏は解説している。

地方の駅前の商店街が次々にシャッターを降ろし、シャッターの奥にいた人々が非正規労働市場に吸収されていく。そのことを指摘した小熊氏は、大手マスコミの記者のことを問題として挙げた。先にも触れたが、大手マスコミ記者自らは、上位3分の1の正規労働者に属しているために、いつも上位30％の「日本型雇用」のことを取り上げて、非正規雇用の真の問題にはほとんど触れようとしない。

正規労働の記者にとって、非正規労働者の話は「まったく別の世界」のことであって、取材もしなければ想像力も働かない、というわけだ。

私は、この問題意識は実によく理解できる。というのは、私自身、大手新聞社の経済部で仕事しながら、しばしば同じような問題にぶつかっていたからだ。

2009年の民主党政権成立の直前、私は生活保護の母子加算問題を記事に書いた。当時、母子加算が削られていたため、困窮した家庭をいくつも取材し、私が直接聞いた「ママ、私高校は行けないんだよね」という小学校1年の女子児童の声をそのまま記事の見出しにした。

この時、学生時代に母子家庭ボランティアなどをしていた民主党の山井和則議員らの尽力で母子加算は復活したが、新聞の経済面としては大変に異色の記事だった。その後、非正規労働者の家庭を何度も訪れたが、この「まったく別の世界」の話についてはついに記事に書くことはできなかった。

私は一時、地方経済担当として47都道府県すべてに足を運んだが、地方の駅前シャッター街は想像を絶する静寂ぶりだった。シャッター街との関連で、地方都市の郊外に展開する大規模なイオン店舗の問題について取材し、記事を書いたが、担当デスクに半年間紙面化を阻まれ、ついにその記事は日の目を見なかった。

その担当デスクは、なぜイオン店舗の問題を紙面に載せることをためらったのか。シャッター街とイオンという社会経済問題よりも、上位30％に属するイオンという「仲間」の機嫌を損ねたくなかったのだろうと私は推測している。

その意味で、私自身、あまりに「正規労働」意識の強い中間管理職デスクに半年間、無意味に苦しめられた経験をしていた。

「言論の自由」とは

1時間にわたる小熊氏の講演が終わった瞬間、私は真っ先に質問に立った。

――日本の場合、「ヨコ」の評価基準がない二次労働市場が7割もあるということも驚きですが、シャッター街の自営業者が非正規労働者に転じているという話は大変ショッキングでした。このまま放っておけば「自営業の衰退と非正規の増大で、格差の拡大と地域社会の崩壊が懸念される」と小熊さんは予測しています。現在のコロナウイルス禍などでこのような事態は本当に深刻になることが予想されます。この事態を回避するための「解」といったものは何か考えられるでしょうか。

小熊英二氏

産業誘致には限界があります。かつての新産業都市構想は打率1割でした。このために、公的に埋めていくしかないでしょう。すぐに考えられるのは、介護保険料を上げてケアワーカーを増やし、公務員を増やすことです。これは、１９７０年代、80年代のスウェーデンでもやってきたことなんです。


もちろん、小熊氏のこの説明ですべてが解決に向かうわけではない。

それはむしろ、日本の政治、ジャーナリズムが総力を挙げて解決していかなければならない問題だ。ジャーナリストは、自分の世界や殻を破って、「別の世界」の現実を伝え、考える材料を提供していかなければならない。

小熊氏は、記者会見の終わりに、日本記者クラブの記念サイン帳に「言論の自由」と記した。

その意味について、小熊氏はこう語った。


私は、日本記者クラブのサイン帳に言葉を記すについて、やはりこの言葉を書くべきだろうと考えました。言論の自由はどうして大事なのか。世の中には自分の意見や考えを言いにくい人たちがいます。そういう人たちの声を拾っていくことが言論の自由であるし、皆さんの仕事だと思うからです。

会見が終わり、私は名刺交換に立った。しかし、運の悪いことに、この日、名刺入れを忘れてきてしまった。小熊氏の名刺だけを一方的にいただくことになった。

しかし、小熊氏は、名刺さえ渡さない私の図々しいインタビューの申し入れにも快く頷いてくれた。ジャーナリズムとアカデミズムは協力し合っていかなければならない。小熊氏の真摯で寛容な姿勢に改めてその思いを深くした。

緊急事態宣言が目前に迫る！「首都封鎖」そしてその先にあるもの

2020年03月28日

3月30日の月曜日は、日本にとって新たな大きい悲劇が始まった日として記憶されるかもしれない。

この日、改正新型インフルエンザ対策特別措置法に基づく緊急事態宣言が出される、という情報が私に届いた。もちろん、この情報のニュースソースをここに記すわけにはいかないが、その経路を考えれば十分に納得のいく情報だ。

折しも28日の土曜日には午後6時から首相官邸で記者会見が予定されている。この会見予定について各マスコミは「新型コロナウイルス感染拡大の防止策や、緊急経済対策などについて説明する」（27日午後5時40分、日本経済新聞）などと報じているが、私が得た情報からすれば、緊急事態宣言の説明に充てられる可能性は十分ある。

もっとも、そうでないとしても、安倍政権が近々、緊急事態宣言を出すことを十分考えていることは間違いない。

3週間の首都封鎖に耐えられるか

学校への一斉休校要請を出した時もそうだったが、突然要請や宣言を出して国民を驚かせるのが安倍首相の常套手段だ。

国民や市場関係者を驚かせてアナウンスメント効果を高める方法は確かにあるが、今回のように、コロナウイルスを封じ込めるための宣言の場合にはほとんど意味がない。

日本のように、政府の要請などに対して国民の理解度、熟度が高い国柄の場合、むしろその判断に至った専門家などの意見を公開し、報道機関や国民との直接の対話を積み重ねた末に発表すべきものだ。

突然の発表はアナウンスメント効果を高めるどころか、反発を招きかねない。私は安倍政権を特別に支持しているわけではないが、その意味でこの記事はそのような反発を弱める働きをするかもしれない。

安倍首相が緊急事態宣言を出すと、各都道府県知事は、次のことができるようになる。

①住民に外出自粛を要請、②学校や福祉施設などの使用停止要請や指示、③音楽やスポーツなどイベント開催制限の要請や指示、④臨時医療施設の土地や建物の強制使用、などだ。

このうち、住民の外出自粛要請が最も重い措置となるだろう。小池百合子・東京都知事が首都圏封鎖を意味するロックダウンについて言及しているが、これが現実のものとなれば、その経済的影響は計り知れないほど大きいものとなる。

緊急事態宣言の対応の指針となるのは基本的対処方針。その内容を検討する諮問委員会は3月27日に初会合を開き、28日にも方針をまとめる。各報道機関が報道する方針案によると、都道府県知事が外出自粛やイベント中止を要請できる期間は「21日程度」、つまり3週間程度。

仮に3月30日に緊急事態宣言が出されて、その

新型コロナウイルスの感染拡大防止のため、東京・上野恩賜（おんし）公園の花見の名所である「さくら通り」は通行止めとなった＝2020年3月27日午後3時39分

日に首都圏ロックダウンが始まるとすれば、終了するのはその3週間後、すなわち4月19日となる。日本史上初めての体験となるこの3週間の首都圏封鎖に東京と日本経済は耐えられるだろうか。

日本国債と円は未知の領域に

「この影響は、へたをすると、想像もできない、予測もつかない事態となって現れるかもしれない」

3週間の首都圏封鎖について、マクロ経済や金融政策を専門とする新保恵志・東海大学教授は端的にこう語った。

「これは不安を増幅させる。増幅した不安は単純に株価を下げる。株価下落は将来への暗い予測ということにほかならない。この暗い予測の最もまずい影響が出るところが雇用だ。ただでさえ非正規労働者は大変なのに、これがどんどん切られていくことになる。そうなると、正社員と非正規の格差はさらに大きく開き、取り返しのつかない状態になるかもしれない」

地方のシャッター街がどんどん増えて、その分非正規労働者の方に流れていく構図は、社会学者の小熊英二・慶應義塾大学教授が分析、私がその衝撃的な事実を「論座」で紹介したばかりだ。上層と下層に分断した日本社会の断層がさらに深まり、修復不可能な状態にまで陥る恐れがある。

そうなれば、社会的な摩擦が激しくなることはもちろんのこと、個人消費の急激な落ち込み、設備投資の強い抑制につながり、経済成長率は大きいマイナスとなる。

昨年10―12月期のGDP成長率は2次速報値の年率換算でマイナス7・1%。これは、消費税率を8%から10%に上げたことが大きく響いた。

安倍政権の経済政策については、この消費税増税も含めて極めて大きい疑問符がついて回っている。

「異次元緩和」と自称していたように、アベノミクスの中心的な経済政策は日本銀行による超金融緩和。しかし、ジャブジャブに出したそのお金は市場に流通せず金融機関の日銀預金として眠ったままとなっている。個人消費が伸びず、結果として企業の資金需要が伸びないからだ。この病根構造がさらに根深いものになろうとしている。

日銀はアベノミクスの貧しい経済政策のツケをさらに重く押しつけられ、株式や国債を実質的に買い支える役目まで仰せつかっている。その株式が価格を下げている。評価損が大きく膨らみ、日銀が世界の中央銀行として初めて債務超過となる日が、現実のものとなろうとしている。

債務超過となった中央銀行を持つ国の国債価格や通貨がどのようなものになるか。日本の国債と日本円は、誰にも予測がつかない、まったく未知の領域に突入しようとしている。

東京五輪の「中止」も

消費税増税に追い打ちをかけるようにしてコロナウイルス禍の不安が襲いかかり、さらに安倍首相は、その上に首都圏封鎖まで重ねようとしている。

これだけでも「想像もできない、予測もつかない事態」が招来されると心配されているが、私は率直に言ってこれだけでは済まないと考える。

では、これ以上何が起こるのだろうか。それは、東京オリンピック・パラリンピックの「延期」ではなく「中止」だ。

先に安倍首相はバッハＩＯＣ会長と電話会談して、オリンピックを1年ほど延期することで合意した。安倍首相が1年ほど延期する意思を表明して、バッハ会長がそれに賛同した。

しかし、本当に1年以内にコロナウイルスの猛威が止み、ＷＨＯがパンデミック宣言を取り下げることになるだろうか。

まず、アジアだけでなく西欧と米国の感染の大波が弱まることが前提となってくるが、世界に目を広げてみると南米とアフリカで今後感染の波が広がることが十分予測される。この両地域における感染の状況は現段階ではまったく予測がつかない。

私が複数の専門家に聞いてみても、予測することは不可能だとのことだった。

その時、来年の1月か2月になって両地域に収束のメドが立たず、WHOがパンデミック宣言を掲げたままの状態でオリンピックが開けるだろうか。まず不可能だろう。

その時、東京オリンピック・パラリンピックは極めて高く厚い壁にぶつかることになる。一度は日程調整に応じる構えの世界陸上連盟も二度の調整には応じないだろう。そうなれば、オリンピックは再度の「延期」ではなく、「中止」に追い込まれる公算が強い。

予測のつかない経済の落ち込みに加えてオリンピックの中止が降りかかってきた場合、どのような事態になるだろうか。前述の新保氏は「無間地獄だ」と言っている。

私は、安全な開催の現実性から言って「2年延期」が無難な策だろうと考えてきた。1年ではなく

参院予算委で五輪延期に関する質問に答弁する安倍晋三首相＝2020年3月23日

2年ならばパンデミック宣言が消えている可能性が格段に高い。南米やアフリカも含めてコロナウイルスの猛威が収束し、それこそ世界中が挙ってスポーツの祭典に参加できる条件が整う。

しかし、結果的に安倍首相はこの安全策を切り捨てて、世界のスポーツ関係者にとっても日本経済にとっても極めてリスクの高い選択をした。

なぜだろうか。安倍首相自身の任期が来年秋までであり、2年延期となれば首相として臨めるオリンピックではなくなるからだ。そう推測するのが筋だろう。

緊急事態宣言の本当の狙い

東京オリンピックの「1年延期」が、安倍首相とバッハIOC会長の間で合意された翌日の3月25日、東京都内の感染者数が堰を切ったように跳ね上がり、1日で41人となった。さらに26日には47人、27日には40人の感染者が出た。

これが偶然だとしても、東京都内の感染者数のこの跳ね上がりが、首都圏ロックダウンと緊急事態宣言発動への傾斜につながった。

緊急事態宣言の基本的対処方針を検討する諮問委員会の会長は、尾身茂・地域医療機能推進機構理事長。尾身氏はコロナウイルス禍対策を検討する政府の専門家会議の副座長でもある。この専門家会議は、安倍政権がコロナウイルス禍への対策を講じるにあたって常に相談しなければならない専門家の集団だ。

ところが、2月27日に安倍首相が一斉休校を要請した時には、専門家会議への事前の相談はなかった。専門家会議のメンバーも驚いたが、当の文部科学省さえその決定には与っていなかった。

そして、首都圏ロックダウンを伴う緊急事態宣言については、専門家会議の有力メンバーである岡部信彦・川崎市健康安全研究所所長が、3月10日の日本記者クラブでの記者会見の席上、「必要ない」と明言している。私はその会見に参加し、直接聞いている。一斉休校については専門家会議に相談せず、さらに緊急事態宣言は専門家自身が反対しているのに、なぜ安倍首相は強引に進めるのか。

「そもそも、しっかりしたデータがないのに緊急事態宣言を出すということ自体がおかしい」

PCR検査に精しい上昌広・医療ガバナンス研究所理事長はこう指摘した。

「日本は、結果的に積極的な検査に向かわないことで、国民にゆっくり免疫をつけていくという道を来ていた。しかし、ここに来て、突然ロックダウンをやる理由がない。考えられるのはオリンピックだ。オリンピックをやるには、いったんクリーンにする必要がある。オリンピックのためには、半年以内に落ち着かせる必要がある」

上理事長のこの推測は、当たっているだろう。そうでなければ、岡部所長をはじめとする専門家会議の意見が無視され、経済への強い悪影響や人権の抑制などの副作用が指摘される緊急事態宣言に走る理由がない。

しかし、強い副作用と最大リスクを伴う緊急事態宣言と1年以内のオリンピック開催が意味するものは何か。日本憲政史上最長となった安倍政権のレガシー（遺産）づくりとさらなる4選への跳躍台である。

オリンピックが延期となり、ぽっかりと空いた今年7月に、東京都知事選とのダブルで総選挙を打つ。その際に、緊急事態宣言で見せた決断力とコロナウイルス禍収束を前面に立てて野党を蹴散らす。4選に向けて、こんなシナリオが描かれているようだ。

シナリオ通り運ぶかどうかはまったくわからないが、そのころは国民経済はボロボロだろう。

国民生活や国民経済、さらには世界のスポーツ界のことよりも政権維持を第一に考える安倍政権。日本国民はいつまでこの事態を許しておくのだろうか。

私はこうしてコロナの抗体を獲得した《前編》

保健所は私に言った。「いくら言っても無駄ですよ」
恐らくはジャーナリストとして初めてであろう「私のコロナ体験記」

2020年04月23日

「コロナからの脱出生還記」と銘打って大々的に書けないわけでもないが、そのようなことはやめて、まずは事実だけを淡々と書き記しておこう。恐らくはジャーナリストとして初めての体験記になるだろうから、何かの役には立つかもしれない。

4月21日午後3時過ぎ、私は東京・新宿の駅ビル7階にあるナビタスクリニックを訪れていた。用件は、新型コロナウイルス（COVID-19）の二度目の抗体検査を受けるためだった。

まずはコトの発端から経緯を記録していこう。

38度の発熱は3日目にして平熱に戻った

私は3月27日と28日に連続して「論座」に出稿した。28日に出した記事『緊急事態宣言が目前に迫る！「首都封鎖」そしてその先にあるもの』は、週明けの3月30日にも、改正新型インフルエンザ対策特別措置法に基づく「緊急事態宣言」が出される可能性を報じたものだった。この情報は前日の27日に私の許に届いたが、情報源の信頼性、伝わってきた経路の確実性などを考慮して、かなり確度の高い情報と私は考えた。

このため、2日連続の徹夜となったが、急遽28日の未明までに原稿を完成させて、その日のうちに公開することを目指した。現実の緊急事態宣言はその日からほぼ1週間後の4月7日となったが、記事の方向性、考え方などは間違っていなかった。

ところが、記事を公開した翌29日の深夜12時前になって突然体調の変化を感じた。家族が寝静まってから半地下になっている自室書斎に降り、体温計を左脇下に差し入れてみた。すると驚いたことに、液晶は38度ちょうどを表示していた。

自分自身が身体に感じた突然の体調の変化も「発熱」だった。発熱した時に往々にして感じる、ある種の非現実感があった。だが、時が時だけに、非現実感の中にも驚きは大きかった。その後すぐに2度体温を測り直した。結果は同じ38度ちょうどだった。

すぐにマスクをつけ、事の次第を家族に告げて書斎に布団を運んだ。今はとにかく家族から隔離した空間で身体を休めて様子を見るしかない。

身体を横たえて冷静に考えてみたが、この発熱がコロナウイルスに由来するものかどうか確信が持てなかった。

20年以上前に銀行の金融危機を取材していたころ、身体を酷使した後に何かのウイルスにやられて重い風邪症状を発したことがあった。その時の感じに似ていたため、「2日連続の徹夜が祟ったか」という思いも半分くらいあった。

翌3月30日と31日の2日間は37度5分前後の熱で推移。しかし、4月1日になると突然36度5分前後の平熱に戻った。

PCR検査ではなく抗体検査へ

この日、それまでのCOVID－19取材を通じてウイルス自体や医学界全般の知識などについて教えをいただいていた上昌広・医療ガバナンス研究所理事長に紹介を受け、初めてナビタスクリニックの受付に足を運んだ。運んだ手段はもちろん自分が運転する車だ。

目的は初めての抗体検査だった。「検査難民」という言葉が流通しているように、病院のPCR検査など簡単には受けられないことはわかっていた。

PCR検査というのは、Polymerase Chain Reaction（ポリメラーゼ連鎖反応法）という検査法の略称で、例えばコロナ患者の身体に含まれるコロナウイルスを少量取り出し、そのウイルスの遺伝子をＰＣＲ装置を使って増幅させ、発見しやすくする方法だ。

しかし、今ＰＣＲ検査はなかなか受けられない。なぜ受けられないのか。その大きい原因となっている構造については、『安倍首相が語った「コロナのピークを遅らせる」と「五輪開催」の政策矛盾』（3月17日公開）に記した通りだ。

このＰＣＲ検査に対して、もっと簡便な検査方法が急速度で開発されつつある。それが抗体検査だ。

身体の中にウイルスなどが侵入してくれば、まず免疫細胞が気がつき、そのウイルスに対して新たに形作られた抗体が立ち向かっていく。その抗体はウイルスが排除されても体内にそのまま残り、次に同じウイルスが入ってきた場合、同じように立ち向かって排除していくため、同じ感染症に犯されることがなくなる。

これが、俗に言う免疫の獲得である。

抗体検査は、ウイルスの遺伝子そのものを増幅させて調べるＰＣＲ検査とはちがい、この抗体の存在そのものを確認する検査方法だ。

4月1日に受けた抗体検査は、コロナウイルス感染で調べる二つのタイプのうちＩｇＭ検査。「Ｉｇ」というのはイムノ（免疫）グロブリンの略称で、全部で五つのタイプがある抗体を意味する。IgMは感染した初期段階で生まれる抗体で早い段階で消えていく。

腕から血液を採り、縦7センチ、横2センチの小さいキットについた下の方の「窓」に、採取した血液を1滴垂らす。すると15分ほど経過して上の方の「窓」に赤い線が1本か2本現れる。これが1本であれば陰性、2本であれば陽性という結果になる。

そして、この日、私の検査結果は陰性だった。

ナビタスクリニックはこの時、医療関係者ら同クリニックが必要と認めた人にのみ抗体検査を実施していた。私の場合は紹介があったことと、COVID-19の取材を続けているジャーナリストであることから必要性があると判断された。4月23日から、一般の方からの抗体検査申し込みを受け付けている。ただし、保険適用がないため、一回5500円は自費となる。

再び体温が上昇、味覚も消えた

私はすっかり安堵して帰宅し、久々に冷たい缶ビールなどを飲んで過ごしたが、翌4月2日から情勢がまた変化した。体温が再び上昇し、37度から38度となった。

3日になって、単なる風邪から私の持病のひとつである痛風までお世話になっている近くの「かかりつけ医」を訪ね、解熱剤などを処方してもらった。

再度の体温上昇に再びCOVID–19感染の疑いが濃くなり、「かかりつけ医」を訪ねる時も事前に電話予約した。「かかりつけ医」は、抗体検査はまだ十分に確立された検査法ではないとしてCOVID–19感染を強く疑っていた。

翌4日、5日は解熱剤を飲んでも特に夜になると熱が上がり、37度5分前後だった。一度深夜に寝る直前には38度7分まで上昇していたことを記憶している。

午前5時ごろにいったん目覚めてヨーグルトと解熱剤、昼の12時半ごろに昼食と解熱剤、夜の8時半ごろに夕食と解熱剤という日々が続いた。

この間のある日、昼に食べた日本そば、夜に食べた鮭の塩焼きにまったく味を感じなかったことを覚えている。ちょっとした驚きとともに「ああ、コロナだな」と強く印象づけられた。

しかし、コロナであれば立ち向かっていくものは自分の免疫細胞しかないので、味がしようがしなかろうが、目の前のものはすべて食べた。戦う抗体に援軍を送ることができるのは自分しかいない。

布団の中で、高止まりした熱とあまりうれしくない変てこな夢に苛まれ、汗びっしょりとなった。不思議にほとんど咳はなかった。自分の身体の中で、確定はしていないがコロナウイルスかコロナもどきウイルスと自分の免疫細胞が戦っているのが実感できた。

このころ米国などで死亡していくコロナ患者の様子がしきりに報道されていた。数10分前に普通に会話していた患者が急変して死に至ったという様子が繰り返しレポートされ、若干不安に陥った。自分自身の様子を観察してみると、すぐに死に至る様相は微塵も見えないようだが、その感覚もあてにはできないということだ。

メモがないので何日かはわからないが、ある夜中、かなりの空腹を感じ、好物の担々麺を無性に食べたくなった。なぜかこのころから、夜に上がっていた熱も下がり始めたような気がする。

PCR検査にたどり着けるかは医者次第

7日午前、部屋の前で珍しく家人が電話口で言い争っている声が聞こえてきた。

「じゃあ、どうしたら検査は受けられるんですか」

セントラルパークに設置された野外病院。ベッド68床と人工呼吸器10台を備える＝2020年4月12日、米ニューヨーク

何度も電話していた保健所の担当者とつながったらしい。私と電話を替わったが、「検査難民」の一人となった私が実際にやり取りをしてみると改めて驚きを感じざるをえなかった。

最初に発熱してから10日が経ち、その間ほとんど37度5分の熱が続いたというのに、「検査は受けられません」という。保健所の担当者は「いくら言っても無駄ですよ」とまで言った。「外国から帰国した人で強く感染が疑われる人と濃厚接触した人で――」などと繰り返している。

私は取材を通して、なかなかPCR検査を受けられない構造を知っていたので、早々に電話を切り、「かかりつけ医」に連絡した。このように検査を断られた場合、「かかりつけ医」の方から改めて保健所の方に連絡してくれるという説明を聞いていたからだ。

後で聞いた話では、この医師はかなり強く検査の必要を訴えてくれた。結果的にPCR検査が認められたわけだが、やはりこの「かかりつけ医」のようにかなりベテランで、住民からも保健所からも厚く信頼されている医師が強く訴えた場合、保健所としても最終的に検査を認めざるをえないのだろうと私は推測した。

私はこうしてコロナの抗体を獲得した《後編》

ＰＣＲ検査の意外な結果、そして…

恐らくはジャーナリストとして初めてであろう「私のコロナ体験記」

２０２０年04月24日

ＰＣＲ検査の検体採取は辛い。結果はまさかの…

発熱してから11日目の８日午前、自宅から歩いて20分ほどの総合病院に向かった。この総合病院にはまったく別の用事で何度も来ているが、普段の入り口とは全然別の通用口のようなドアから、待合室代わりになっている廊下に入った。

ドアの足ふきマットが土でかなり汚れていた。廊下には３メートルほどの距離を置いて、それぞれ番号を振った椅子が置いてある。

消火器の前の１番の椅子を割り当てられた私は、そこで１時間ほど待った。中からは、なぜか患者が看護師に強く食ってかかる声が聞こえてきた。

急ごしらえの部屋に呼ばれて入っていくと、まず尿検査をして胸部レントゲン写真を撮影し、最後に完全防備の女医二人が私を診察した。

完全防護服の中から口内を観察し、ＰＣＲ検査をする。最初に右の鼻孔の奥をぬぐってインフルエンザウイルスの検体を採取し、次に左の鼻孔の奥をぬぐってコロナウイルスの検体を採る。最後に口を大きく開いて喉の奥をぬぐい、念のためにもう一度コロナウイルスの検体を採取する。

こう書けば手順は簡単だが、実際には簡単ではなかった。

私は非常に近い肉親を3人看取った経験があるため、「生きる」ためには何でもする覚悟ができていた。しかし、頭の中の覚悟とは裏腹に、身体は瞬間的に別の方向に反応してしまっていた。

記憶では、右の鼻孔はまだ我慢していたが、左の鼻孔の方は我慢できずに早めに頭をのけぞらせてしまったような気がする。喉の奥の方は到底耐えられるものではなかった。その瞬間に頭をひき何度も咳き込んでしまった。

すると、このような事態は何度も起こって慣れているためか、「こちらの器に痰か痰の混じった唾を出してください」と言われた。差し出されたシャーレに喉の奥から唾を吐き出すと、それに蓋をして持って行った。

いったん自宅に戻ったが、午後になって呼び出しがあり診察結果の説明を受けた。ＰＣＲ検査を受けた8日は水曜日だったために、その検査結果は週明けになるだろうという。

しかし、レントゲン撮影の結果、軽い肺炎であることがわかった。説明を受けてレントゲン写真を凝視しなければわからなかったが、肺に薄いもやのようなものがかかっているような気がした。ほとんど咳がなく、呼吸そのものには何一つ障害がなかったために意外な診断だった。

週明けの4月13日午前9時30分、病院から電話があったが、私は眠りの中にいて電話に出ることができなかった。午前11時過ぎに電話してみると、診察に当たった医師の一人が電話に出て意外な結果を口にした。

「PCR検査の結果がわかりました。佐藤さんは陰性でした」

再び抗体検査へ

あまりに意外な回答だったので、私は、検査結果の数値をまず聞いてみた。だが、医師は後ほど電話してきたが、数値については「陰性」と記された検査結果の紙には記されていないという。医師によれば、検査の外注先でも数値はやはりわからないが、「感染研のプロトコルに従ってやっている」との返事だった。

――では、肺炎の診断は何だったのでしょうか。何が原因だったのですか。

「コロナではなく、他のウイルス性の肺炎の可能性があります。今後については、抗生剤の必要はなく、解熱剤など対症療法でいいでしょう。肺炎については自然に治っていきます」

医師はこう答えたが、「ただ、ＰＣＲ検査の精度は１００％ではありません」ということを何度か強調していた。

このころ少し頭痛は残っていたが、一日中解熱剤なしで36度台の平熱が続いていた。しかしウイルスの正体は結局何だったのか。様々な症状からコロナウイルスではないかと強く推定されたが、大きい疑問符を背負わされたまま再び医学界の外に放り出された。

ジャーナリストである私は、自分の身体に対する正確な知識を得るため、カルテとレントゲン写真を借り出すつもりでいた。しかし、後日、病院の代表電話に何度かけても話し中の状態が続いた。超多忙な医師に加わる新たな負担と、ジャーナリストの義務感を秤にかけ、私はカルテなどを借り出すことを断念した。

私は再びナビタスクリニックに電話をかけた。症状が落ち着いてきた今、再度のＰＣＲ検査など受けられるわけがない。ウイルスの正体を正確に摑むためには、より精度の高い抗体検査を再び受けるしかない。

コロナウイルスを強く疑っていた私の「かかりつけ医」も私の意見に賛同してくれた。この医師はコロナウイルス関連のことをよく勉強しており、抗体検査は発症からある程度時間を置いた方が精度が高まってくることを知っていた。

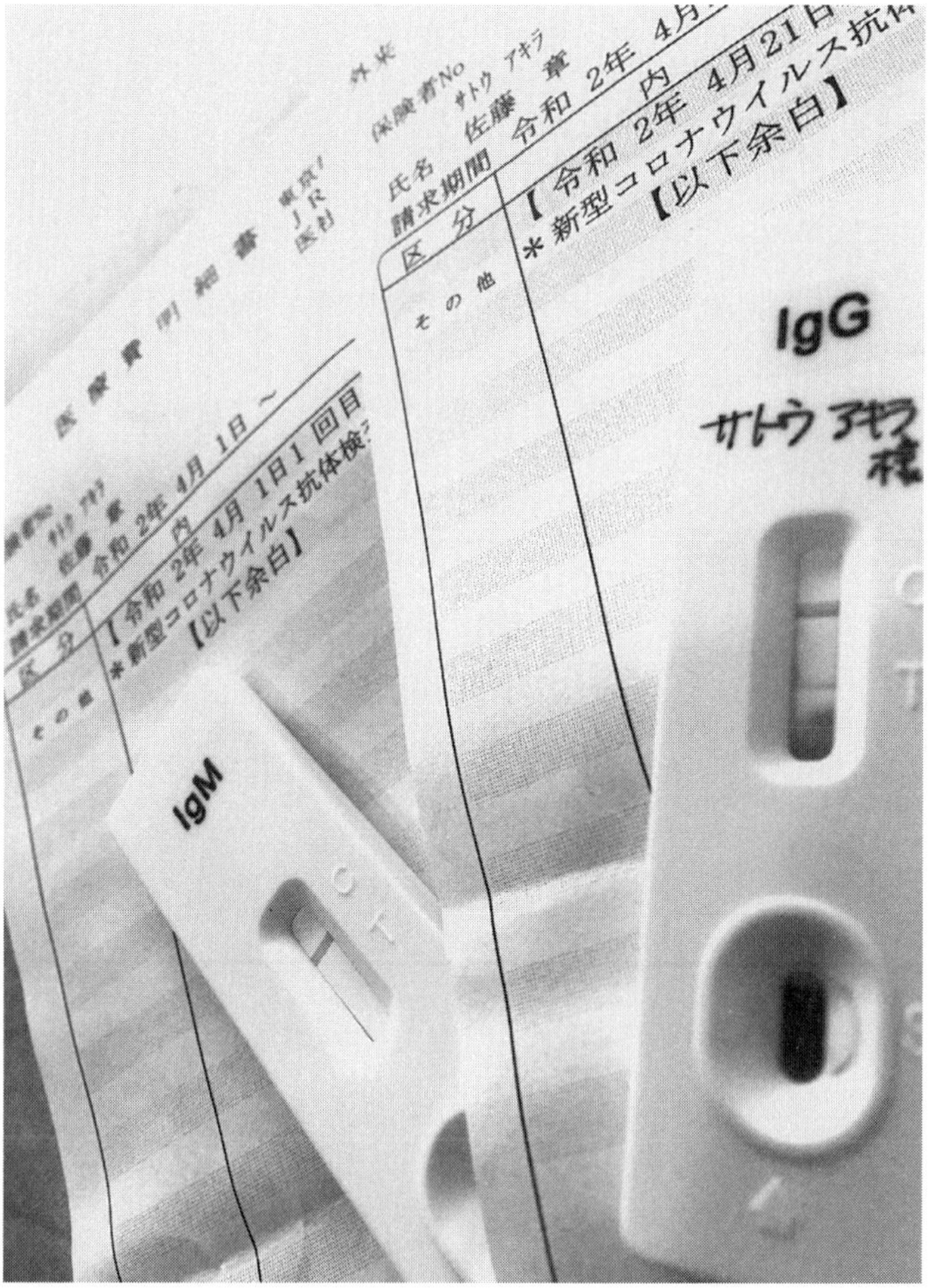

「新型コロナウイルス抗体検査」の医療費明細書と検査キット。右の方に見える「I gG」のキットの上の細長い窓をご覧いただきたい。太い線と極めて細い線が見える。この極めて細い線が「陽性」の印。

4月21日午後3時過ぎ、二度目に受けた私の抗体検査は、前回のIgM検査と違ってIgG検査だった。IgG抗体は五つのタイプがある免疫グロブリンのうち血中に最も多く含まれており、適正な検査時期を置けば陽性的中率が極めて高いこともわかっている。

国立感染症研究所が4月1日に発表した短いレポートによれば、コロナウイルス患者の血清を採ってこの抗体検査キットで実験したところ、発症後1―6日のIgM抗体の陽性的中率はなんと0%。反対に発症後13日以降のIgG抗体の陽性的中率は96・9%だった。

前回の私のIgM検査は発症後3日目の奇しくもレポート発表日の4月1日、今回のIgG検査は発症後23日目の4月21日。つまり、国立感染研のデータによれば、1日の検査で私の陽性結果は出るわけがなく、21日の検査では、私の体内にCOVID-19が存在していたとすれば陽性結果が出る確率が極めて高いと言えた。

「あなたはコロナウイルスを乗り越えました」

血液採取から15分ほどが経ち、ナビタスクリニック理事長で内科医の久住英二氏は私を診察室に呼び入れた。久住氏はキットを眺めながら若干言葉を選んでいる風も見えたが、はっきりこう言った。

「結果が出ました。おめでとうございます。コロナウイルスを乗り越えられました」

結果は陽性だった。見ると、小さいキットの上の方の細長い「窓」に細い線が2本出ている。

この検査結果を聞いて、自分自身の中で初めてすべてのことが腑に落ちた。

急な発熱と若干の頭痛、解熱剤を服用しても夜になると上昇していく体温、味覚と嗅覚の一時的喪失、ふくらはぎを中心とする筋肉痛。これらの症状はすべてCOVID‐19感染症を指し示していた。

4月1日の抗体検査が陰性になった理由はすでに記した。問題は4月8日のPCR検査の結果だが、私の推測では、早めに頭をのけぞらせてしまったためにコロナウイルスそのものをぬぐい切れなかったのだと思う。これは医師の問題ではなく、患者である私自身の問題だ。

「おめでとうございます。コロナウイルスを乗り越えられました」

久住氏が最初にこう言葉をかけたことには理由がある。

この抗体検査は日本以外の各国では積極的に採用されつつある。少量の血液採取で済むために、PCR検査のように医師が患者の咳やクシャミなどの飛沫を浴びる恐れが極めて小さい。

そして何より、私の検査結果のように適正な日にちを置けばかなり正確な抗体の存在が確認できる。つまり、COVID‐19に対して免疫を獲得できた人間を正確に捕捉することができるということだ。

誰かが経済を回し、社会を支えていかねばならない

現在、日本では緊急事態宣言が出され、経済活動に大きくブレーキがかかっている。しかし、経済は誰かが回していかなければならないし、誰かが社会を支えていかなければならない。

米国ニューヨーク州知事のクオモ氏は4月19日の記者会見で無作為の抗体検査を開始することを表明、翌20日には実施に移した。経済活動の再開を検討するに当たって、どのくらいの人がすでに感染したのか正確なデータを摑むためだ。

ドイツでは、ヘルムホルツ感染症研究センターとロベルト・コッホ研究所などの研究チームが4月以降、10万人対象の抗体検査を実施する計画を明らかにした。

フランスなど大々的な抗体検査に慎重な国はある

ニューヨーク州のクオモ知事＝ 2020 年 4 月 21 日、同州知事室提供

が、欧米では、この抗体検査にコロナからの脱出口を見出す希望の光を見ている。免疫獲得が確認された人には「免疫獲得証明書」などを発行して外出制限を緩和、早期に社会復帰させて医療現場や経済活動の再開に尽力してもらおうという考えが広がっている。

欧米では、免疫獲得者のことを「コロナ・ブロッカー」などと呼び、久住氏も「ニュータイプ」と呼んでいる。

久住氏が最初に「おめでとうございます」と声をかけた背景にはこのような事情が横たわっている。

抗体検査を広げる努力を

「抗体検査はPCR検査と組み合わせて、社会を支えるためにも広く実施していかなければいけません」

しかし、こう語る久住氏も警告の言葉を忘れない。現在のところ抗体検査は完全な結果を得られるものではない。4月1日に私に対して行ったIgM検査がまったく役に立たなかったように、コロナウイルスに対する抗体についてはまだ十分な知見が得られていない。

さらにコロナウイルスに対して形成された抗体がオールマイティなものなのかどうか、あるいは抗体が有効な期間は数ヶ月なのか半年なのか、あるいは1年なのかといったことさえわかっていない。

このためもあって、COVID-19対策についてすべての面にわたって動きの遅い安倍政権は、抗体検査についても、当初から積極的な姿勢を見せていなかった。

しかし、ここ数日、厚生労働省は数千人を無作為に抽出して4月中にも抗体検査を実施すると報道され始めている。

抗体検査に前向きな姿勢を見せ始めたことは率直に評価したいが、PCR検査に消極的だったこれまでの姿勢、患者が急増した場合にも耐えうるような医療体制再構築に手を着けてこなかった安倍政権にはCOVID-19対策への希望の光がまったく見えない。

日本感染症学会の舘田一博理事長（東邦大学教授）自ら「軽症患者にはPCR検査を推奨しない」と公言している。医療体制を再構築してPCR検査を拡大、COVID-19に打ち勝ちつつある韓国とは真逆の考え方だ。

どちらがCOVID-19対策として成功し、どちらが失敗したかは現実を見れば明らかだろう。韓国の街には人が戻り、日本では先行きを見通すことが極めて難しい。

日本の民間のクリニックで抗体検査を実施しているところは、私が受けたナビタスクリニックだけだろう。当初は一般には実施していなかったが、4月23日から、一般の方からの申し込みを受け付けている。私の場合は、紹介があったことと、医療関係者同様、COVID‐19の取材を続けているジャーナリストで検査の必要性があると久住氏が判断したことによる。

抗体検査とPCR検査を両方ともに受けた人間として、私は、両検査ともっと一般的にならなければならないと考える。

何よりもまずは検査をしてウイルスの正体を摑まなければ、個人的にも社会的にも対策の立てようがない。一人の人間としても、発熱の原因もはっきりわからずに苦しんでいる時間はつらい。

また事後的にでも、抗体検査の結果、自身が免疫を獲得したことがわかれば、積極的な仕事を通じて貢献度が違ってくる。もちろん、COVID‐19の抗体についてまだ正確な知見が得られていない現在、まだまだ慎重な行動が求められるが、時間の経過とともに知見は広がり、さらに深まっていくだろう。現在はその一里塚に過ぎない。

悪いのは「西浦モデル」ではない。何もしてこなかった安倍政権だ

西浦教授の「接触8割削減」を突出させた安倍政権の無策

2020年05月05日

韓国や台湾、中国、ベトナムと東アジア諸国が次々にCOVID-19の災いから脱出し、以前の経済軌道に戻ろうとしている現在、安倍政権率いる日本では、緊急事態宣言の引きこもり生活があと1か月延びる。

その判断根拠とされた「接触8割削減」について、首を傾げている人も多いのではないだろうか。個人的に言って、コロナウイルス禍以前の人との接触数を覚えていて、その接触数の8割を減らすことに努力を費やす人というのは存在するのだろうか。

私の場合などはこの1か月まったくと言っていいほど外出していないために「接触9割9分削減」と称しても間違いない。(佐藤章ノート『私はこうしてコロナの抗体を獲得した』参照)

しかしその反面、テレワークなどはできず、外出しなければ仕事にならない人もたくさんいるだ

ろう。そうなると、これ以上の努力を求められた国民は一体何をしたらいいのだろうか。

そして、このような社会状態は当然、事前に予想できたはずだ。予想できたにもかかわらず、抽象的な「8割削減」を繰り返し、そのことを第一の判断材料にし続けてきた。

結果的にあと1か月の引きこもり生活を強いられるわけだが、この政治判断が引き起こす国民個人の生活に及ぼす影響、飲食店などが中心となる街の経済への甚大な影響、そして日本経済への強烈なダメージといったものについて、安倍政権は厳しく責任を問われなければならない。

ともすれば「誰が政権の座に就いていたとしても同じ結果になるはず。安倍首相だけが無能だったわけではない」という安倍首相擁護論が聞こえてきそうだが、事実はまったくそうではない。

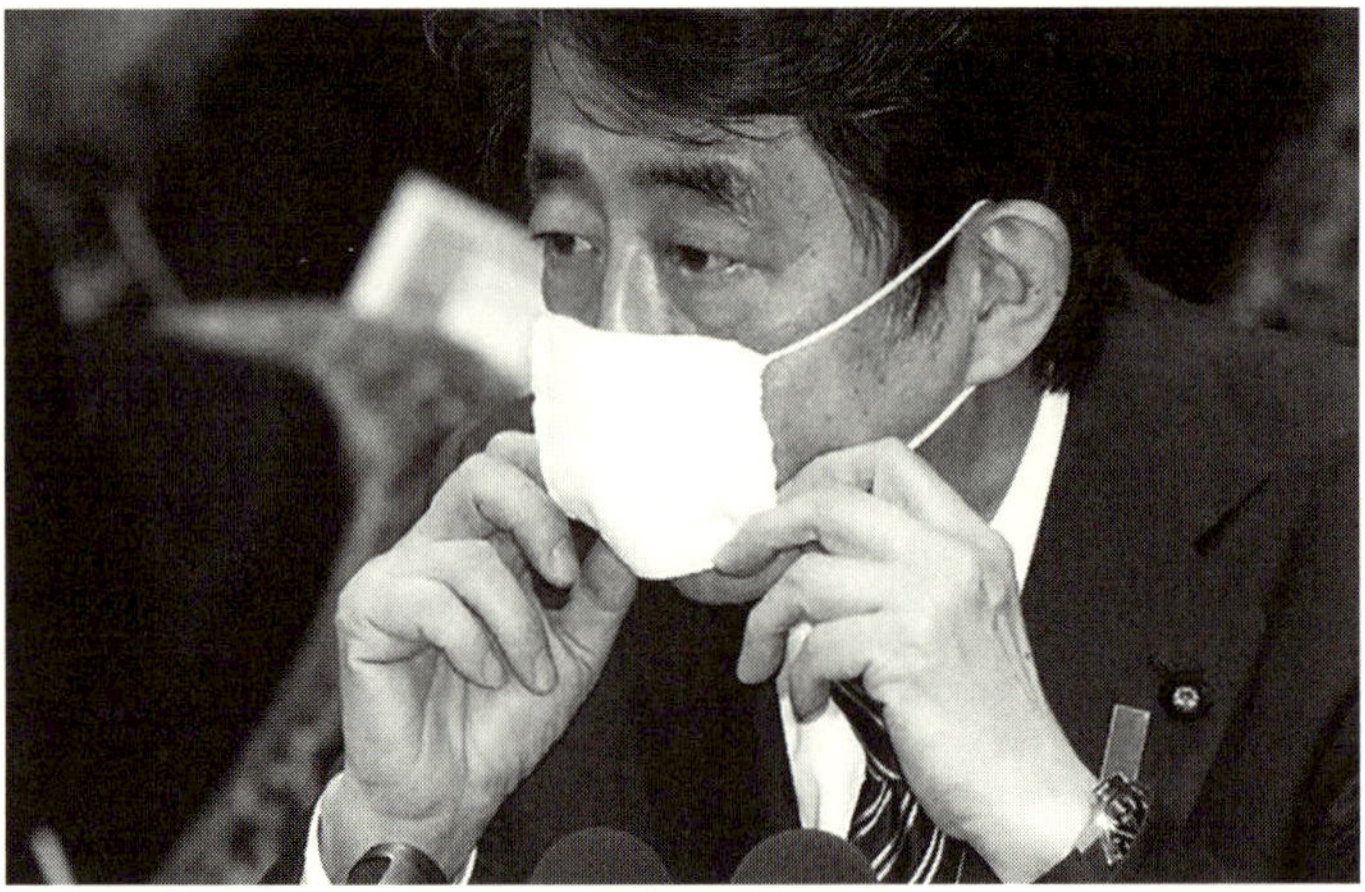

衆院予算委で答弁する安倍晋三首相＝ 2020 年 4 月 29 日

単純な「線形」でできている西浦モデル

「接触率を減らすと全体が減っていくということが私にはわからない」

こう首を傾げるのは、大澤幸生・東大大学院システム創成学科教授だ。人工知能の研究や社会ネットワーク理論をバックボーンに複雑なマーケティング理論や自然現象の変化説明手法を開発し、現実の場に応用する研究を進めている。オリジナルモデルを開発して多様なデータを経営などの意思決定に生かす「チャンス発見学」を提唱、経営者の注目を集めている。

いま「首を傾げ」と書いたが、それは正確ではない。大澤教授は私の電話取材に応じ、教授がモデルとしているネットワーク社会のあり方を説明してくれたからだ。「接触8割削減」に疑問を呈したからと言ってスマホの向こうで首を傾げたかどうかは私にはわからない。

「普通、Aという人がBという人と、それからCという人と接触していきますね。政府の専門家会議はこれを8割減らしていけば感染も8割減っていくという考えなのでしょうが、現実の人間社会というのはネットワーク社会なんですね。AからCに行くにもいろいろなルートがあるんです。ネットワークはいくつかのルートを持っていて、いろいろな関係があります。そのルートは10通りあるかもしれない。つまり、Aの接触率を8割減らしたからと言ってすべてが8割減るわけではないんです。例えば、細いルートを通って密集する人々に伝わることもあります」

大澤教授は、現代のネットワーク社会のあり方をこう説明し、その伝わり方を「非線形」と表現した。

この「非線形」の伝わり方と対照的な伝わり方をモデルとしているのが、厚生労働省のクラスター対策班を率いる西浦博・北海道大学大学院医学研究院教授だ。

西浦教授の考え方は非常に単純でわかりやすい。

まず、このモデルでは、一人の感染者が何人の感染者を新たに生み出すかという「再生産数」を前提とする。例えばはしかを起こす麻疹ウイルスは再生産数10以上という格段に強い感染力を持っている。一人の患者が10人以上にウイルスを移すということだ。

この再生産数には2種類の考え方があり、流行当初の基本再生産数（R_0）と、いろいろな感染防止

会見する北大の西浦博教授＝ 2020 年 3 月 30 日、東京都新宿区

策を採った後の実効再生産数（Rt）とに分かれる。この実効再生産数が感染防止策によってどんどん減ってきて1以下になれば、新たな感染者は減っていくという考え方だ。

この計算式は次の形を取る。

$$(1-r)\times Ro = Rt$$

そして、この計算式のrが、「接触8割削減」という時の「8割」だ。西浦教授は、基本再生産数（Ro）に2・5という数値を使っているため、それを当てはめて計算してみると——

$$(1-0.8)\times 2.5 = 0.5$$

となる。この計算式を簡単に説明すると次のようになる。

一人の人が接触を8割減らし、その状態に基本再生産数2・5を乗じると0・5となる。つまり、流行当初一人の人が2・5人に感染させていたものが、0・5人にまで減り、以後感染者はどんどん減っていくという図式だ。

これが例えば「7割削減」であれば実効再生産数（Rt）は0・75。とりあえず減りはするが8

割削減の場合よりもそのスピードは落ちる。「6割削減」であれば1となり、感染者数は増えもしなければ減りもしない状態となる。

こう書いてくれれば実に簡単。確かにその通り。しかし、これだけのことであれば「8割削減」などと抽象的でわかりにくい目標を掲げる必要はなく、西浦教授のモデルの考え方を十分に理解した安倍首相がその考え方を懇切丁寧に訴える方が意味があったのではないか。

しかも、この計算式の肝になっている基本再生産数について、なぜ2・5という数値が採用されているのか、西浦教授のはっきりした説明がない。

訴えた言葉は実に抽象的。反面、「8割削減」を導き出した計算式は実に単純。なぜこのようなことが起きたかと言えば、先に大澤教授が説明したように、西浦教授の社会モデルが、ネットワーク社会のような複雑な「非線形」ではなく、単純な「線形」でできているからだ。

コロナ対策には世界の英知を

「線形」の社会では、A↓B↓C↓Dというように順序よく感染していくが、実際のネットワーク社会では、AからDにいくまでにAが直接CやDに接触しているかもしれず、さらに別のXなる人物が介在しているかもしれない。またさらに、この経路のどこかで「三密」の部屋があれば、そのどこかからウイルスが一気に拡散することだってありえる。

大澤教授によれば、このネットワーク・モデルに基づいて対策を立てるのは世界では確立した考え方である。

例えば、倉橋節也・筑波大学大学院教授は、人の接触をネットワーク的なモデルによってシミュレーションし、強力な都市封鎖を早期に実施することで短期間に感染拡大を抑制できることを示した。

マーチン・ブス・ミュンヘン工科大学教授のグループは、やはりネットワーク的なモデルを使って感染者数の変化を分析し、日本の抑制効果が他国に比べて低いことを指摘している。

大澤教授自身、ネットワーク・モデルに独自の要素を加えてシミュレーションを行った。その結果、例えば——

3人家族であれば家族と会う以外は接触は一人に抑える。あとはオンラインでコンタクトしてください

というような提言となる。

私のこの論考は、西浦教授の方法論を批判しているのではない。例えば、大澤教授や倉橋教授の

ような研究がなぜ生かされないのか、ということを問題にしている。

さらに言えば、イギリスの渋谷健司キングス・カレッジ・ロンドン教授のように様々な提言を繰り返し訴えている研究者もいる。このような研究者たちの「英知」を集めてこそ、コロナウイルスのような未知の感染症と戦う十全な態勢が整うはずだ。

4月29日付の日本経済新聞の記事（「コロナ対策　足らぬ集合知」）によれば、米国では国立研究所やハーバード大学、ワシントン大学、イギリスではインペリアル・カレッジ・ロンドンやオックスフォード大学、ロンドン大学などが競って論文を公表し、「英知」を集めた「総力戦」を展開しているという。

ウイルス襲来前に医療体制を再構築した韓国

私は、COVID–19から回復しつつあった4月中旬、韓国政府が3月31日に取りまとめたTackling COVID–19（「COVID–19への取り組み」）という英文レポートをじっくりと読んだ。読み進めながら抱いた感想は、率直に言って、COVID–19への備えを着々と進めた文在寅韓国大統領への敬服と、その逆に何も備えをしてこなかった日本の安倍首相への失望だった。

敬服と失望と書いたが、その落差はあまりに激しいものだった。

韓国の取り組みは、積極的なＰＣＲ検査などが日本のテレビや新聞などでよく報道されているが、私が特に感心したのは、ウイルスが襲って来る前に、感染患者急増に耐えられるような全国の医療体制を急速に再構築したことだった。
その部分を直訳してみよう。

入院治療のための政府指定機関や地域のハブ病院のベッド、そして全国的な感染症病院のベッドは、コロナが確定した患者に割り当てられている。中央政府、地方自治体は、69の感染症病院を指定した。これらの病院に入院していた患者は他の病院に移し、COVID−19患者が病棟を独占的に利用できるようにした。政府は継続的に追加のベッドを確保しており、3月末までには、29の病院にある既存の１９８のベッド

韓国の文在寅大統領＝韓国大統領府提供

に加えて、重度の症状のある患者のために254以上のベッドを確保するプランを立てている。

患者のために用意する、端数に至るまでの具体的なベッド数にも驚いたが、全国69もの病院を感染症のためだけの病院に指定し、それらの病院に入院している患者をあらかじめ他の病院に移していたという徹底した計画性にも驚くと同時に感服した。

このころ日本では、このような医療体制整備などまったく計画に上らず、中国・武漢の病院に患者が押しかける映像をテレビで繰り返し流して、「積極的なPCR検査は武漢のような医療崩壊を招く」と喧伝していた。

韓国では、積極的なPCR検査を展開する前に医療体制を再構築して患者急増にも対応できるようにしていた。これらの努力の結果、韓国はCOVID‐19の第1波については、現在ほぼ完全に収束させた。

安倍政権が何もしなかった結果の二重苦

一方、日本の安倍政権は、文在寅政権が払ったような努力を何もしてこなかったために、大変な二重苦に苦しめられている。

ひとつは、医療体制の再構築を怠ったために、すでに医療崩壊の一歩手前に直面してしまっているということだ。

そしてもうひとつは、そんな脆弱な医療体制をかばうように、ＰＣＲ検査を十分拡大することができず、正確な感染者数さえいまだにつかめずにいることだ。

この二重苦の大きい原因となっているのは、３月17日付・佐藤章ノート『安倍首相が語った「コロナのピークを遅らせる」と「五輪開催」の政策矛盾』で記したように、政治の目的をはき違えた安倍政権の怠惰な姿勢にある。

現在、自治体や地元医師会などが軸になって地域のＰＣＲセンター設置や医療体制の再構築などが試みられつつある。韓国に遅れること２か月から３か月、しかも本来着手すべき安倍政権がまったく動かないために、自治体や医師会が動き出している。

韓国の文在寅政権のように中央政府がコントロールするものではないだけに、恐らくは非効率な面も相当にあるだろう。医療関係者や自治体関係者らが奮闘しているだけに、安倍政権の不作為については、歴史的に検証、記録される必要がある。

緊急事態宣言にしても、前に記したような日本に存在する集合的な「英知」が一向に生かされなかった。このために抽象的な「8割削減」だけが前面に出て、効果的な対策とはならなかった。

その結果、経済をいたずらに痛めつける1か月がさらに課されることになった。

安倍政権がＣＯＶＩＤ－19襲来という真の国難を乗り越える日は果たしてやって来るのだろうか。

私は、この問題を取材すればするほど、絶望的な気分に陥る。

国民に自粛を強いる「8割削減」目標を根底から疑え！

西浦教授はなぜ、現実の数値とは言えない「8割削減」に固執したのか？

2020年05月08日

後世の歴史家の判断に委ねるため、この事実は記録しておかなければならない。そう私は判断した。

今からほぼ1か月前の4月7日午後6時過ぎ、首相官邸で安倍首相が記者会見に臨んだ。蔓延しつつあるコロナウイルス対策のために緊急事態宣言を発令するためだ。その冒頭、安倍首相はこう発言した。

「最も重要なことは、国民の皆さんの行動を変容させることだ」

「専門家の試算では、私たち全員が努力を重ね、人と人との接触機会を最低7割、極力8割削減することができれば、2週間後には感染者の増加をピークアウトさせ、減少に転じさせることができる」

「その効果を見極める期間を含め5月6日までの1か月に限定して7割から8割削減を目指し、外出自粛をお願いいたします」

安倍首相の視線は、冒頭発言の3分の1から半分の時間、斜め前のプロンプターに釘付けになっていた。そこにはあらかじめ官僚が書いた発言の作文が表示されており、それを見なければ一貫した発言ができないからだ。

実効再生産数とは？

しかし、ここで記録しておかなければならないのはそのことではなく、安倍首相が発言した、人と人との接触機会を「極力8割削減すること」というそ

記者会見で、プロンプターに視線を送る安倍晋三首相＝2020年5月4日、首相官邸

の「8割」という数字に関わる事実だ。

この記者会見以来、テレビや新聞、ネット上などでは「8割削減」という言葉がひとり闊歩し、緊急事態宣言を解除するにはこの「8割削減」目標を達成しなければならないかのような様相を呈した。

では、この「8割」という数字は一体どこから出てきたものなのだろうか。

記者会見と同じ日、ツイッターの「新型コロナクラスター対策専門家」というアカウントで、厚生労働省クラスター対策班の中心人物、西浦博・北海道大学大学院医学研究院教授が動画解説した。

「今日は、なぜ8割の行動制限が必要と考えているのかをまず説明しましょう」

こう語り始めた西浦教授の後ろにはホワイトボードが立っている。こう書いてある。

Ro = 2.5

Rt = (1 − p) Ro < 1

Roというのは基本再生産数のことで、感染症が流行し始めた当初、ひとりの人間が何人の人間にウイルスを移すかという指標だ。これが2・5というのは、ひとりの人間が2・5人の人間にウイルスを移すことを意味する。

西浦教授は、ここで使っている2・5という数値について、現にドイツで推定されている基本再生産数であることを明らかにしている。

「pという比率の人を行動制限すると、残った（1－p）という人の間だけで2次感染が起こりますから――」（西浦教授）

その（1－p）という人の割合に基本再生産数（Ro）をかければ、Rtで表わされた実効再生産数が出る。そして、この実効再生産数が1を下回っていれば、感染は縮小に向かっていく、というわけだ。

実効再生産数というのは、いろいろな対策を採った後、ひとりの人間が何人の人間にウイルスを移していくか、という指標である。

西浦教授の想定を非常にわかりやすく説明すると次のようになる。

例えば、コロナウイルスに感染しているAというひとりの人間に対して、ウイルス感染防止策として8割の行動制限をすれば、本来会うはずだった8割の人たちにウイルスを移す可能性はゼロになる。これが（1－p）を意味する。そして、この（1－p）に当初からの基本再生産数2・5をかければ、行動制限という対策を採った後の実効再生産数が出る。

これを実際に計算してみると、

$$(1 - 0.8) \times 2.5 = 0.5$$

となる。

つまり、西浦教授の計算通りであれば、「8割削減」という行動制限対策を採れば、ひとりの人間がウイルスを移す人間の数は0.5人となり、感染は急速に減っていくというわけだ。

この考え方は本当に正しいのだろうか。

西浦教授のある論文

非常に単純なこの考え方の淵源を調べるうちに、私は西浦教授のある論文にたどり着いた。

《感染症流行の予測：感染症数理モデルにおける定量的課題》

2006年1月4日受付、同2月6日改訂とあり、西浦教授と連名で稲葉寿・東大大学院数理科学研究科教授が筆者になっている。

この論文の中で、西浦教授がホワイトボードに掲げた

$$Rt = (1 - p)\,Ro < 1$$

の計算式に関して、感染症対策としてのｐに何を入れるか、具体事例を説明しているところがある。事例として二つ挙がっている。

一つ目は、ワクチン接種率だ。何人の人にワクチンを接種するかという割合とそのワクチンの効果を乗じて免疫獲得者の割合をはじき出す。この計算式から、実効再生産数（Rt）を１以下にすることを前提にして、逆算していけばワクチン接種率の大まかな目標が求められる。

二つ目は、医療用のサージカルマスクの感染予防効果だ。

例えば、基本再生産数２・５の感染症に対して、あるサージカルマスクの感染予防効果が０・８であれば、

$$(1 - 0.8) \times 2.5 = 0.5$$

となり、その病院内での流行は終焉を迎える。

しかし、ここで考えなければならないのは、計算式の感染症対策ｐに何を入れるかということ

だ。今までの事例から次の三つが考えられる。

①（1－人の接触率）×Ro
②（1－ワクチン接種による免疫獲得率）×Ro
③（1－サージカルマスクの感染予防効果）×Ro

この三つの計算式を並べてみれば、①におけるpと②、③におけるpの性格の違いに気がつくだろう。

②のワクチン接種による免疫獲得率と、③のサージカルマスクによる感染予防効果の比率は絶対に感染が起こらないことが保証されているが、①の接触率はそういうことが保証されていない。

ツイッター動画の西浦教授は、「pという比率の人を行動制限すると、残った(1－p)という人の間だけで2次感染が起こります」と簡単に言っているが、現実には何の保証もない。

確かに、A→B→C→Dというように均一な形で線形に接触していく社会であればそのようなことが保証されるが、現実は接触機会が複雑に絡み合うネットワーク型社会であり、ワクチンやサージカルマスクのような形の絶対的な保証はない。

このことは、4月5日公開の「佐藤章ノート／『悪いのは「西浦モデル」ではない。何もしてこなかった安倍政権だ』」で紹介した大澤幸生・東大大学院システム創成学科教授の指摘の通りだ。

「接触」を最大目標にしていいのか

私は、WHO事務局長の上級顧問、渋谷健司・キングス・カレッジ・ロンドン教授と何度かメール交換し、「西浦モデル」について質問を重ねた。

渋谷教授は、「西浦先生は間違いなく世界的な数理疫学モデラーです」と断った上で、まず「人の接触」については、「ご指摘の通り、ワクチンやマスクなどに比べて接触削減の効果をどのように見るのか不明です」とし、「Rt（実効再生産数）がKPI（重要業績評価指標）なのになぜ「接触」をKPIに変えたのか、そして、それが国民の自粛努力にすり替わっているところに大きな疑問を感じます」と答えた。

様々な対策を経た上で変化する実際の実効再生産数の低下が最大目標であり、最重要指標のはずなのに、「接触」という二次的、三次的な数値が最大目標であるかのように喧伝されてしまっている事態が渋谷教授には異様に映るのだろうか。

では、実際の実効再生産数はどのように算出するのだろうか。

考え方を非常に簡単に言えば、その日の新規感染者数を、それ以前の感染者数で割った数値だ。

新規感染者はそれ以前の感染者からウイルスを移されているわけだから、再生産数は簡単に出てくる。

例えば、その日の新規感染者が2人で、その前の日が1人だったとすれば、

2÷1＝2

実効再生産数は2となる。

また、その日の感染者が3人で、1、2、3日前の感染者がそれぞれ2人ずつだったとすると、

3÷(2＋2＋2)＝0.5

となる。

しかし、コロナウイルスの場合、発症何日目にどのくらい移す確率があるかはよくわかっていない。そのため、推定も交えてそれぞれの日にウイルスが移る可能性をウエイトづけして算出している。

複雑な計算の結果、こうして算出された実際の実効再生産数と、「接触率8割削減」を基に計算された「西浦モデル」の実効再生産数とはまったく異なる概念であることは素人でも理解できる。

渋谷健司さん

諸悪の元凶は「PCR検査の制限」

さらに言えば、日本の場合、実際の実効再生産数をはじき出す新規感染者数が果たしてどのくらい正確な実態を映し出しているものなのかほとんどわからない状態だ。

日本は安倍政権の方針の下、当初からPCR検査を抑え込んだ。

その結果、4月5日の公表値に基づけば、人口100万人当たりの検査数は、トップのアイスランド6万9714人や11位のドイツ1万1046人、13位の韓国8920人の足元にも遠く及ばない42位の354人。920人のベトナム、918人の南アフリカなどの後塵を拝しており、先進国としては異様な少なさだ。

このPCR検査数では新規感染者数はもとより全体の感染者数もほとんど実態を表わしてはいないだろう。巷間では、実際の感染者数は10倍以上、何十倍とも言われている。

西浦教授は当然、実際の実効再生産数の算出方法に精通し、ネットワーク型社会の現実も熟知しているだろう。それでもなお、現実の数値とは言えない「8割削減」に固執したのはなぜだろうか。PCR検査もろくにしていない日本の現実の前に佇みながら、国民の前にギリギリ訴えることのできる数値を模索した結果だったのではないだろうか。私にはそうとしか考えられない。

そう考えれば、このような事態を招いた責任は、積極的なPCR検査を阻んだ安倍政権と国立感染症研究所にある。

その根本的な背景と安倍政権に対する批判は、3月17日公開の「佐藤章ノート『安倍首相が語った「コロナのピークを遅らせる」と「五輪開催」の政策矛盾』」と5月5日公開の「佐藤章ノート『悪いのは「西浦モデル」ではない。何もしてこなかった安倍政権だ』」に記した通りだ。

そしてその結果、感染者数や実効再生産数という最重要な指標がほとんど失われ、効果的なCOVID－19対策がほぼ不可能になっている。当面、緊急事態宣言の解除基準をめぐって、最重要指標となるべきはずの実効再生産数が役に立たない。

安倍政権は、公文書改竄やGDP嵩上げの疑いなど、指標となるべき公定の文書、数値を平然と書き換える疑念にまみれている。

そんな安倍政権に対して、私は国民のひとりとして言っておきたい。

「人間相手と違ってウイルスにはごまかしが効かない。恣意的なやり方で判断を間違えれば国民を塗炭の苦しみに突き落とすことにもなりかねないぞ」と。

「37・5度以上が4日以上」の目安は国民の誤解だったと言い放った加藤厚労相の傲慢

PCR検査をなりふり構わず抑制して安倍政権が守りたかったもの

2020年05月13日

ある医師の痛切な体験と切実な訴えを紹介しよう。

東京・銀座で痛みを和らげるペインクリニックを開業する青木正美医師は、ゴールデンウィークの直前、患者の頸部に注射をしている最中にその患者から思い切り咳を浴びせかけられた。ウイルスをほとんど通さないとされる医療用のN95マスクを着けてはいたが、接近して頸部に針を刺していたためにまったく動けず、飛沫をかなり浴びてしまった。患者が悪いわけではない。頸部に液を入れれば咳の出やすい場合がある。

診療が終わりこの患者が帰る時、家族の話が出た。患者によれば、同居しているこの家族は熱を出して寝ているという。

健康保健の点数を抑えるため？

不安を感じた青木医師は、クリニックがふだん検査の判定を依頼している検査会社に電話を入れた。1、2か月前に、この検査会社が「ＰＣＲ検査を始めました」という案内を出していたことを記憶していたからだ。

しかし、電話の向こうから青木医師が耳にした言葉は、検査拒否の冷たいものだった。

「帰国者接触者外来と同等の規模であると都が認定した医療機関からでなければ、ＰＣＲ検査依頼を受けてはならないと通達が出ています」

「それは、どこからの通達ですか」

「厚労省です」

35年間医師をしている青木医師にとっては、検査を断られること自体初めての経験だった。

1日何十人という患者を診療し注射を打つ中で、患者に打った針を誤って自分自身に刺してしまう「針刺し事故」は日常的にある。ケアレスミスではなく、何かのはずみで手が当たってしまったという小さいアクシデントは防ぎようがない。

こんな時、事前に交わした患者との問答から患者にウイルス感染や肝炎の疑いがある時は自分のクリニックで検査して検査会社に自費で判定を依頼している。つまり、医師自身の検査と判定は医療関係者にとっては日常であり常識なのだ。

それなのに、COVID‐19については完全に検査の扉を閉められてしまった。

驚いた青木医師は、自分自身の経験をツイッターに投稿し、医療関係者にPCR検査の扉を開けるように訴えた。

その投稿を目にした私は、すぐにメールで連絡を取り、電話取材に応じてもらった。

「針刺し事故とか、ちょっとしたアクシデントはどうしても避けられないんです。こういうちょっとした事故による感染の危険性は普通の人の何万倍も多いんです。だから、必ず検査することがわれわれ医療者の常識中の常識なんです。自分たち医療者を守ることが患者さんを守ることになるからです」

青木医師が開業している青木クリニックは銀座のビル街の地下にある。このため「三密」状態を少しでも解消するために空気清浄機を5台買ってフル稼動させている。それでもウイルスの存在はもちろんわからない。顔見知りの患者が多いが、COVID‐19に感染しているかどうかはわかるわけがない。

「PCR検査は保険内でやります、と安倍さんが言ったでしょう」

安倍首相は2月29日の記者会見でPCR検査の保険適用に言及、3月6日から適用となった。

「断られた時最初に思ったのは、ああこれは健康保険の点数を抑えるためだな、ということです。

保険適用になれば末端の開業医のＰＣＲ検査のオーダーがものすごく増えて、医療費がどんどん膨らむでしょう」

「自費でいいから検査だけはやらせて」

厚労省によれば、２０１７年度の国民医療費の負担割合は、被保険者や事業主の保険料が49・4％、患者本人の負担が11・6％、そして国や地方の公費、つまり税金からの財源が38・4％だ。検査費用が膨らめば税からの支出も増える。

「患者さんは窓口で3割支払うでしょう。そうすると、残り7割は私たち開業医にとっては売掛債権になるんです。これが2か月後に入ってくるんだけど、認められないと言っていっぱい引いてくるんです。国はふだんから

コロナ対策について記者会見に臨む安倍晋三首相（右端）＝2020年2月29日、首相官邸

そのくらい厳しくやっているわけだから、ＰＣＲ検査をたくさんやって医療費を増やしたくないでしょう」

ＰＣＲ検査が増えない原因については、私は3月17日の佐藤章ノート『安倍首相が語った「コロナのピークを遅らせる」と「五輪開催」の政策矛盾』で、東京オリンピック開催に配慮した安倍政権の深謀遠慮に加えて、国立感染症研究所の予算利権のことを記しておいた。

青木医師は、長年クリニックを経営してきた経験から、感染研の予算利権のこともさることながら、むしろ医療費を増やしたくないという政府の考えがＰＣＲ検査拡充にブレーキをかけているのではないか、と実感している。

「だから、医療関係者は健保の問題から外してほしい。医療者は自腹で払うので、健保の問題から外していただきたい。自費でいいから検査だけはやらせてほしい。私はそう考えています」

このような思いを抱いているのは青木医師だけではないようだ。青木医師が医師仲間と話すと、「怖い」経験について語り合う機会がおのずと多くなる。

「自腹でいいから検査だけはやらせてほしい」という思いは医療者の間でかなり広まっているのではないか。青木医師はそう推測している。

「医師だけではないんです。すべての医療福祉と介護で働いている人を守らなければなりません。医療は事務の人から始まって看護師、技師などコメディカル（医療専門職）の人たち全部でできています。検査ができないのは、むしろコメディカルに対する人権侵害なんです」

青木医師が咳を浴びせかけられた患者は後にCOVID-19に感染していないことが判明したが、青木医師やスタッフが日常的に危険にさらされていることには変わりはない。

「医療崩壊はもう起きているんです。その第一は院内感染です。それから第二は医療スタッフが辞めてしまうことです。うちはスタッフが頑張ってやってくれていますが、正直言って私も時に心が折れそうになることがあります。スタッフも恐怖を感じているんです。医療者が倒れたら国の基盤が崩れてしまうんです」

青木医師は当面PCR検査を受ける必要はなくなったが、神奈川県内で初めてCOVI

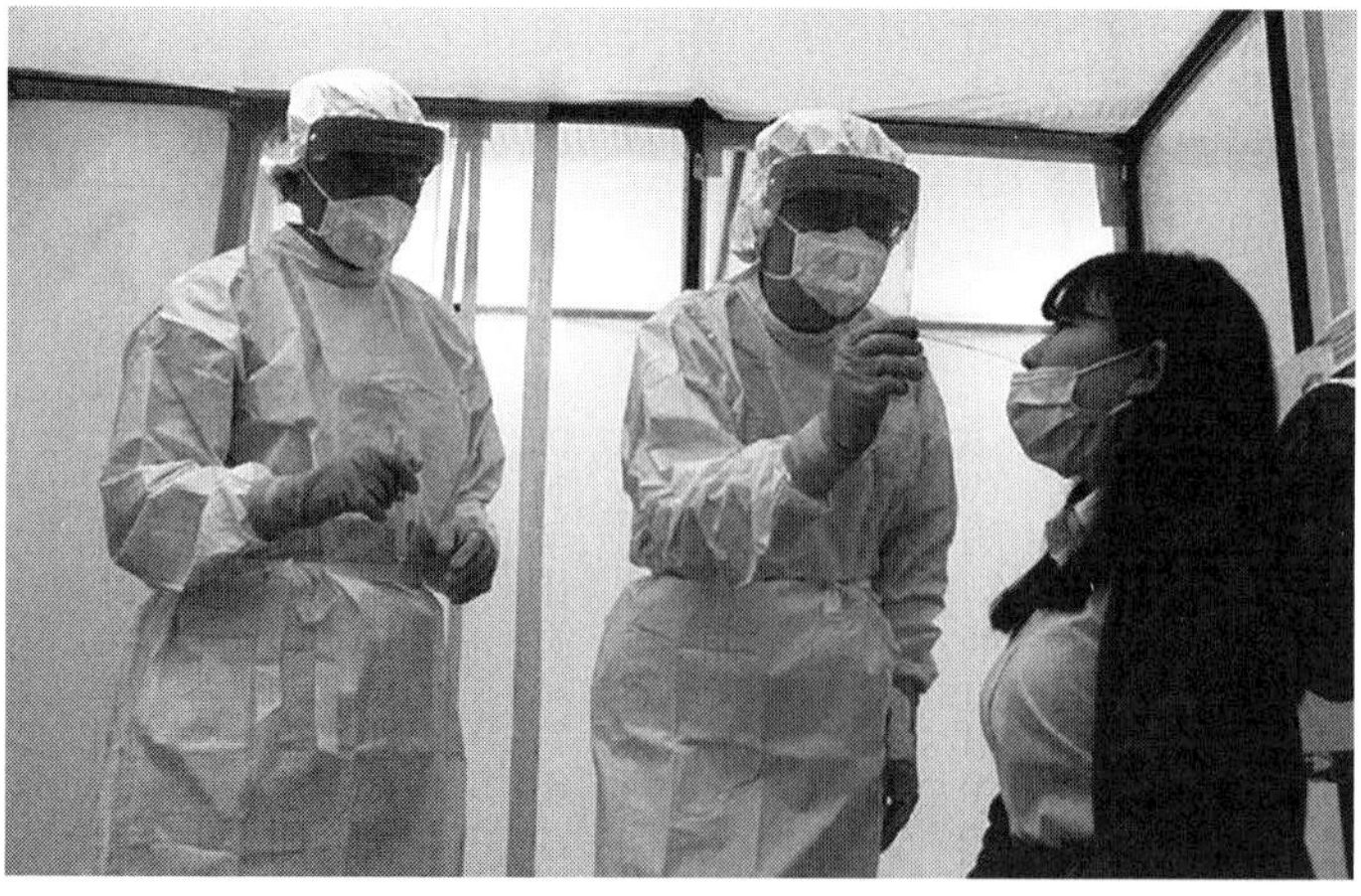

医師会と自治体が連携。PCR センターの検査室で受検者役の職員（右）の鼻から検体を採取する医師ら。稼働を前に検査の流れが報道機関に公開された＝ 2020 年 4 月 28 日、東京都板橋区

D－19感染者が確認されてから4か月近く経つのに、いまだにPCR検査体制を確立しようとしない安倍政権に対して厳しい評価を下している。

日本医師会や地元医師会などによってPCR検査センターが設立されたが、これらは、PCR検査に積極的な動きを示さない安倍政権を見るに見かねた医師会が自ら動いたものだ。

「37・5度以上の発熱が4日以上続く」の目安が招いたもの

日本とほとんど同じ時期に初めて感染者が確認された韓国では、文在寅政権は当初からPCR検査体制を整えた。

文政権は、検査を積極的に展開すると同時に全国の69の病院をCOVID－19専門病院に指定、その病院に入院していた既存患者には他の病院に転院してもらい、COVID－19患者の急増に備える医療体制再構築に手を着けた。

このころ安倍政権は、開催不可能という予測が強まっていた東京オリンピック問題にかまけ、医療再構築やPCR検査拡充などCOVID－19対策を怠った。

同じころ、PCR検査を受けるための「目安」として、厚労省は次の文章を公表していた。

以下のいずれかに該当する方は、帰国者・接触者相談センターに相談を
風邪の症状や37・5度以上の発熱が4日以上続く（解熱剤を飲み続けなければならない方も同様）
強いだるさ（倦怠感）や息苦しさ（呼吸困難）がある

5月8日、厚労省は事務連絡として、この文章のうち「**37・5度以上の発熱が4日以上続く**」という部分を含む文章をまるまる削った新「目安」を出した。「**37・5度以上の発熱が4日以上続く**」という「目安」が出た当初から、ＰＣＲ検査へのハードルがあまりに高いのではないか、と多くの批判意見が挙がっていたが、安倍首相や厚労省、専門家会議は何の反応も示さなかった。

あまりに高いハードルの設定はＰＣＲ検査を抑制するためのものだったのだろう。後に抗体検査で陽性判定を受けた私自身、ＰＣＲ検査を受けることのできた日は発熱してからようやく11日目だった。（佐藤章ノート『私はこうしてコロナの抗体を獲得した《前編》保健所は私に言った。「いくら言っても無駄ですよ」』参照）

明るいキャラクターで国民に人気のあった女優の岡江久美子さんの場合は4月3日に発熱、医師から「4、5日様子を見るように」と言われて自宅待機しているうちに容態が急変。緊急入院したが23日に亡くなってしまった。

入院後PCR検査をして陽性が判明したが、「**37・5度以上の発熱が4日以上続く**」という「目安」がなければ結果は違ったものになったかもしれない。

岡江さんの事例だけではなく、この「目安」を満たさない軽症者が検査を受けることができず、症状が悪化して死亡するケースがあり、「目安」を疑問視する声が強まっていた。

岡江久美子さん

悪化した国民感情はもう元に戻らない

「目安が相談のひとつの基準のように（受け取られてきた）。我々から見れば誤解でありますけれども」

批判の声に耐えかねて、問題の「**37・5度以上の発熱が4日以上続く**」という「目安」を削ることを明らかにした、加藤勝信厚労相の5月8日の記者会見での言葉だ。

この「誤解」発言は、国民的悲劇を無視した、あまりに傲慢なものだった。

さらに批判の声が高まり、加藤厚労相は12日になって、発言が「適切だったのかということは真摯に受け止めなければいけない」と反省の言葉を口にした。

しかし、この「誤解」発言で安倍内閣に対する国民感情はさらに悪化し、元に戻ることはもうないだろう。

「検査と隔離」が基本とされる感染症対策の第一歩、PCR検査を積極的に拡充するには、すでに韓国の事例で示したように、感染患者増加に耐えうるような医療体制の再構築が前提条件となる。安倍政権がこの前提条件に気がつかず一切の努力をしてこなかったツケはあまりに大きい。

基本のPCR検査を抑制したために、医療関係者をはじめ国民を直接COVID－19ウイルスの脅威の前にさらし、対策を立てる際に必要な感染者数さえ不明にした。

このために実効再生産数があやふやな数値となり、自粛期間解除の基準も明確にできなくなった。

政策と呼んでいいのかどうかさえ不明だが、COVID－19対策をはじめとする安倍政権の一連の政治姿勢を観察していると、私は実に絶望的な気分に陥る。

参院予算委で答弁する加藤勝信厚労相＝2020年3月16日

「感染者数」より「超過死亡」に注目せよ！～東京は6週間で300人

世界の潮流である「超過死亡」を、なぜ日本のメディアは無視するのか

2020年05月20日

われわれ今地球に生きている人間誰しもが経験したことのないコロナウイルスによるパンデミック状況の下で、ウイルスは、民族や宗教、人種、性別、肌の色、政治信条、趣味の違いを超えて人の身体の内部に侵入し、目に見えない人々の海の中を潮の満ち干のように大きく侵しては引いていく。

潮の満ち干のような大きな波は、2月から5月にかけて無防備状態の列島を音もなく侵襲し、今また引き潮時のような兆しを見せ始めている。

しかし、潮の満ち干が日々繰り返されるように、人々の繋がりの海がある限りウイルスの満ち干は繰り返されるだろう。その大きい二つ目の波が秋にやって来るのか冬に来るのかは誰にもわからない。

予測される第2波に備えて、人々は列島のそこかしこに見えない堤防を築き上げようと考え始めている。その努力はいろいろなところで始まっているが、私が寄稿している『論座』でも、第2波に備えたディスカッションであるオンライン鼎談（下のURLからご覧ください）が行われた。

https://www.youtube.com/watch?v=cgpRSz19_jU

「私はコロナから生還した」〜感染したジャーナリストが語る検査の実態。医師は、行政はどうする？　★論座オンラインイベント★

『論座』編集長である吉田貴文氏が司会役を務め、ウイルスに対抗する司令塔役の知識を持つ上昌広・医療ガバナンス研究所理事長、ウイルスとの

論座オンラインイベント「私はコロナから生還した」〜感染したジャーナリストが語る検査の実態。医師は、行政はどうする？

戦いの最前線に立つ一人である保坂展人・世田谷区長に、ウイルスのしぶきを浴びて身体の中に受け容れた経験を持つ私が加わった。

鼎談は、司会役も含めて、参加した4人がそれぞれに座るパソコンの配線を通じてディスプレイ上で行われ、ウイルスの入り込む余地はなかった。

しかし、人が人である限り直接的な繋がりがなくなることはない。そこに入り込んで来るウイルスとの戦いの最前線である医療現場や医療関係者たちは、今もリスクを背負いながら地道な戦いを続けている。

医療関係者が背負っているリスクのひとつの事例を私は5月13日の佐藤章ノート『「37・5度以上が4日以上」の目安は国民の誤解だったと言い放った加藤厚労相の傲慢』で紹介したが、鼎談の中で保坂氏が訴えた病院経営のリスクの話は、これからやって来るCOVID-19の第2、第3の大きい波を乗り越える上で必ず改善策を考えなければならない話だと痛感した。

コロナ患者を受け入れた病院は前年比億単位の減収

病院を襲うリスクはまず直接的なもの、すなわち院内感染だ。

しかし、その院内感染の元をたどると、入院しているCOVID-19患者からではなく、むしろ街中で感染した人が院内に持ち込んで広がっていったというケースが少なくない。だが、これがいったん広がると、少ないところで20人から30人、多いところでは１００人から２００人という感染者が発生し、病院は大きいダメージを受ける。

その間、救急医療は止めざるをえなくなり、外来診療も受け付けることができない。

「3月のなかばくらいに、コロナの発熱があっても病院が全然探せない時期がありました。受け入れ先がまったく見つからない。これは、こういう事情があったんです」

そして、病院経営を厳しいボディブローのように苦しめる問題が収益減少だ。

「病院の経営問題は深刻な問題です。コロナ患者を積極的に受け入れた病院は経営的に苦しんでいます。これを今何とかしないと、第2波が来るという時に、矢尽きて刀折れという状態になってしまうんです」

病院経営者とコミュニケーションを取っている保坂氏によれば、ＣＯＶＩＤ-19陽性の疑いのある患者が入院して8人部屋しか空いていなければ一人でその部屋を使ってもらうしかない。個室に入る場合でも特別に個室料金を払ってもらうわけにはいかない。症状が改善しても陰性になるまでは退院できず、ほとんどのケースで長期入院になる。

「コロナ患者を積極的に受け容れた病院は、現在、どこも前年比億単位の減収という経営難に陥ろうとしているんです。医療機関の経営に対するバックアップは世田谷区としてできることは積極的にやっていこうと思っていますが、国にも求めていきたいと考えています」

COVID−19との戦いの最前線となった病院の経営が苦難に陥っているということは、もちろん世田谷区だけの問題ではない。

5月1日、日本病院会や全日本病院協会などの4病院団体協議会と日本医師会は、加藤勝信厚生労働相に対し、地域医療の崩壊を防ぐために国が経営支援に力を入れるよう要望書を提出した。

COVID−19感染症の患者を受け容れている病院は、保坂氏が指摘した、その患者に対する看護体制そのものが生む経営圧迫要因を抱えているだけではなく、別の疾患で来院する患者の足も遠ざかるという責め苦を負っている。この要因によって、全国どの病院や開業医も患者数が大幅に減り、経営を厳しく圧迫し続けている。

特にCOVID−19感染者の波が拡大し続けた4月以降は外来、入院ともに減少が激しく、診療報酬の支払時期に当たる6月以降の病院経営には深刻な影響が現れると不安視されている。この月は病院職員の賞与月に当たるため、経営者は相当頭を痛めている。

専門家会議で医療現場に立つ医師はたった1人

現在、重症患者をICU（集中治療室）などで受け容れた場合に診療報酬点数を倍増するなどの手が打たれているが、病院全体の感染防止策や予防策、COVID－19患者そのものの与える経営圧迫要因などを考慮すれば、まだまだ手当てが不足していると4団体と日本医師会は訴えている。

保坂氏や私が訴える医療体制の問題を引き取って、上氏はこう議論を展開した。

「モデラーとウイルス学者が対策の方針を決めるというのは世界では例がないんですよ。本当はひとりひとりの患者の積み重ねなんです。だから、医療体制の一番の要は院内感染対策で、あとは病床数や医師数の問題です」

モデラーというのは、数式を使って疫学予測モデルを作り上げていく専門家を指す。安倍政権のこれまでのCOVID－19対策を観

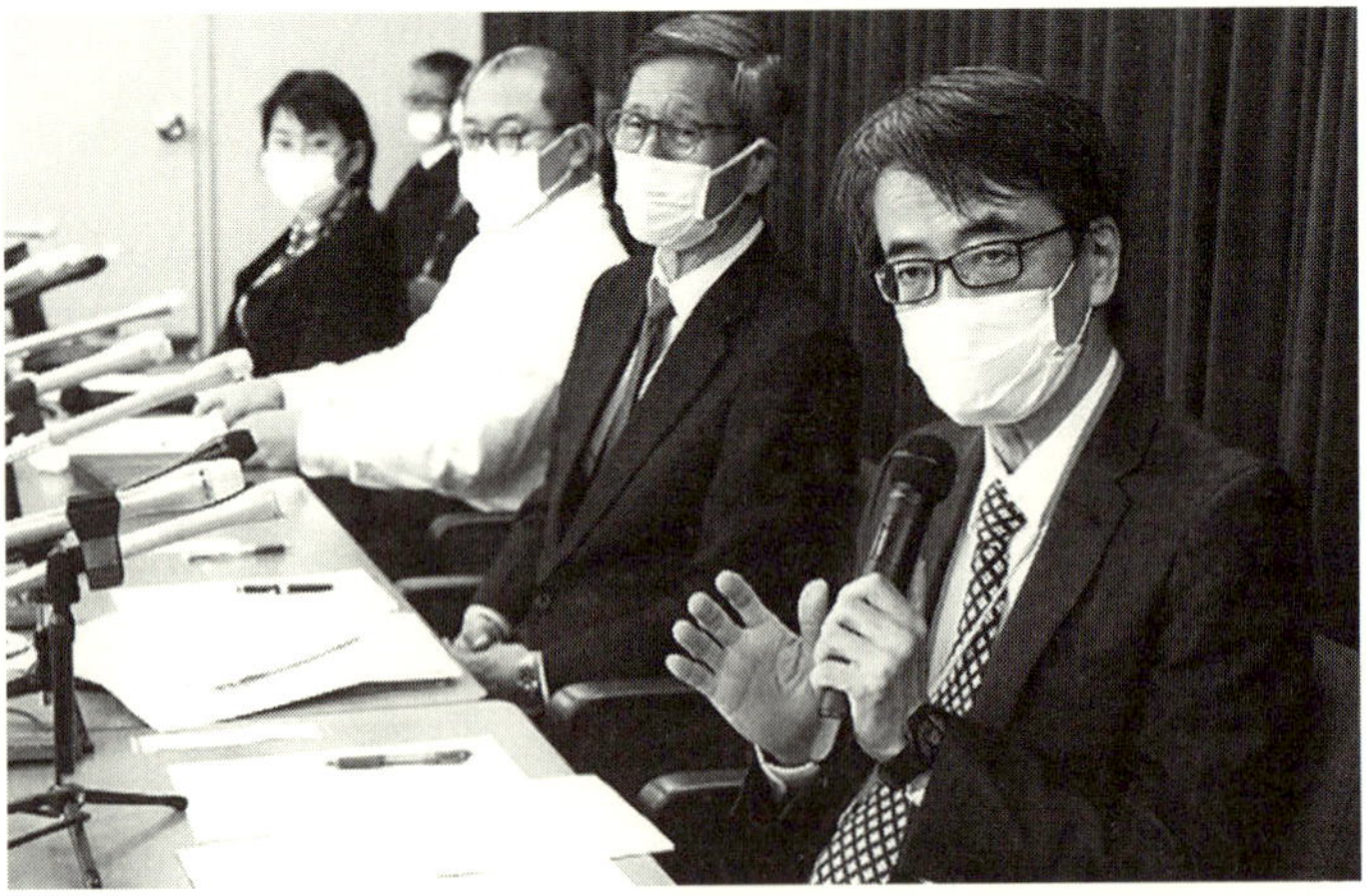

新型コロナウイルス感染症対策専門家会議を終え、会見する（右から）座長の脇田隆字・国立感染症研究所所長、副座長の尾身茂・地域医療機能推進機構理事長、西浦博・北海道大教授、武藤香織・東京大医科学研究所教授＝ 2020 年 4 月 1 日、東京・霞が関の厚生労働省

察してみると、厚労省のクラスター班に参画している「モデラー」西浦博・北海道大学大学院医学研究院教授の予測モデルに相当程度寄りかかっている。

しかし、その「8割おじさん」が提唱した「8割」という数字もそれほど大きい理論的根拠の岩盤の上に打ち建てられたものではないようだ。

政府の「新型コロナウイルス感染症対策専門家会議」メンバーの顔ぶれを見ると、脇田隆字・国立感染症研究所所長以下12人の構成員のうち、実際の医療現場に立つ医師は釜萢敏・日本医師会常任理事ひとり。

上氏が指摘するように、「ひとりひとりの患者の積み重ね」を土台とする議論が成立しにくい。このため、感染症が襲ってきた場合に病院が陥ることが予測される経営難の問題や院内感染という深刻な問題への想像力や議論が欠如しがちになる。

少なくない国民を熱で苦しめ、加藤厚労相が「我々にすれば誤解」と言い放って激しい批判の的となった「37・5度以上が4日以上」というPCR検査の「目安」も、このような「ひとりひとりの患者の積み重ね」の議論が少ない場から生まれたのではないかと想像される。

「ひとりひとりの患者の積み重ね」がなければ、患者数も死亡者数も、ウイルスの大波の狭間に揺れるただの頭数にしか見えない。

東京は6週間で合計300人の「超過死亡」

上氏は、そのような事態をうかがわせる、もうひとつの重大な問題を指摘した。

「今、世界は超過死亡を見ているんです」

厚労省によれば、COVID-19による死者は5月17日午前零時現在で744人。しかし、この死者数は本当に正確なのだろうか。COVID-19による死と判断されていない事例がたくさんあるのではないか。

日本に限らず、世界中で今、公式数字に対してこのように考えられている。そこで注目を集めている数字が「超過死亡」だ。

超過死亡の数字は、もともとインフルエンザ流行による死者数を推計するための指標だ。インフルエンザがはやっていない時に予測される、悪性腫瘍や心疾患などによる死者数をベースラインとし、流行時の実際の死者数と比較する。流行時に膨れ上がるこの死者数が超過死亡で、感染が原因による死亡を意味している。

COVID-19による実際の死者数を推定する上で、上氏は以前からこの数字に注目しており、5月12日のForbes Japanと4月28日の東洋経済ONLINEに寄稿している。

国立感染研が公表した直近の東京の超過死亡を基に分析したFobes Japanの論考によれば、2月

16日から3月28日の6週間にかけて1週間あたり50～60人の超過死亡が認められる。
つまり、1週50人の超過死亡としても、6週間で合計300人の超過死亡が東京で見られたということだ（図参照）。

この超過死亡と実際の対策の動きを追ってみると、3月24日に東京オリンピックの1年延期が決まり、その日からPCR検査数が増加に転じる。しかし、3月29日～4月4日の週に超過死亡は消滅し、それとは裏腹に4月7日に緊急事態宣言が出される。

つまり、PCR検査がわずかながらも増加に転じるタイミングも、緊急事態宣言が出される日付も決定的に遅れた、ということを意味している。

上氏の論考によれば、世界の医学界が注視しているイギリスの医学誌「ランセット」は5月2日に、「COVID－19：毎週の超過死のリアルタイム監視の必要性」という論文を掲載した。

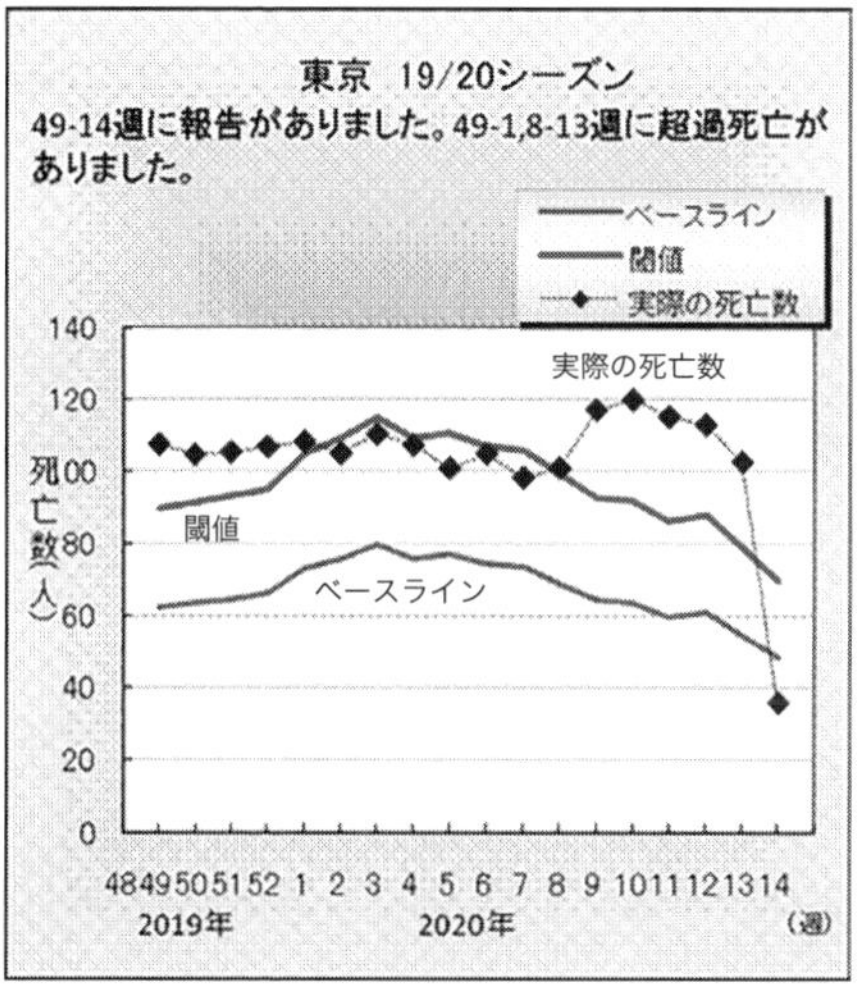

図A。国立感染研が5月7日に公表

国立感染症研究所ホームページの「インフルエンザ関連死亡迅速把握システムによる2019/20シーズン21大都市インフルエンザ・肺炎死亡報告」より

超過死亡を「リアルタイム」でチェックし対策に反映させることの重要性を説いている。

しかし、日本の安倍政権の中でこの超過死亡が重視された形跡は今のところない。超過死亡の動きを見る限り、対策のひとつひとつは決定的に遅れている。

さらにこの超過死亡データを公表している国立感染研は現在、3月29日〜4月4日の週のデータまでしか公表しておらず、概してデータ開示に消極的だ。

厚労省結核感染症課の勉強不足と不作為

この状況を嘆く上氏は、世界の科学ジャーナリズムの潮流であるこの超過死亡データの公表、チェックにほとんど関心を寄せない日本の科学

参院予算委公聴会に公述人として出席し、意見を述べるNPO法人「医療ガバナンス研究所」の上昌広理事長＝2020年3月10日

ジャーナリズムにも批判的だ。

上氏は鼎談の中でもう一箇所「ランセット」に触れ、厚労省の中でCOVID-19対策を担当する健康局結核感染症課の勉強不足と不作為が、現在のPCR検査不足などを招いた一大要因を作ったことを鋭く指摘した。

1月28日に厚労省はCOVID-19を感染症法に基づく指定感染症に政令指定したが、この指定のために、感染者はたとえ無症状であっても強制入院させられることになった。厚労省はこの時、COVID-19の無症状感染者の存在を想定していなかった。

そして、無症状者や軽症者は病院以外の企業療養所などで静養隔離するという韓国が取った賢明な政策への道は、これによって閉ざされてしまった。無症状者でも入院しなければならないために早くから病院体制の崩壊が心配され、PCR検査の大幅抑制につながった。

ところが、厚労省がCOVID-19を指定感染症に指定する4日前の1月24日、「ランセット」誌は、無症状の感染者の存在を報告する香港大学の研究者たちの論考を掲載していた。

結核感染症課の担当者たちがこの論考をいち早く読んで対応を考えていれば、COVID-19の無症状者の存在を重視し、指定感染症には指定しなかっただろう。

厚労省担当課の勉強不足と不作為が生んだひとつの国家的悲劇だ。

早くからCOVID-19対策の問題点を指摘し続けている上氏の鋭い分析は、この鼎談で遺憾なく発揮された。

危機下で政治家に求められる資質

一方、保坂氏は、世田谷区長という立場から、COVID‐19と戦うための地域ネットワークを築いてきたことを報告した。

「今、コロナ治療に積極的に携わる病院の責任者、病院長と頻繁に連絡を取っています。連絡会を作りましたが、地元の医師会とも繋がりながらいいネットワークになって、PCR検査センターも立ち上げました。そういうネットワークがうまく動き出して、PCR検査もスピーディに行えるようになりました」

私は鼎談の中で、保坂氏に対し「総理大臣になっていただきたい」と言ったが、決して阿諛追従では

保坂展人・世田谷区長

ない。

医療現場の責任者と積極的にコンタクトを持って医療機関の経営の実情を知り、地元医師会との間でもネットワークを築き上げていく情熱こそ、現在のような危機の中で政治家に求められているものなのではないだろうか。

この秋か冬にはやって来るであろうCOVID−19の第2波に対して、現在の安倍政権がうまく乗り越えていけるのかどうか。第1波への対応を観察する限り、私は極めて悲観的にならざるをえない。

「超過死亡グラフ改竄」疑惑に、国立感染研は誠実に答えよ！

不可解なグラフの変化を検証するため、国立感染研は原数字などのデータを公開せよ

2020年05月27日

安倍政権下では露骨な公文書改竄が行われ、統計操作などが繰り返された。このため、行政上の多少のミスでは驚かなくなっていたが、コロナウイルス対策で注目されていた「超過死亡」統計の「変事」には心底驚かされた。

私が「変事」に気づいたのは、5月20日公開の佐藤章ノート『「感染者数」より「超過死亡」に注目せよ！～東京は6週間で300人』を紹介するツイッターに対し、フォロワーの方から5月24日に「国立感染研が公表した超過死亡のグラフが変更されている。改竄ではないか」との指摘があったからだ。

その「改竄」疑惑とは――。まずは、国立感染症研究所が公表した二つの「超過死亡」統計グラフをご覧いただきたい。

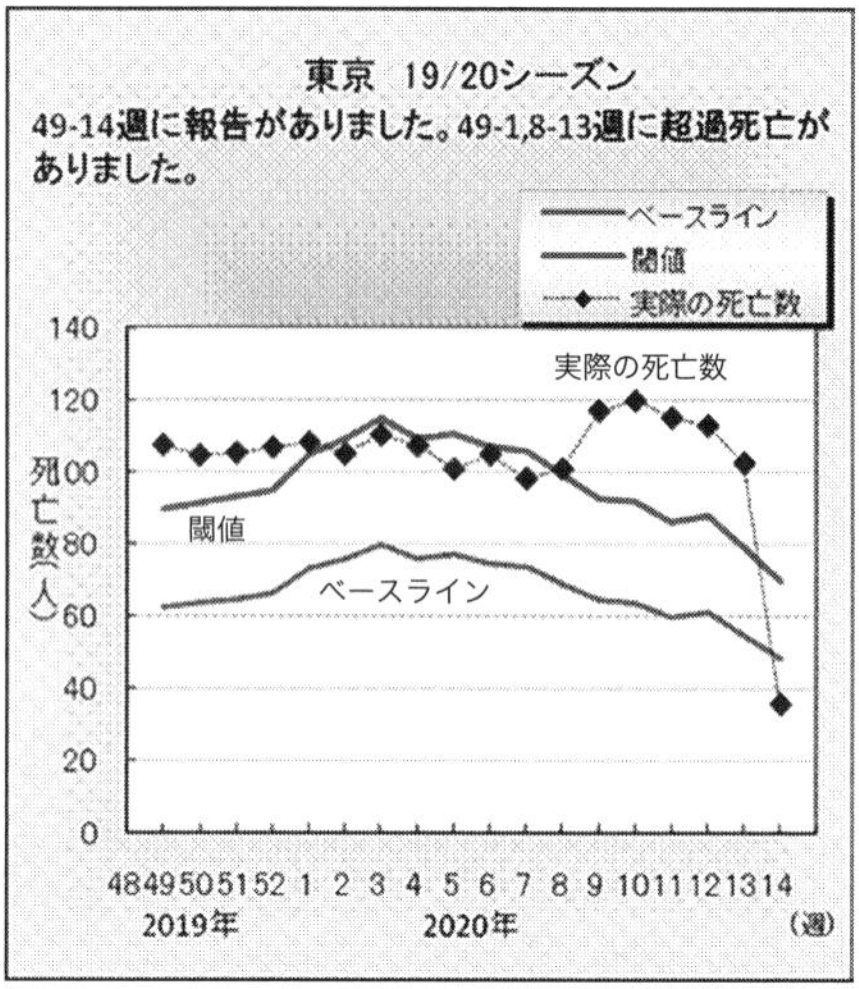

図A。国立感染研が5月7日に公表

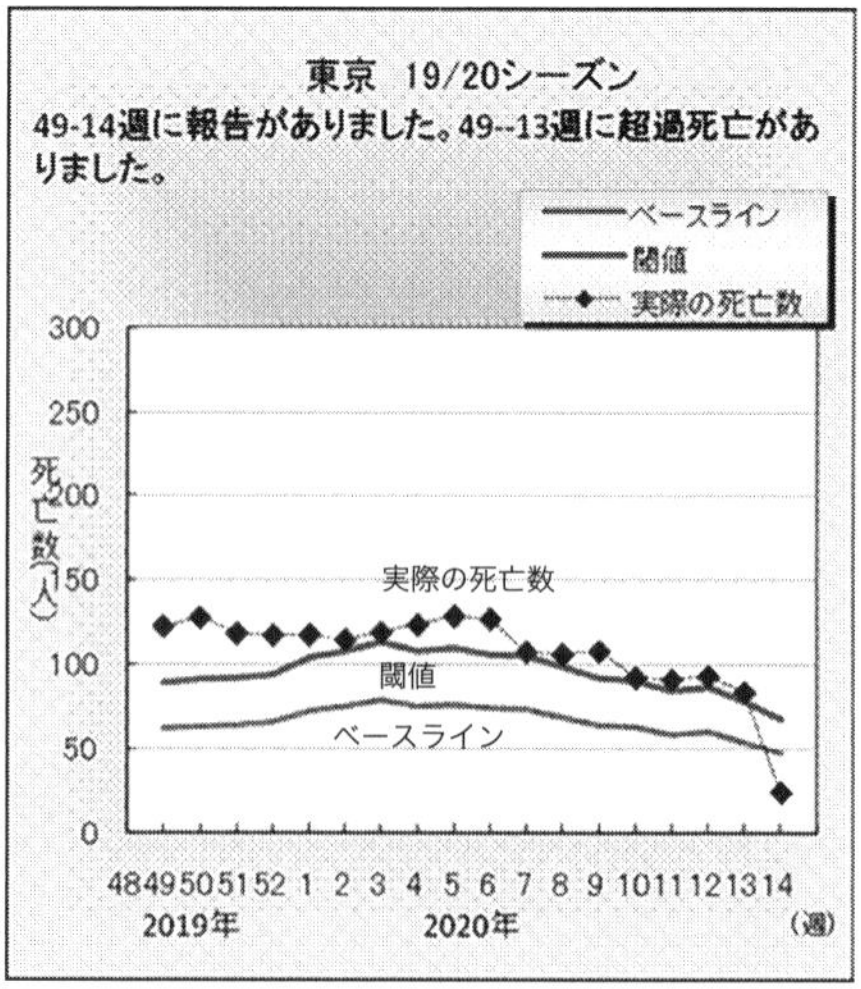

図B。国立感染研が5月24日に公表

上の図Aが5月7日に国立感染研のHPに公表されたもの、下の図Bが同24日に公表されたものだ。

一目見て誰しもが感じるのは、折れ線グラフの形が全然違い、異なった時期の「超過死亡」統計だろうということだ。

ところが、そうではない。二つのグラフはまったく同じ時期の「超過死亡」すなわち死亡数の統計グラフなのだ。

なぜ、こんな「変事」が生じているのか。

PCR検査による「感染者数」より実態に近い「超過死亡」

最初に超過死亡統計の仕組みやコロナウイルス対策上の意義などを説明し、次に「変事」発生の原因について、わかっていること、わからないことを整理してお伝えしよう。

超過死亡の数字は、もともとインフルエンザ流行による死者数を推計するための指標。インフルエンザがはやっていない時に予測される死者数をベースラインとし、流行時の実際の死者数と比較する。

流行時に膨れ上がるこの死者数が超過死亡で、インフルエンザウイルス感染が原因による死亡や主に肺炎による死亡を意味している。もう少し説明を加えよう。

図A（5月7日公表）にある「実際の死亡数」の折れ線グラフを見ると、今年に入ってからの第8週（2月17日—23日）から、赤い折れ線グラフで表された「閾値」（許容範囲）を超える超過死亡が現れ始め、次の第9週（2月24日—3月1日）から第13週（3月23日—29日）にかけて大きく膨れ上がっている。

予測される死者数の「ベースライン」をはるかに超えるこの超過死亡は一体何が原因なのか。

ここでもうひとつのグラフ（図C）を見ていただきたい。東京都感染症情報センターが出している東京都感染症週報の「インフルエンザ定点」のグラフだ。少し見にくいが、赤い折れ線グラフが今年1月初めから第20週（5月11日―17日）までのインフルエンザ流行の具合を表している。

これを見ると、超過死亡が出た第8週、大きく膨らんだ第9週以降はインフルエンザの流行はほとんど収束している。

それでは、インフルエンザ以外によ

◆ インフルエンザ定点

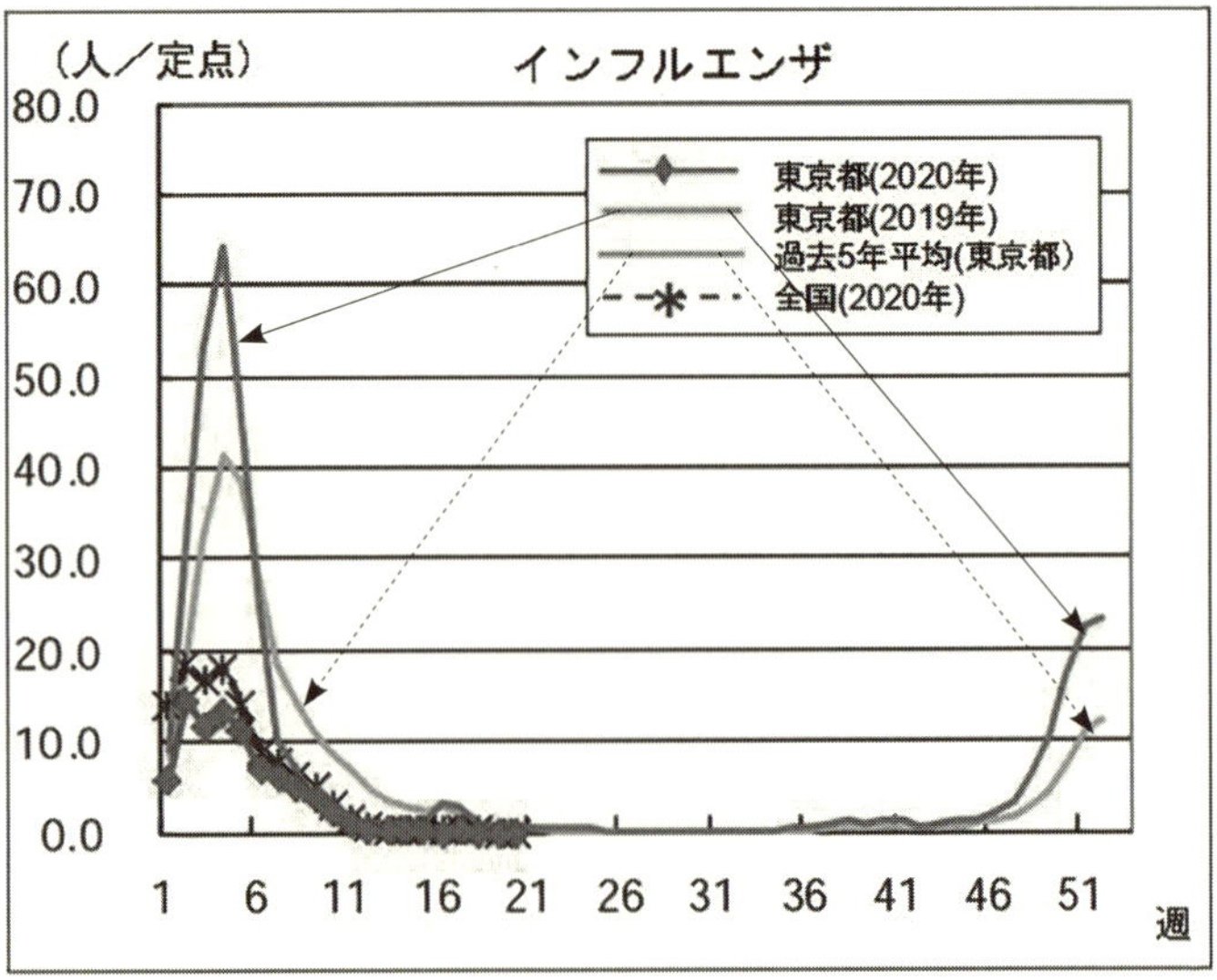

図C

る超過死亡の原因は何だったのか。今のところ、コロナウイルスによる肺炎以外には考えられない。超過死亡統計はもともとインフルエンザの流行による「社会へのインパクト」を計る目的でWHO（世界保健機関）が推奨したもので、日本では国立感染研が1998—99年の冬から導入している。元来インフルエンザの「社会へのインパクト」を計る目的を持ったものだが、今年の場合、インフルエンザが収束してコロナウイルスが猖獗を極めたために、極めて少ないPCR検査による感染者数よりもこちらの超過死亡統計の方が、隠れたコロナウイルスの影響をよりリアルに表しているのではないか、と考えられている。

5月7日公表のグラフと5月24日公表のグラフの変化

各国政府が発表しているコロナウイルスによる死亡数は、どこでも疑問符がつけられている。実際にはもっと多いのではないか、と疑われているのが実情だ。

このため、世界の医学界が注視しているイギリスの医学誌「ランセット」は5月2日に、「COVID-19：毎週の超過死のリアルタイム監視の必要性」という論文を掲載した。超過死亡を「リアルタイム」でチェックし、対策に反映させることの重要性を説いたものだ。

国立感染研が5月7日に公表した超過死亡統計のグラフ（図A）に実際のコロナウイルス対策の

日付を落としてみると、ＰＣＲ検査がわずかながらも増加に転じた3月下旬のタイミングも、緊急事態宣言が出された4月上旬の日付も、対策としては決定的に遅れていたことがわかる。

国立感染研はグラフの基となった原数字を公表していないために正確な数はわからないが、図Ａのグラフをよく見ると、２月17日から３月29日の６週間にかけて１週間あたり50人ほどの超過死亡が認められる。つまり、６週間で合計３００人ほどの超過死亡が東京で見られたということだ。

警察庁によると、路上や自宅から病院などに搬送した後に死亡し、死後検査でコロナウイルスの感染が明らかになった人が、３月中旬以降、全国で23人いた。このうち半分以上が東京都内での出来事だ。

東京都監察医務院が不自然死として23区内で調査した件数は、速報値で３月中に１１２０件あった。日本法医病理学会が４月中旬に監察医などに実施したアンケート調査によれば、大学法医学教室などが保健所に依頼した遺体のＰＣＲ検査23件のうち12件が断られた。

これらの断片的な情報をつないでみると、カウントされていないコロナウイルスによる死亡者数は、政府が公表している死亡者数８３０人（５月24日午前12時現在）を相当数上回るのではないか、と考えられる。

その予測を反映したものが、国立感染研が公表し続けてきた超過死亡グラフ（図Ａ）だった。

ところが、５月24日になって新たに国立感染研のＨＰに公表された同じ時期の超過死亡グラフは、それまでとはまったく違うもの（図B）に変わっていた。

24日公表のグラフ（図B）を見て驚くのは、第8週から第13週にかけて超過死亡がほとんどなくなっていることだ。7日公表のグラフ（図A）であれだけ膨らんでいたコブのような超過死亡の膨らみが消え、反対になだらかに下降している。

こんなことがどうして起こったのだろうか。

国立感染研が24日にHPで公開した説明文を読むと次のようなことが考えられる。

数字の大きな変動の原因は？

国立感染研の説明を読んで、まず念頭に置かなければならないのは、グラフの縦軸にある「死亡数」というのは、実際の「死亡数」ではなく、推計された「死亡数」であるということだ。

死亡届・死亡診断書は最初に市区町村に提出され死亡票が作成される。各保健所はこの死亡票の写しを取って死亡小票を作る。国立感染研はこの死亡小票から、超過死亡の原数字となる死亡数を取っている。

感染研のHPは、この「インフルエンザ関連死亡迅速把握システム」について、「インフルエンザによる死亡および肺炎による死亡を、死亡個票（＝死亡小票・筆者注）受理から約2週間で把握できる本システムを構築しました」と説明を加えている。

東京都内の保健所は、23区や八王子、町田両市が設置主体の25保健所と東京都が設置主体6保健所の合計31保健所。この31保健所からの死亡小票に基づいてグラフの基になる「死亡数」を出している。

ところが、各保健所からの報告の時期にばらつきがあるために、公表するグラフのデータにどうしてもずれが生じてしまう。これが、国立感染研ＨＰの説明文から推測されるグラフのずれの説明だ。

しかし、このような説明を勘案しても、どうしても拭うことのできない疑問が残る。まず第一に、二つのグラフを並べて誰しもが感じる素直な疑問点、すなわちあまりに折れ線グラフの形が違いすぎるということだ。

実は、国立感染研は、図Ａのグラフを公表した5月7日の前、4月28日にも同じ時期の超過死亡グラフを公表している。そして、この時のグラフは5月7日公表分と同一なのだ。

この事実をまっすぐに解釈すれば、「3月29日までの死亡データは1か月後の4月28日までにはほぼ確定していた。そのために5月7日公表分は寸分の余地なく動かす必要がなかった」ということだろう。

さらに深掘りすれば、4月28日公表分と5月7日公表分はまったく動かないのに、さらに日にちの経った5月24日分で大きく動いているということは、31ある東京都内の保健所のうちかなりの数の保健所が5月7日以降に相次いで死亡小票を送ってきたということ以外に原因は考えられない。

しかし、こんなことが想定できるだろうか。23区や八王子市、町田市の保健所は言うまでもなく、小笠原村や青ヶ島村、御蔵島村などの島しょを抱える島しょ保健所にしてもパソコンはあり、国立感染研や厚生労働省とオンラインでつながっているはずだ。

3月29日から2か月以上近く経って死亡数が大きく変動するという事態は考えられないし、誰しもが首を傾げるだろう。

グラフの異変に不信を深める人々

私は超過死亡の問題について、5月20日の佐藤章ノート『「感染者数」より「超過死亡」に注目せよ！～東京は6週間で300人』で、5月7日発表の図Aをもとに、上昌広・医療ガバナンス研究所理事長の論考を紹介しながら問題提起した。

その記事を紹介した私のツイートに対して、フォロワーの方から、国立感染研が5月24日に新たに公表した死亡超過のグラフ（図B）が、記事中に引用されたグラフ（図A）とまるで違うという指摘があったことは冒頭に述べたとおりである。

一目瞭然のその違いに、フォロワーの方々や超過死亡に関心を持つツイッター利用者たちの間で様々な推測、意見が交わされたが、「改竄ではないか」という声も少なくなかった。そのいくつかを引用してみよう。

「国立感染研のインフル肺炎死亡者のグラフが今は全く違うものになっています。データ修正で死亡者が減ることはないと思います。勘違いならいいのですが、改ざんも頭によぎってしまいます」

「安倍政権は、これまでも自分たちに都合が悪い公文書を改ざん、破棄、捏造してきましたからね。どんなとんでもない改ざんをやっていたとしても驚きません」

「超過死亡数として左のグラフを見てましたが、説明もなく右のグラフに置き換えられていたと……そんなことをするから、益々信用されなくなる。国立感染研？」

「これは露骨なデータ操作ですね。こんなことをするとすぐにバレてかえって責められるのに……」

「専門家ではありませんが、注目していたグラフです。感染研は、なぜ変わったのかを説明してほしい。隠蔽、改ざんをしてきた政府が出す様々な数字は、全く信用していません。グラフの違い！　やはり疑ってしまう」

ここに引用したコメントは一部のものだが、大方は安倍政権への不信を表明し、国立感染研に対し明確な説明を求めるものだった。

私は、ツイッター上で疑惑を指摘する声が相次いだ翌日の5月25日、国立感染研に電話をして説明を求めた。当初は超過死亡統計の担当者から電話で説明を聞くつもりだったが、広報担当者からメールによる質問を求められた。

その質問と回答をそのまま掲載しよう。質問を送ったのは午前10時44分。回答が返ってきたのは、そのほぼ6時間後の午後4時57分だった。

木で鼻を括ったような回答

お問い合わせいただきました件につきまして、こちらからの回答が遅くなりまして誠に申し訳ございません。／下記のとおり該当部署より回答が参りましたので代理送信させていただきます。
1. 5月24日に発表された東京都の超過死亡のグラフが、その前の5月7日発表分と大きく異なっていますが、この理由は何でしょうか。
回答：保健所からの入力があったためです。
2. 3月28日で終わる第13週までのグラフは、4月28日発表分とその後の5月7日発表分とでは変わっていません。ということは、４月28日発表分の段階で死亡数は確定したのではないでしょうか。

回答：保健所から遅れて入力される場合もございます。

３．４月28日発表分、５月７日発表分、５月24日発表分（いずれも東京）の原数字を教えていただけますでしょうか。それを公表していないとすれば、それはなぜなのでしょうか。

回答：数字は公表しておりません。超過死亡が発生したかどうかの判断はグラフで十分かと存じます。

４．５月７日発表以降に報告のあった保健所数（東京）を教えていただけますでしょうか。

回答：大変恐れ入りますが、公表しておりません。

５.「超過死亡」のページの説明書きを見ますと、「死亡個票受理から約２週間で把握できる本システムを構築しました。」とあります。この「個票」というのは保健所が作成する「死亡小票」のことだと思いますが、各保健所はパソコンで毎日入力されていると思います。リアルタイムで把握されているのではないかと思われるのですが、なぜ「約２週間」という時間がかかるのでしょうか。

回答：民法上の死亡の届け出の期間です。

６.「２週間」かかるとしても、最終日の３月28日からは、４月28日で１か月、５月７日で

1か月と9日が過ぎています。つまり、2の質問項目でも触れましたが、4月28日には完全確定しているはずだと思いますが、いかがでしょうか。

回答：実務的には遅れます。

7．イギリスの医学誌「ランセット」は5月2日に、コロナ対策に関連して、超過死亡のリアルタイムでの監視の必要を主張しています。今後、超過死亡のデータをそのように役立てるお考えはありますでしょうか。

回答：本事業の延長、継続については厚生労働省の事業であるためにこちらからは回答できません。

8．前の質問と関連して、5月24日に新たに出された「Q＆A」には、「本事業は毎年冬に流行するインフルエンザを想定して長年にわたって運用されているシステムです。本事業で新型コロナウイルス感染症による超過死亡への影響を評価することはできません。」とあります。新型コロナウイルス感染症による超過死亡への影響を評価することができないのは、なぜなのでしょうか。

回答：病原体の情報が本事業では収集されていないためです。

以上どうぞ宜しくお願い申し上げます。

国立感染症研究所 Info 担当事務受付窓口

誰が見ても木で鼻を括ったような回答だが、これをメール送信するまで6時間かけている。

なかでも3番目の「原数字を教えていただけますでしょうか」と、4番目の「5月7日発表以降に報告のあった保健所数（東京）を教えていただけますでしょうか」との質問は、グラフの大きな変動の正当性を確認するために不可欠なデータの開示を求める重要質問である。このデータがなければ、国立感染研が意図的にグラフを操作していたとしても外部からは検証しようがない。

その質問に対し、「数字は公表しておりません。超過死亡が発生したかどうかの判断はグラフで十分かと存じます」「大変恐れ入りますが、公表しておりません」と一蹴する国立感染研の姿勢からは、国民に情報を開示してデータを分かち合うことで信頼を高めるという姿勢はまったく感じられない。

感染研が情報開示しないのは世界でも突出しているんです。そもそも感染研のような研究機関は情報開示が仕事のはずですが、それがされていない。ここが日本の感染症対策の大問題なんです。

今回の死亡超過グラフの不可解な変化や国立感染研の対応を見た上昌広・医療ガバナンス研究

所理事長は、情報公開に極めて消極的な感染研の姿勢についてこう指摘している。

感染症法によれば、感染研と保健所は連携が義務付けられている。それが世界的なパンデミックの時に、死亡のデータが行き来しないようでは一体何をやってるんだ、という話になります。イギリスでは死亡データは研究者たちに提供されていて、研究者たちはみな自分たちで超過死亡の統計を出しているんです。

科学の「キホンのキ」は相互チェックなんです。チェックできなければ暴走してしまうんです。ところが、日本では情報独占で第三者のチェックがかからないいびつな構造になっている。この結果、感染研の発表は正しいのかどうか誰もわからないということになる。科学の世界は第三者が検証しなければわかりません。正しいかどうかわからないというのは科学ではないんです。

専門家会議の座長を務めるのは国立感染研の脇田所長

安倍政権のコロナウイルス対策を検討する政府専門家会議の座長は脇田隆字・国立感染研所長だ。

私のツイートにコメントを寄せた、超過死亡グラフに関心を持つツイッター利用者たちの多くは、この記事中でその一部を紹介したように、感染研に対してグラフの「改竄」を疑っている。

この疑惑を晴らすためにも、脇田氏は感染研を代表してグラフの基になった原数字を公表し、私がメールで問い合わせたような質問に対して誠意をもってきちんと答えるべきではないか。

何一つ有効な対策を打たなかった安倍首相が言う「日本モデルの力」とは?

コロナ第2波に備え必要なのは「日本モデル」の解体だ!

2020年06月07日

未曽有のパンデミック状況を呈するコロナウイルスがこの秋から冬にも大きい第2波となって襲い来る予測が広まる中、対策を立てるべきはずの安倍内閣からは危機感がまったく伝わってこない。
この原稿を書いている6月6日の首相動静は以下の通りだった。

午前8時現在、東京・富ケ谷の私邸。朝の来客なし。午前中は来客なく、私邸で過ごす。午後4時9分、私邸発。午後4時20分、官邸着。同30分から同50分まで、加藤勝信厚生労働相、菅義偉官房長官、西村康稔経済再生担当相、西村明宏、岡田直樹、杉田和博各官房副長官、北村滋国家安全保障局長、和泉洋人、長谷川栄一、今井尚哉各首相補佐官、樽見英樹新型コロナウイルス感染症対策推進室長、森健良外務審議官、鈴木康裕厚労省医務技監。午後5時10分、官

邸発。午後5時27分、私邸着。（時事通信より）

土曜日だから夕方に職場に着くこともあるが、午後4時30分から始まった会議の顔ぶれから推して、政府のコロナ対策会議であることは間違いないだろう。だが、職責上これだけのメンバーを集めておいてわずか20分しか情報を交換しなかったということは、どう考えればいいのだろうか。

まず、現在の仕事環境の常識を考えれば、わずか20分の会議はオンラインで済ませるべきものだ。

しかし、20分という時間をよく考えてみれば、本当はメール連絡だけで済む話かもしれない。司会役が発言し、数人の事務連絡、報告があって終わりだ。対策などについて議論し合うことなどはこの短い時間では不可能だ。

緊急事態宣言は「緊急手段」であって「対策」ではない

「日本ならではのやり方で、わずか1か月半で、今回の流行をほぼ収束させることができました。正に、日本モデルの力を示したと思います」

安倍首相は5月25日、緊急事態宣言解除の記者会見の冒頭、こう発言した。

「今回の流行をほぼ収束させること」など本当にできたのか。安倍首相のこの発言に関しては様々な疑念が湧いてくるが、最も驚くべき発言は「日本モデルの力を示した」という言葉だろう。

時事通信の6月6日の世論調査では、コロナウイルスに対する安倍政権の対応について60％の人が「評価しない」と答えている。この世論調査通り、安倍政権はコロナウイルス対策については何一つ有効な対策を打ち出せなかったと言っていいだろう。

もちろん、緊急事態宣言を対策と呼ぶ人はいないだろう。あらゆるレベルの経済を痛めつける緊急事態宣言は対策と呼べるようなものではなく、感染の波及を食い止める最後に残された緊急手段に過ぎない。

何一つ有効な対策が打てなかった安倍首相が発

緊急事態宣言の解除について記者会見する安倍晋三首相＝ 2020 年 5 月 25 日、首相官邸

言した「日本モデルの力」とは一体、どういうものなのだろうか。
コロナウイルスに対して安倍政権が最初に打った「日本モデル」の対策を振り返ってみよう。

COVID-19を指定感染症に指定した愚策

1月28日に厚労省はCOVID-19を感染症法に基づく指定感染症に政令指定。この指定のために、感染者はたとえ無症状であっても強制入院させられることになった。

厚労省はこの時、COVID-19の無症状感染者の存在を想定していなかった。無症状者や軽症者は病院以外の企業療養所などで静養隔離するという韓国が取った賢明な政策への道は、これによって閉ざされてしまった。

無症状者でも入院しなければならないために早くから病院体制の崩壊が心配され、PCR検査の大幅抑制につながった。

ところが、厚労省がCOVID-19を指定感染症に指定する4日前の1月24日、世界の医学界で注目されているイギリスの「ランセット」誌は、無症状の感染者の存在を報告する香港大学の研究者たちの論考を掲載していた。

指定感染症担当の結核感染症課の担当者たちがこの論考をいち早く読んで対応を考えていれば、

COVID－19の無症状者の存在を重視し、指定感染症には指定しなかっただろう。厚労省担当課の勉強不足と不作為が生んだひとつの国家的悲劇だ。

そして、この感染症法に基づく指定感染症に政令指定したために、基本的な「日本モデルの力」が働くことになった。国立感染症研究所と保健所、地方衛生研究所が束になった「日本モデルの力」である。

「日本モデル」への大きな思い違い

コロナウイルス第2波の襲来を前に私が訴えたいのは、この「日本モデルの力」の解体である。恐ろしいことだが、安倍首相は本当に心から「日本モデルの力を示した」と思っているのかもしれない。しかし、これは大変な思い違いである。

コロナウイルスの襲来の前に、国立感染研と保健所、地方衛生研究所の体制はほとんど歯が立たなかったのである。このままの体制で第2波の襲来を迎えれば惨憺たる結果を招くだろう。

それを示すにあたって、まず5月27日の佐藤章ノート『「超過死亡グラフ改竄」疑惑に、国立感染研は誠実に答えよ！』で指摘した国立感染研公表の「超過死亡」グラフ問題の再取材結果を報告しよう。

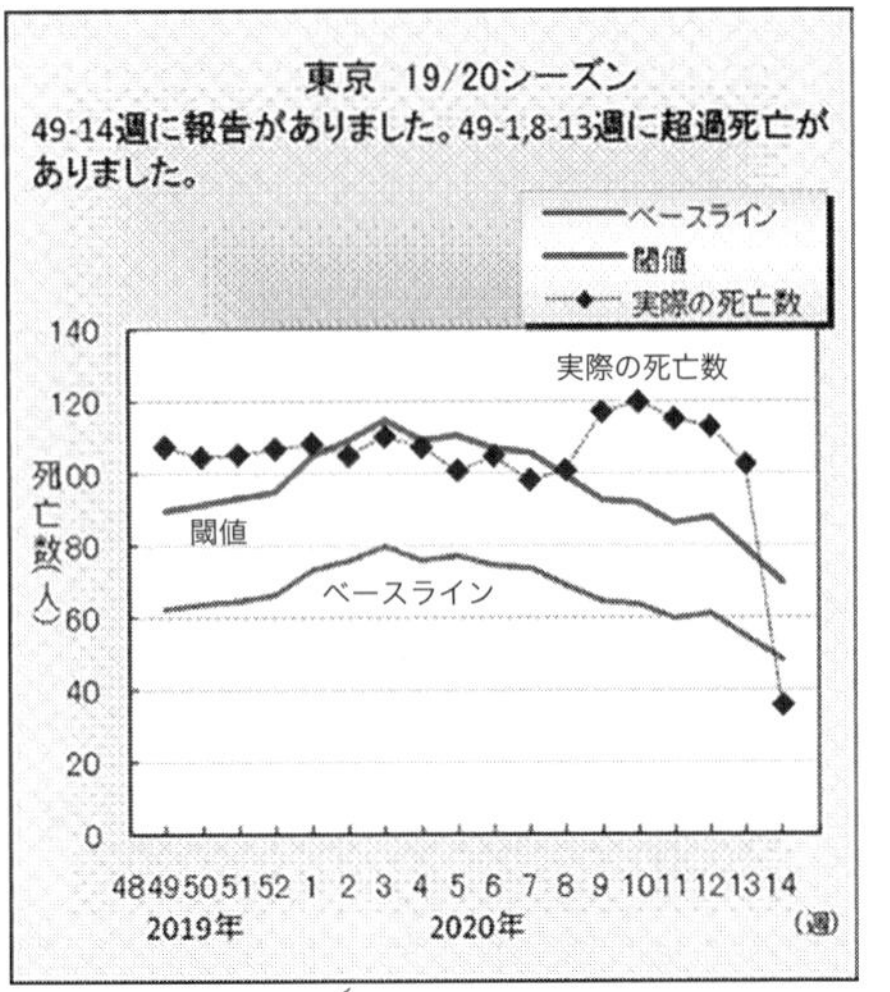

図A。国立感染研が5月7日に公表

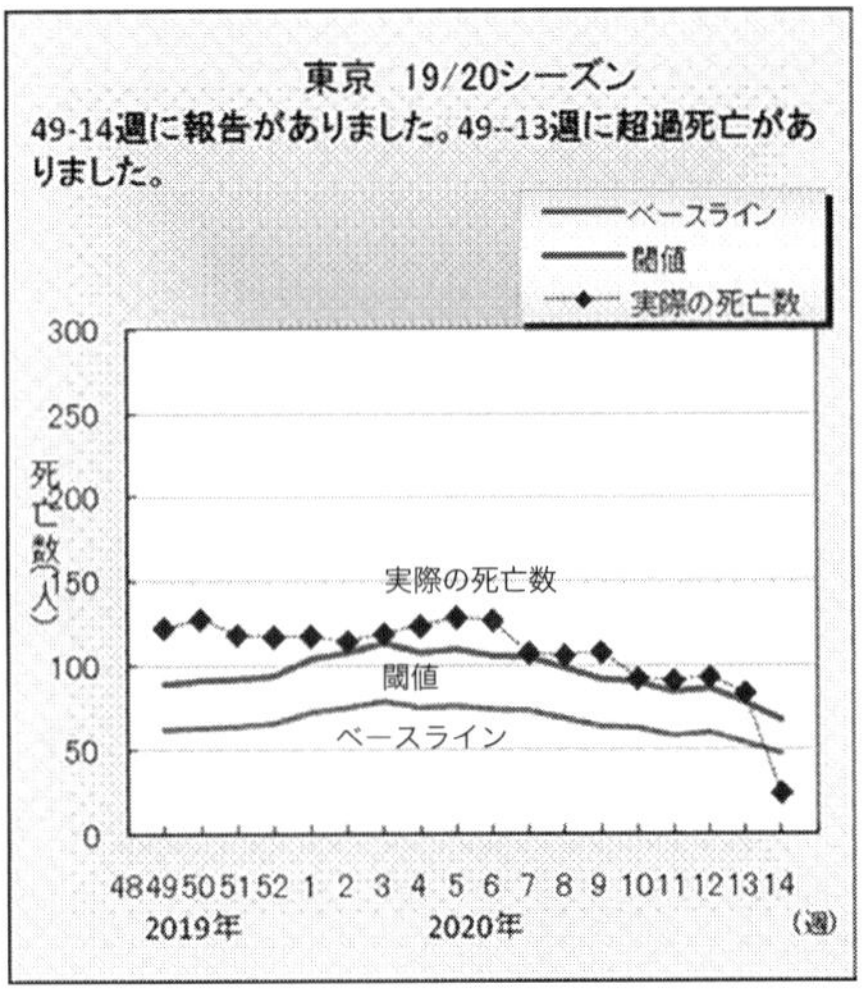

図B。国立感染研が5月24日に公表

この問題は、有効なコロナウイルス対策を進める上で国際的に注目されている「超過死亡」統計のグラフが大きく変化していた疑惑で、公表している国立感染研と並んで統計を担当している厚生労働省の健康局結核感染症課が取材に応じた。まさに指定感染症を担当する課だ。

この問題を簡単に復習しておくと、国立感染研のＨＰに5月7日に公表されていた「超過死亡」

のグラフが、緊急事態宣言が解除された日の前日の5月24日、まったく違う形のグラフに変わっていたという問題だ。

この変化によって、5月7日公表グラフでは2月中旬から3月終わりにかけて大きい「超過死亡」が見られたのに、5月24日公表グラフではその「超過死亡」分がそっくり消えていた。

あまりに大きく変動していたために、「超過死亡」記事を紹介した私のツイートに対して、私のフォロワーの方々から「改竄されたのではないか」との声が多く寄せられたが、統計数値を直接取りまとめている国立感染研は、私の問い合わせに素っ気ない回答しか与えなかった。

この国立感染研に代わって直接取材に答えたのは、感染研とともに「超過死亡」統計を担当する厚労省結核感染症課に所属する梅田浩史・感染症情報管理室長と、同室の井上大地・情報管理係長。6月2日、取材に応じた。

厚労省結核感染症課の主張

取材の結論をまず示しておくと、梅田、井上両氏は「超過死亡」統計グラフの作り方を懇切丁寧に説明したが、最終的に誤解を解くデータについては最後まで明らかにしなかった。

梅田、井上両氏の説明を噛み砕いてシンプルに示しておこう。

二つのグラフの間で大きく変化していたのは2月17日から3月29日にかけての死亡数。厚労省は東京都23特別区の保健所に対して、死亡小票を作った時点から2週間以内に死亡者や死因などを報告するように通知しているが、今年の場合、コロナウイルスへの対応に忙しく、「週によっては三つか二つの保健所からしか報告が来ない時もあった」（梅田感染症情報管理室長）という。

23特別区からの報告がそろわない時には、仕方なく「報告保健所数の割合の逆数を乗じて」（国立感染研ＨＰ）いる。

つまり、例えば23区のうちひとつの保健所からしか報告がなく、その報告が死亡者数５人であれば、「報告保健所数の割合」23分の１の「逆数」である１分の23に５人を乗じて、死亡数を１１５人と推定する、という計算法だ。

これが厚労省の通知通り２週間以内に報告が出そろえば大した問題は生じないが、今回のように、１か月以上過ぎても報告がほとんど来ない事態ともなれば大変な問題となる。グラフのあまりの大きな違いに「改竄ではないか」という疑念まで生んでしまう。

グラフが大きく変化していた論理はわかった。では、この厚労省結核感染症課の説明は正しいのだろうか。

根拠の数字は頑なに示さず

理由を述べたこの論理については、私はもちろん説明を受ける以前から知っていたが、その根拠となる数字については最後まで「公表していない」という返事しか聞けなかった。何月何日にどの保健所が何人の死亡者数を報告という数字をすべて明らかにすれば、先ほど紹介した計算をしてすぐに結果が出るのだが、なぜか明らかにされなかった。

「新型コロナに対する超過死亡の数字が重要だということは我々も理解しています」

こう語った梅田感染症情報管理室長は、COVID-19対策が注目されている現在、第2波の襲来が予想されている今年秋までにCOVID-19対策専用の「超過死亡」統計を作ることを私に明言した。

しかし、1か月以上経っても、東京都23特別区内にある保健所から死亡者数の報告さえ上がってこない現状で、そのようなCOVID-19対策専用の「超過死亡」統計など作って運用できるのだろうか。

井上情報管理係長によれば、保健所は、報告書の死因欄に「肝臓癌」や「肺炎」などと手書きで書き、OCR（光学的文字認識）機械にかけるという。

だが、OCRにかけようとパソコンに直接入力しようと、まず「2週間以内」という時間は遅すぎる。「ランセット」はCOVID-19対策のためにリアルタイムでの「超過死亡」数値の活用を訴えている。

「ランセット」は、PCR検査による新規感染者数がCOVID-19の感染の勢いを正確に映していない恐れがあるために、単純な「超過死亡」数をリアルタイムで活用することを求めているのだ。

PCR検査数が極端に少ない日本にこそ求められるリアルタイム統計だが、「2週間以内」ではあまりに遅すぎるし、コロナ対応に忙殺されていたとはいえ、1か月経っても死亡者数さえ報告されない現行の保健所体制ではまったく意味をなさない。

未知のウイルス襲来に忙殺奮闘された保健所職員の方々の努力を軽視しているわけではない。COVID-19のようなパンデミック・ウイルスを迎え撃つ体制としては、保健所には限界があると言っているのだ。

保健所の仲介をなくせ!

体制としての保健所の限界は、「超過死亡」統計の問題だけではない。基本的なPCR検査体制については、さらに明確に指摘できる。

私自身、発熱してからPCR検査を受けるまでに10日間を要し、指定された保健所に電話しても何日間も繋がらなかった。私のような事例は特別なものではなく、社会的には「検査難民」という言葉まで生まれた。これは文字通り保健所のキャパを超えていることを表している。

しかし、例えば、ここで発想を変えて、保健所の仲介をまったくなくしてみたらどうだろう。何か困るようなことはあるだろうか。毎年のインフルエンザの検査は保健所などは通さない。かかりつけの開業医から民間検査会社にまっすぐ検査依頼が行くだけだ。

だが、そうなるとPCR検査依頼が殺到して医療崩壊を招きかねないという心配の声が出てくる。その問題の対策には二つの方法が考えられる。

まず、COVID-19を感染症法に基づく指定感染症から外して、無症状者や軽症者は医療機関以外の施設に大量に入所できるようにする。

次に、韓国が全国69の既存病院をコロナ専用病院に転換させたように、COVID-19を迎え撃つ医療体制の再構築を進めることだ。

医系技官の天下り問題

このような政策転換は努力すれば可能だが、実は問題は簡単ではない。保健所体制の問題には、厚労省や国立感染研などを含む医系技官の人事問題、つまり天下りの問題が絡んでいるからだ。

この問題に関しては、医系技官問題を細大漏らさず知り尽くす上昌広・医療ガバナンス研究所理事長が懇切丁寧に解説してくれた。その説明に耳を傾けよう。

戦前にできた保健所は元来、徴兵制度のサポートシステムだった。強兵養成のために栄養失調などを事前にチェックする役目を負い、戦後はGHQの下で、性病検査やチフス、コレラ、結核対策に活用された。

GHQは保健所長に医師を充てる政策を採り、食中毒取り締まりなどの「衛生警察」の役割も担わせた。このため、保健所は戦後に特殊な権限を持つ役所に生まれ変わり、同時に厚労省の前身である厚生省もGHQの指揮下で、高等文官試験（現在の国家公務員試験）を通らなくても同省の官僚となれる医系技官制度を採用する。

この医系技官官僚が独特の人脈を形成し、厚労省と国立感染研、そして保健所や地方衛生研究所との間で独自の人事交流、つまり天下りのネットワークを形作っていく。

ところが、保健所そのものは中曽根康弘政権時代以来、行財政改革の主要な標的とされ、その存廃問題が常に医系技官たちのトラウマとなってきた。

1990年代のエイズウイルスやO157、あるいは2000年代に入ってからのSARSや新型インフルエンザなどはそのような心配から医系技官たちを解放してくれた。

しかし、COVID-19の場合はPCR検査のキャパがあまりに大きく、放っておくと保健所体制をはるかに超えるＰＣＲ検査の流れができてしまう。そうなると、保健所不要論の声がまた大きくなり、再び悪夢の行財政改革の標的とされてしまう。保健所がＰＣＲ検査仲介の権限をしぶとく手放さない深い理由はそこにある。

第2波に備えてＰＣＲ検査拡充を！

中国は5月14日から6月1日の19日間で、武漢市民の「全員検査」を実施し、約９９０万人にＰＣＲ検査を受けさせた。１日あたり約52万人の計算だ。これにはかなり劣るがニューヨーク市は１日あたり４万件のＰＣＲ検査が可能になった。

翻って日本の場合は、全国で１日あたり2万２０００件のＰＣＲ検査が可能になったと厚労省が5月15日に発表している。

この差は、アイロニカルに表現すれば、まさに安倍首相の言う「日本モデル」から来ている。つまり、日本独特の保健所体制に絡む医系技官の人事問題に由来しているのだ。

ＰＣＲ検査自体は難しい検査ではない。民間検査会社や大学の研究室ではまだまだキャパが余っている。人の手を介さない全自動機械も日本のメーカーが開発製造している。しかし、保健所が検査仲介の権能を手放して検査会社に検査の自由を認めない限り、検査会社も全自動機械などは導入しない。

安倍首相は現在のところ、ＰＣＲ検査拡充を阻むこのような問題に取り組む姿勢を微塵も見せていない。医療体制の再構築なども念頭にはないようだ。このままでは第1波と何ら変わらない体制のまま大きい第2波を迎えることになるだろう。

安倍首相は本来、中曽根元首相や小泉純一郎元首相の流れを汲み、積極的な行財政改革に取り組むのではないかと見られていた。トラウマを抱える医系技官人脈にとっては警戒すべき政権だった。ところが、当の安倍首相にはそのような問題意識はまるでないことがまもなく明らかになり、天下りを夢見る医系技官にとっては夢を紡ぐ安全安心の政権と転じることになった。

ＣＯＶＩＤ-19第2波の危機的な状況を前にしても、そのような問題に気が付いている節は安倍首相にはまるで見えない。

「第2波の危機を前に、基本的なＰＣＲ検査の拡充などはまったく絶望的ですね」

私の問いかけに上昌広・医療ガバナンス研究所理事長は深く頷いた。

ポスト安倍は「麻生」か「菅」か／安倍vs二階の攻防激化

安倍内閣総辞職の可能性強まる。「佐藤栄作」越えの24日以降か

２０２０年08月21日

日本政界は一転、風雲急を告げる雲行きとなってきた。

私が得た情報によると、８月24日以降、安倍晋三内閣は総辞職する可能性が強くなった。後継自民党総裁の調整などでまだ波乱要因があるが、情報では安倍首相の精神的疲労が大きく、首相職を継続する意欲が相当減退しているという。

８月24日は、安倍首相の連続在任日数が大叔父の佐藤栄作元首相の２７９８日を超えて歴代単独トップとなる日。この日以降、このトップ記録を花道に首相を退くことになりそうだ。

逆に言えば、これほど長い期間首相を続けながら「レガシー」として語られるような功績を何一つ残すことができなかった。何とも皮肉な花道と言える。

安倍首相は「麻生内閣」、二階幹事長は「菅内閣」

私が得たこの情報は最新のものであり、まず最重要の情報を真っ先に書いておこう。安倍首相は自身の後継者として麻生太郎副総理を推しているようだ。

これに対して、二階俊博自民党幹事長と菅義偉官房長官が強い難色を示しているという。情報によれば、二階氏らは「世論に批判の強い麻生首相では選挙はボロ負けになる」として「菅首相」の意向を示しているそうだ。

安倍内閣総辞職に向けてもう一つ重要な調整課題となっているのは、肝心の総辞職の理由だ。「体調不良」が理由ではあまりに「不名誉」と首相自身が考えているらしく、公職選挙法違反罪で起訴された河井克行前法相の任命責任を第一に考えているようだ。

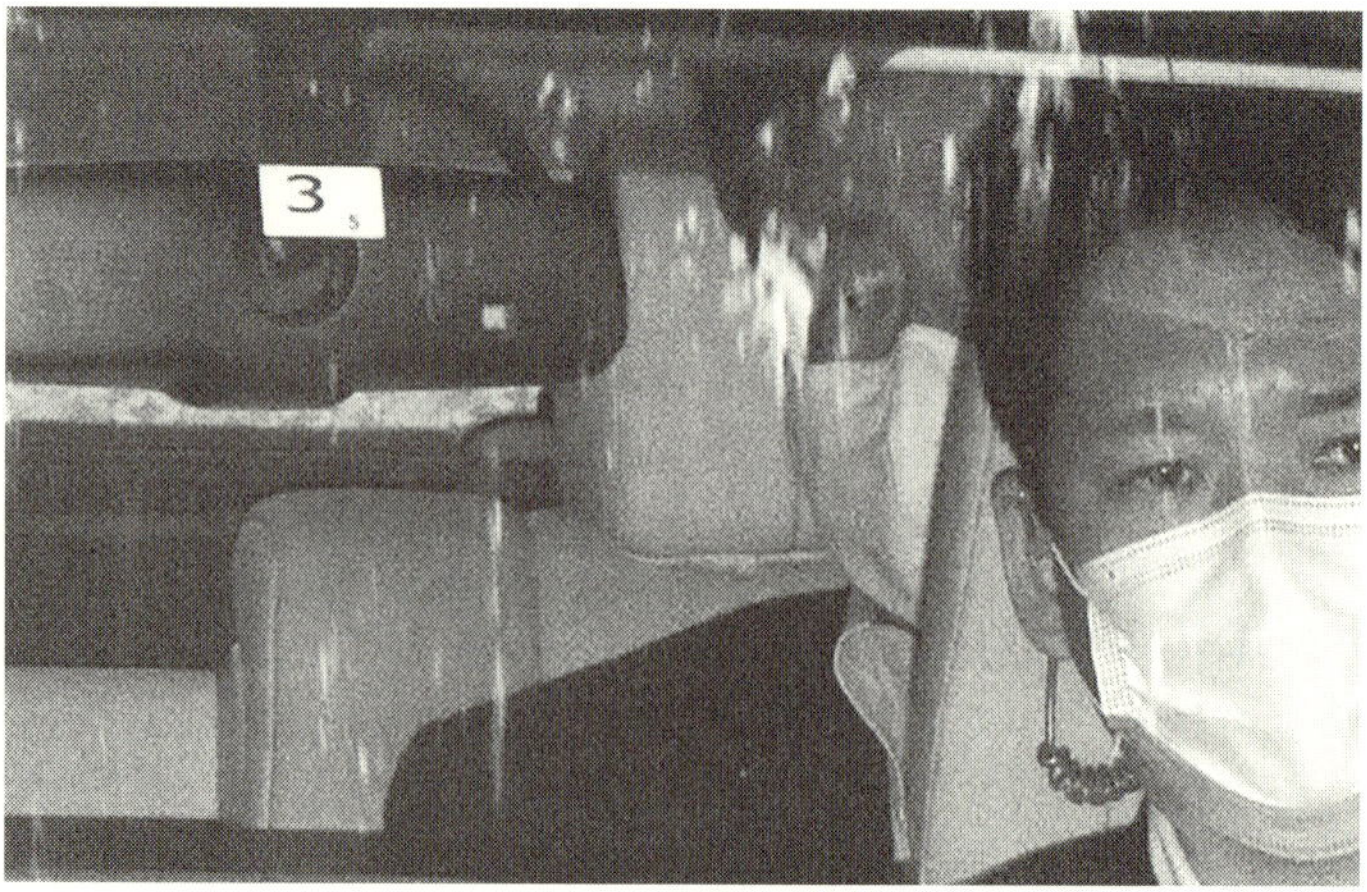

慶応大学病院を出る安倍晋三首相(奥＝2020年8月17日、東京都新宿区

風雲急を告げる情勢となったのはここ19日と20日あたりで、安倍首相が慶應大学病院を受診した17日と翌日の18日までは、安倍首相自身の「体調不良」の問題を除いては自民党周辺では波風は立っていなかった。

「首相吐血」の真偽

安倍首相の体調問題と言えば、第1次政権を投げ出した原因とされる持病の潰瘍性大腸炎が指摘される。

17日に5台の車列を組んで向かった慶應大学病院では7時間半ほど病院内に留まった。安倍首相の周辺が弁明した「追加検診」「通常の健康チェック」という言葉では説明がつかないほど長い滞在時間に、「持病が悪化したのではないか」などと様々な憶測を呼んだ。

個人の健康というセンシティブな問題について、外部から論評することは一般に適切ではない。だが、国家の最高権力者の健康問題はこの国で暮らす多くの人々の暮らしに直結する重大問題だ。まして今はコロナ禍という国家的危機にある。国会も首相の記者会見も開かれず、首相の健康状態について首相官邸から明確な説明がない現状において、首相の健康を巡る情報を分析し、考察を加えることは許されるであろう。

私はこの17日夜から18日未明にかけて、安倍首相の病院入りの真相について複数の情報を得た。それらの情報はツイッターですぐにツイートした。フリージャーナリストである私は、掴んだ情報は情報源を特定されないように細心の注意を払いながら即座に流すことにしている。

国民が知るべき情報について、自分一人が胸に秘めておく特権は私にはないからだ。そのツイートの一つは次のものだ。

また追加情報が入った。昭恵と親しい元代議士が確認したところ昭恵は一笑に伏していたとの事。「小さい頃から仮病に関しては迫真の演技をする」という父晋太郎による晋三評もあるそうだ。元代議士による有力情報。先頃流れた吐血の話もウソ情報。国民相手に観測気球多すぎる。

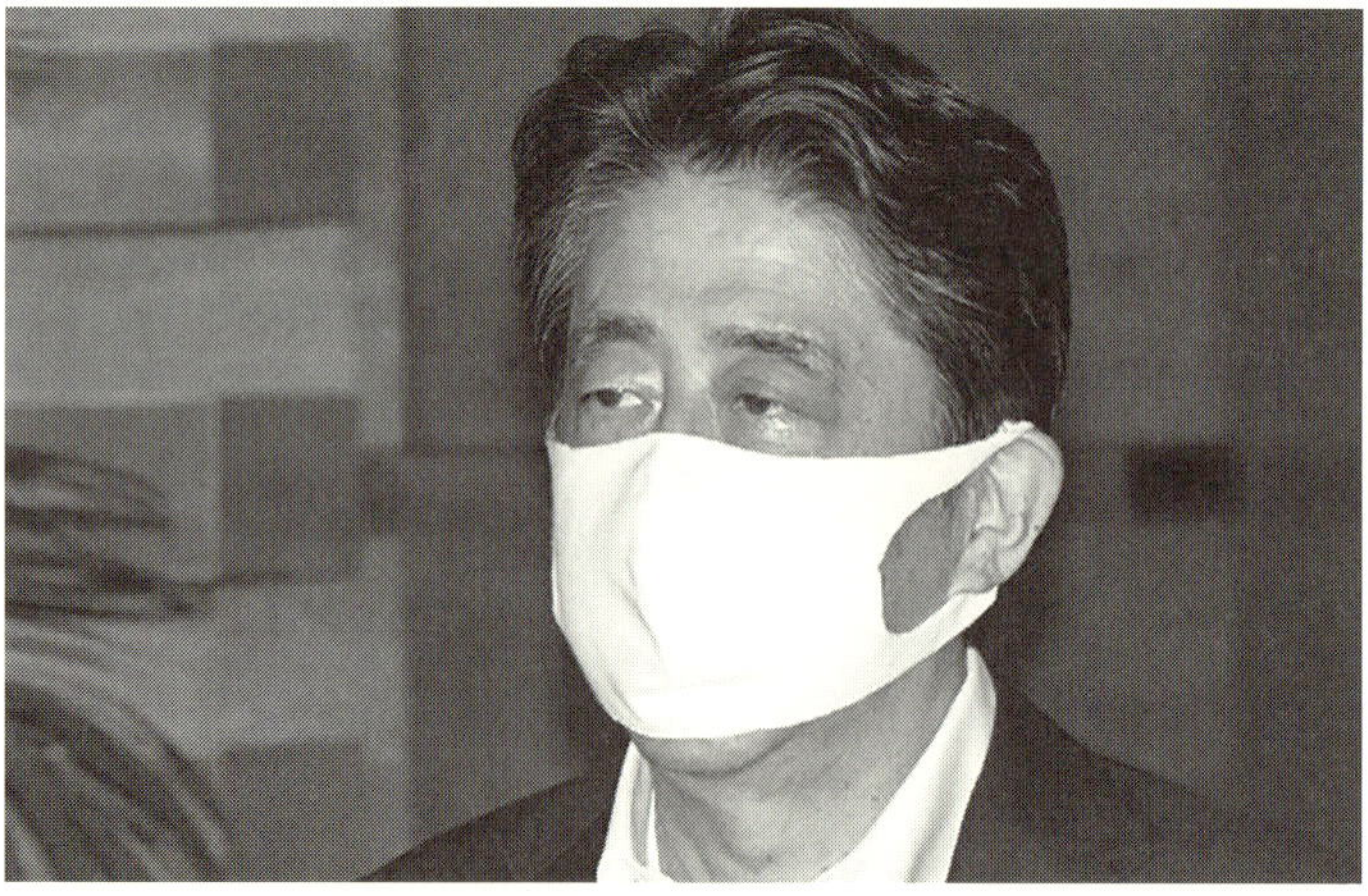

首相官邸を出る安倍晋三首相＝ 2020 年 8 月 20 日、首相官邸

断っておくが、私はツイッターでは公人や著名人にはほとんど敬称を略させていただいている。字数が限られている上に、特に政界関係者に対しては国民の一人からの「つぶやき」という趣旨を貫くためだ。

だが、「一笑に伏して」は「一笑に付して」の間違いである。この点は私のミスだ。

このツイートに対する安倍首相支持層からの反響は凄まじいものがあった。しかし残念なことにと言うか驚くべきことにと言うか、386もあったリプライコメントの内容はほとんど同一だった。私がかつて在籍していた朝日新聞社への批判で、文言も寸分変わらないものが多かった。政界の司令塔筋からの指示に基づくものかもしれない。

「安倍総理が、7月6日に首相執務室で吐血した」

週刊フラッシュがこの情報を流したのが8月4日発売号。私はこの話に関しても真偽を疑う情報をすぐに掴み、ツイートした。

「極秘情報」が漏れたわけ

冷静に考えていただきたい。権力の中枢にいる政治家にとって健康問題は極めて重要な情報だ。

健康問題に不安を抱える権力者に付き従っていく者は少ない。

戦後の日本政治史を見ても、第55代首相を務めた石橋湛山は軽い脳梗塞を起こしてすぐに辞任、安倍首相の祖父、岸信介が後継首相となった。第58—60代首相の池田勇人の場合は喉頭がんを本人にも告知せず側近議員が池田退陣まで隠し通したという。

安倍首相が「吐血」にいたるような極めて深刻な健康問題を抱えていた場合、「吐血した」という情報は政権中枢の限られた範囲の人間しか知ることはできない。そのような極秘情報を中枢の人間が外部に漏らすだろうか。

まず漏れるはずがない「吐血」情報が週刊誌に掲載されているということは、その情報を故意に流した人間が官邸内に存在することを意味する。週刊フラッシュの記者は、その人間が極秘情報を知る立場にいることを理解しているからこそ記事を執筆したはずだ。つまり、極秘情報を流した人間は何らかの意図を持って記者に伝えたに違いない。

その意図とは何か。

「吐血」情報を皮切りにして、安倍首相の周辺からは首相の「休みなし」の勤務状態、疲労蓄積の話が沸き上がり始めた。

中でも、最も安倍首相に近いとされる甘利明・自民党税制調査会長は8月16日のフジテレビの番組で「(安倍首相は)ちょっと休んでもらいたい」と延べ、翌17日には、こんなツイートをした。

何で次から次へと日程を入れて総理を休ませないんだ！　疲れ切っているのに！」「いくら言っても聞かないんです。本人が休もうとしないんです。先生からも説得して下さい！」私と総理秘書官とのやり取りです。色々なお叱りはあります。しかし側で見る限り総理は間違いなく懸命に取り組んでいます。

安倍首相に最も近い甘利氏が首相の「疲労蓄積」を訴え、本来は秘密にしておくべき最高権力者の秘書官との「やり取り」を公然とツイートする。

その日の朝、安倍首相を乗せた専用車を中にした5台の黒塗りの車列がテレビカメラの放列の前を次々に病院内に入っていく。池田元首相の事例

閣議前に笑顔で言葉を交わす安倍晋三首相（右）と甘利明経済再生相＝2016年1月26日、首相官邸

を引くまでもなく、ここまで自らの健康問題をさらけ出す権力者はまれだろう。

「総辞職の理由」は？

安倍首相は河井元法相夫妻の選挙法違反事件をはじめ、たび重なる事件や不祥事などで追い詰められていた。加えてコロナウイルス対策にほとんど熱意を見せず、日本列島はウイルスの第2波に飲み込まれつつある。どういう対策を打つべきなのか、その方向性さえ掴めていないようだ。そしてコロナ・パンデミックのために10月には東京オリンピック・パラリンピックの中止が本決まりとなる公算が強い。そうなれば、来年9月の総裁任期切れまで政権浮揚のチャンスはなく、解散総選挙の機会はない。

さらに11月の大統領選を控える米国では、安倍首相の盟友トランプ氏が苦境に立たされ、民主党副大統領候補に指名されたハリス氏の人気により、バイデン候補の勝利がより一層有力となった。安倍首相にとっては、外交面でも高い壁が築かれつつある。

一方、野党側は立憲民主党と国民民主党が合併して自民党に対抗する核ができつつある。追い詰められた安倍首相の周辺が考えついたのが、安倍首相の「体調不良」と、それをおして健気に解散総選挙に挑戦するというシナリオだったのではないか。政界の常識に反し、通常なら考えられないシナリオだが、そこまで追い詰められていたとも言える。

ただ、考えてみてほしい。ウイルスの第2波に見舞われつつある日本で、対策の方向性さえままならぬなかで、解散総選挙をめぐる虚実ないまぜの情報が跋扈する異様さ、否、無責任さ。だが、これらはすべて、首相の健康問題という国家の重大事態について、首相自身や首相官邸が明確な説明を避けていることに起因するものであろう。

これでコロナ第三波を乗り越えられるのか

先にも記したが、安倍首相は後継者として麻生副総理を熱望しているという。河井元法相夫妻の選挙違反事件では通常の10倍に当たる1億5000万円を河井案里参院議員に交付し、「桜を見る会」でも

参院予算委で言葉を交わす安倍晋三首相(左)と麻生太郎財務相＝ 2020 年 3 月 16 日

安倍首相側に公職選挙法違反や政治資金規正法違反の疑いが指摘されている。

自民党有力者の中で安倍首相が最も親しい麻生副総理以外の議員が後継首相となった場合、刑事捜査の手が安倍首相側に伸びてこないという保証はない。情報によれば、後継首相の人選は、最終的には安倍首相と二階幹事長との間の調整にかかっている。

しかし、この調整では、現在最も急を要する政治課題であるコロナウイルス対策などについて、後継者選択の基準になっているという情報はまったく耳に入ってこない。

麻生後継首相となった場合、この冬に予測されるコロナウイルスの第3波襲来の波を乗り越えられるか、非常に危惧される。

「安倍・麻生」vs「二階・菅」国家権力を私物化する総裁選の行方

麻生総理、二階総裁、菅幹事長……「総総分離」案も浮上!?

2020年08月29日

8月28日午後5時、安倍晋三首相は珍しくも左右前方のプロンプターなしに記者会見に臨んだ。プロンプターがないためか記者たちの質問に対する答えは短く、質問に立つ記者たちの数もいつになく多かった。

午後6時ちょっと前、最後から二人目に質問に立った西日本新聞女性記者の質問は、その中で最も意味のある質問だったと私は思う。

「森友学園、加計学園、桜を見る会の問題など国民から厳しい批判にさらされたこともあったと思います。こういったことに共通するのは、政権の私物化といったことではないか。それについて総理はどう考えますか」

この指摘の通り、7年8か月にわたる安倍政権を読み解くキーワードは一言で言えば「政権の私物化」だろう。これに対して安倍首相は、話し始める前に1秒足らず目を瞑り、こう答えた。

「政権の私物化はあってはならないことでありますし、私は政権を私物化したという気持ちはまったくありませんし、私物化もしておりません」

安倍首相が記者会見で本音をしゃべることはない。このタイプの会見者の場合、記者側は西日本新聞記者のような本質的な質問をズバリと聞かなければ意味がない。特に今回のような「辞任表明」が予告された重要な会見の場合、記者たちが最も本質的と考える質問をしなければ時間の無駄と言っても過言ではない。

この日、会見に先立つ3時間前の午後2時、NHKや民放各社はほとんど一斉に「安倍首相、辞任表明へ」という速報を流した。安倍首相が辞任の意向

記者会見で辞任表明し、質問に答える安倍晋三首相＝ 2020 年 8 月 28 日、首相官邸

を固めたという記事（『ポスト安倍は「麻生」か「菅」か／安倍vs二階の攻防激化』）を私が「論座」で公開した8月21日からほぼ1週間経過して、報告した記事内容が現実のものとなったわけだ。

私が安倍首相の記者会見を受けてここに書き記すレポートも、いまだひとつの経過報告に過ぎない。しかし、この経過報告は非常に驚くべきもので、その内容を一言でまとめるとすれば、ズバリ「政権の私物化」である。これをお読みになる読者はさぞ憤ることだろう。

河井夫妻の公選法違反事件

「政権の私物化はあってはならないことであります」

安倍首相はそう語ったが、西日本新聞記者の質問にあったように「森友学園、加計学園、桜を見る会の問題」は、多くの国民の目からはまさに「政権の私物化」問題に見える。

念のために記しておけば、政権とは国民の公的な負託があって初めて構築できるもので、そこに自らや自らの周囲の人間を益するような私物化が存在すれば、道義的な批判を招くどころか即座に刑事問題となるべきものだ。

西日本新聞記者の質問の中には例示されていなかったが、安倍首相の頭を悩ますもう一つの大きな刑事疑惑問題が存在する。「辞任表明」記者会見3日前の8月25日に東京地裁で初公判が開かれた河井克行、案里両夫妻の公職選挙法違反事件だ。

この事件は、昨年7月の参院選で河井夫妻が、選挙区の広島県議や広島市議ら有力者計100人に計約2900万円を配ったとされるもので、その原資となったかどうかはよくわからないが、自民党本部は案里候補者に1億5000万円もの破格の運動資金を交付していた。

1億5000万円は通常の候補者の10倍もの交付金。有力者らに配った金額をそのまま引き算すれば残りの1億2000万円あまりはどこに消えたのか、という問題が残る。政党交付金の分配は党幹事長の仕事だが、これだけの資金を出すには当然ながら安倍自民党総裁の許可が必要だ。

案里候補者の選挙運動には安倍首相の複数の秘書が参画していたことも知られている。私に入ってきた情報によれば、東京地検特捜部は、

参院選で広島選挙区に立候補した自民党の河井案里氏と街頭演説する安倍晋三首相＝2019年7月14日、広島市

1億2000万円の消えた先とともに、このあたりのことにもいまだに強い関心を持ち続けているようだ。破格の資金交付を許可し、自らの秘書たちが深く関わってきた選挙だけに、安倍首相にとっては公判途中でどのような事実が出てくるか非常に気になる事件だろう。

麻生副総理の地元案件

安倍首相が辞任表明をした28日の午前10時36分から同11時11分まで、特別に時間を取って二人だけで話し込んだ人物がいた。麻生太郎副総理兼財務相だ。何を話し込んだのかはわからないが、私に入ってきた情報では、安倍首相は自らの後継首相として麻生副総理を強く推している。

私が安倍首相の「辞任意向」を初めて伝えた21日以降、首相後継をめぐって、安倍首相の推す麻生副総理と、二階俊博自民党幹事長の推す菅義偉官房長官との対決の構図が続いている。

そして、この麻生副総理も、疑惑に発展しかねない大きい問題を地元で二つほど抱えている。

ひとつは安倍首相の地元である山口県下関市と麻生副総理の地元、福岡県北九州市を結ぶ約6キロの下関北九州道路の建設問題だ。この道路は1980年代から計画が持ち上がっていたが、2008年には完全凍結された。財政難が凍結の理由であり、その財政事情は現在も何ら変わっていない。

ところが、安倍首相、麻生副総理の下で2019年度に調査が再開された。19年4月、当時の塚田一郎国土交通省副大臣（麻生派、その後落選）が「総理とか副総理は言えないので、私が忖度した」と発言、「忖度道路」と呼ばれて大きな問題となった道路だ。

総工費数1000億円とされるこの道路が本格着工となれば、麻生副総理の実家であり自ら社長も務めた麻生セメントを中核企業とする麻生グループは大きく潤う。

本当に「忖度」なのかどうか、塚田氏は後に発言そのものを撤回しているが、調査再開の背後に横たわる不透明な構造は解明されていない。

麻生副総理に関係するもう一つ気になる問題は、広島県呉市に本社を構える企業が、北九州沖の響灘で進める洋上風力発電事業だ。

閣議に臨む安倍晋三首相（左）と麻生太郎副総理兼財務相＝ 2020 年 8 月 28 日、首相官邸

独立行政法人「新エネルギー・産業技術総合開発機構」（ＮＥＤＯ）から補助金を受けて進めているものだが、この企業の社長が代表を務める政治団体は、麻生副総理の資金管理団体「素淮会」に対して、２０１７年に２０００万円、翌18年にも１０００万円を寄付している。

以上の二つの案件はジャーナリストの山岡俊介氏が主宰するアクセスジャーナルで7月29日と8月22日に公開されたものだが、実を言えば、私はそれと同時かその以前からそれらの情報に接していた。

東京地検特捜部が、麻生副総理が関連するこれらの案件に関心を持っているという情報は今のところない。しかし、河井案里氏への1億５０００万円供与をはじめとする安倍首相関連の案件には深い関心を持っている。

「官邸の守護神」とも呼ばれた黒川弘務前東京高検検事長が賭け麻雀で失脚。「守護神」を失った安倍首相が新たな「守護神」として「麻生後継」を強く推す構図はよく理解できる。

秋元司衆院議員のＩＲ事件

一方、「麻生後継」に対して「菅後継」を押し立てる二階幹事長の方の事情はどうだろうか。

今月20日、ＩＲ事業をめぐる汚職事件に絡んで、秋元司衆院議員が再逮捕されて社会に驚きが走った。保釈中の身でありながら、贈賄罪で起訴された中国企業側に虚偽証言をするよう持ち掛け、報酬の提供を申し出たというのだからあきれ返った人も多いにちがいない。

しかし、自民党を離党するまで秋元衆院議員が所属していた派閥のリーダー、二階氏は別の意味で衝撃を受けた可能性がある。

再逮捕容疑を冷静に眺めてみると、証人買収の申し込みをしたのはあくまで秋元衆院議員の支援者。しかも、支援者は申し込みをしただけで実際に現金を渡したわけではなく、秋元衆院議員は自身の関与を否定している。

保釈中の国会議員の再逮捕は極めて珍しい上に、再度の身柄拘束に踏み切るにしては容疑が弱い。秋元衆院議員側からしてみれば、再逮捕事案がこう見えたとしても不思議ではない。

安倍晋三首相の会見が終了した後、記者の取材に応じる自民党の二階俊博幹事長＝2020 年 8 月 28 日、東京都千代田区

地検が秋元衆院議員の身柄を抑えて追及する狙いは他に何かあるのではないか。ＩＲ担当の内閣府副大臣となった背景には派閥会長である二階幹事長と菅官房長官の力があったとされる。二階幹事長は地元和歌山県のＩＲ誘致をバックアップし、菅官房長官は、これも地元の横浜市のＩＲ誘致を推している。

つまり、菅官房長官と二階幹事長は、ともに秋元衆院議員をつなぐ線で結ばれており、大なり小なり検察の動きには敏感にならざるをえない。こちらの方も黒川「守護神」不在の現在、検察の動きを抑える上で政権を離れるわけにはいかないのだ。

急浮上した「総総分離案」

「安倍・麻生」VS「二階・菅」の対決構図はこうして8月21日以降激化の一途をたどってきた。私に入ってきた情報によると、当初は強気の「安倍・麻生」組が優勢だったが、その後「二階・菅」組の多数派工作が功を奏して形勢逆転。これに麻生副総理の不人気が輪をかけていたが、その後、秋元衆院議員関連の検察情報が「安倍・麻生」組に入ってさらに形勢再逆転……。

安倍首相が辞任表明をした28日夜には、この情勢を受けて「二階・菅」組が驚くべき妥協案を提示した模様だ。

日本国総理と自民党総裁を二人の人物で分け合う「総総分離」案だ。この案によると、総理に麻生氏、自民党総裁に二階氏、党幹事長に菅氏などとなっているようだ。官房長官には麻生派議員の名前が挙がっているという。

この「総総分離」案は、1980年の「大福戦争」の時の大平正芳総理、福田赳夫総裁案、1982年の中曽根康弘総理、福田赳夫総裁案などがあったが、いずれも調整に失敗している。

しかし、今回浮上した「総総分離」案は、以上説明してきたように、ともに疑惑の発覚を抑えようという意図から出た妥協案。そこにあるのは、国民のための政治とは縁もゆかりもない、まさに「政権の私物化」というキーワードで一括りできるような発想から湧き出た代物である。

安倍首相の辞任表明を受けて、事態は非常に流

麻生派のパーティーであいさつする自民党の二階俊博幹事長＝2018年4月12日、東京都千代田区

動的だ。この原稿を書いている最中にも、急を告げる新情報が自民党筋から入ってくる。そのひとつは、「総総分離」案と矛盾するかのような総裁選の日程だ。

それによると、今後の道行きは「9月12、13両日に両院議員総会を開いて新総裁を決定、同23日に組閣内定、同25日に臨時国会召集、首班指名」となる。その場合、9月28日か29日に衆院解散、10月25日投開票というシナリオまでついている。

しかし、同時に入ってきた情報によると、「総総分離」案はいまだに消えていない。上記のような日程は流れているが、最後の最後までもつれるのではないか、という予測だ。

その場合、まさに最終段階で「総総分離」案が出てくる可能性がある。「現下の国難に立ち向かうべく強力なオール与党体制を立ち上げた」などと標語的に言いふらすのだろう。

しかし、改めて指摘するまでもなく、このような妥協成立は「悪の談合」と言うべきものであり、良識のある国民が最も嫌悪するものだ。

自民党議員はもう一度政治の初心に立ち返り、党員にまで開かれたフルオープンの総裁選を堂々と実施すべきだ。その選択をしない場合、そう遠くない未来に大変なしっぺ返しを食らうことになるだろう。解党という事態もありうると私は思う。

デジタル庁に忍び寄るアマゾン〜国家の機密情報や国民の個人情報は大丈夫か？

菅政権「デジタル改革」の罠（1）

2020年09月27日

菅義偉氏が首相になって初めて本格的な仕事に乗り出した。9月23日午前10時過ぎ、首相官邸。地味な灰色の背広に議員バッジとブルーリボンバッジをつけて、ノーネクタイ姿でテレビカメラに向かった菅氏は、こう語った。

「デジタル庁の創設は今までにないスピードで取り組む必要があります」

私は一時期、菅氏と連絡を取り合いながら仕事を進めた経験があるためにわかるが、その語調には特別の気負いがなかった。

閣僚全員が出席して、菅氏の左手側にはデジタル改革相の平井卓也氏が座った。個別の政策で全閣僚が集まる初めての会議となったデジタル改革関係閣僚会議。政権が掲げる最大の看板政策でありながら、初めての関係閣僚会議の冒頭に発言した菅首相に特別の気負いが見られないのはどういうわけだろうか。

「官民問わず能力が高い人材が集まって社会全体のデジタル化をリードする組織にする必要があります。そのための検討を加速し年末には基本方針を定め、次の通常国会に必要な法案を提出したい」

菅首相は気負いもなく、こう続けた。

その言葉に気負いが感じられないのは、「社会全体のデジタル化」や「行政のデジタル化」について、自身の中で時間をかけて問題が練られてきたためだろう。

しかし、この問題を最後まで練り上げれば、現在打ち出されている政策の方向性はおのずと違った方向に向かっていたのではないか。私にはそう思われる。

菅政権が進めようとする日本の行政の「デジタ

「デジタル改革関係閣僚会議」の初会合で発言する菅義偉首相(左)。隣は平井卓也デジタル改革相＝ 2020 年 9 月 23 日、首相官邸

ル化」の方向と、それが招来する驚くほど深刻な未来図を3回に分けて報告しよう。

「行政の縦割りを打破し規制改革を断行するための突破口」

まず認識しなければならないのは、極めて深刻な事態に向かって駆け下る急坂への第一歩は、すぐ目の前、10月1日から早速踏み出されるということだ。

この日、日本の全省庁が利用するIT基盤である「政府共通プラットフォーム」の次期基盤に米国の民間企業Amazon の AmazonWeb Services（AWS）のクラウド・コンピューティング・サービスが使われる。

これはどういうことを意味するのだろうか。

平井卓也氏は、デジタル改革相に就任した9月17日未明の記者会見で、コロナ対策のための10万円特別定額給付金について、問題点をこう指摘した。

「コロナ禍でわが国のデジタル化の課題が顕在化した。特別定額給付金10万円を届けるにあたってコストが1500億円もかかったというのは、デジタルの世界ではありえない。各府省、地方公共団体が縦割りでデジタル基盤整備をしているために、地域や分野横断での情報活用が進んでいない」（ABEMATIMESから引用要約）

私に入ってきた情報では、この問題意識は菅首相も共有しており、デジタル庁創設を発想した要因のひとつになった。

たしかに給付金を自治体に配るのに、事務費が正確には1458億7900万円もかかったのでは「何か無駄があるのでは」と思われても仕方ない。このような事態を避けるために、各府省や地方公共団体がそれぞれ縦割りで築いている「デジタル基盤」をなくしていき、まさに統一された「政府共通プラットフォーム」にチェンジしていこうということだ。

東京有数の繁華街、渋谷駅内外の再開発をイメージしていただきたい。古くなった駅構内と周辺を統一されたコンセプトの下に新しく構築し直していく作業だ。地上と地下で構築されつつあるこの作業を、デジタルの世界で中央省庁からスタートして将来的には各自治体にも広げる。こうして、共通のコンセプトの下にITの統一共通プラットフォームを全国に張り巡らせてしまおうという計画だ。

菅首相自身、9月23日の関係閣僚会議で、その狙いを一言で言ってのけている。

「(デジタル庁は)行政の縦割りを打破し規制改革を断行するための突破口」「国、自治体のシステムの統一・標準化、マイナンバーカードの普及促進を一気呵成に進める」(9月23日付朝日新聞夕刊)

狙いは明確であり、これが国民の利便性アップにつながるなら歓迎すべき政策と言えるだろう。

しかし、菅首相のこのアグレッシブな姿勢も、デジタル化政策の下に横たわる巨大な前提を考えに入れると、歓迎すべく挙げた手を降ろさざるをえない。

「マイナンバーカードの普及促進を一気呵成に進める」

問題となる巨大な前提というのは、「国、自治体のシステムの統一・標準化」の基盤となる次期政府共通プラットフォームを提供するベンダーがAmazonであるという事実だ。

菅首相は「国、自治体のシステムの統一・標準化」と並んで「マイナンバーカードの普及促進を一気呵成に進める」と言っている。

デジタル改革相となった平井氏の正式な大臣名称は「平井内閣府特命担当大臣（マイナンバー制度）、デジタル改革担当、情報通信技術（ＩＴ）政策担当」だ。

国会審議中に自分のタブレットでワニの動画を5分間も見続けたことで有名になってしまった平井氏。その正式な大臣名称にある通りマイナンバー制度普及の特命も負っている。

「ワニ好き」は本人も認めているところだが、祖父や父親も国会議員で、地元高松市に本社を構える四国新聞社の社主は母親。上智大学外国語学部を卒業した後、電通に入社。その後、西日本放送社長を経て衆院議員となった。

その平井氏は、自民党政務調査会のIT戦略特命委員会委員長だった2016年5月24日に「マイナンバー制度利活用推進ロードマップ」（平井プラン）を作成しており、その「平井プラン」が、昨年6月4日に安倍内閣が決定した「マイナンバーカードの普及とマイナンバーの利活用の促進に関する方針」の下敷きとなっている。

政府のデジタル化を進める上でマイナンバー制度の促進は欠かせないということだ。つまり、10万円の特別給付金を国民一人一人に送るにしても、各自治体がそれぞれに個別の銀行を通じて送金するのではなく、マイナンバーとリンクしたそれぞれの口座へネットバンキングを通じて送れば、手数料も事務費も格段に低廉化でき、期間もぐっと短縮できるというわけだ。

このマイナンバーカードの最大の付加価値は何

初登庁し、記者の質問に答える平井卓也デジタル担当相＝ 20209 月 17 日、東京都千代田区

と言っても他の制度とのリンケージにある。現実的に日程に上りつつあるのは健康保険証や運転免許証などとの紐づけ。

さらに「平井プラン」から見ると、住民票や印鑑登録証明書、戸籍謄本をコンビニなどで交付するための証明カードになる。民間部門でも、キャッシュカードやクレジットカード、デビッドカード、各種ポイントカード、診察券、お薬手帳、さらには各種資格試験や入学試験の受験票、興行チケット販売時などの本人確認などにも使用される。

要は、あらゆる個人情報とリンケージするということだ。

そして、この「マイナンバーカードの普及促進を一気呵成に進める」とともに、その基盤となる「国、自治体のシステムの統一・標準化」をAmazonのAWSに一任するという政策だ。

このことは、どういう未来を招来させるだろうか。

国民の個人情報がアマゾンに!?

Amazonはもちろん言わずと知れた米国の支配的な情報技術企業、GAFA（グーグル、アマゾン、フェイスブック、アップル）のうちの一社。1995年7月に創業者ジェフ・ベゾスが米国ワシントン州シアトルにオンライン書店としてサービスを開始。事業を拡大して成功してからは、シアトルは世界的な航空機メーカーであるボーイングの企業城下町からAmazonのそれに変わった。

Amazonは2002年7月にクラウド・コンピューティング・サービスAWSを開始した。AWSの世界的シェアは33％前後で、2位のマイクロソフトAzureの13％前後を大きく引き離してトップを走っている。

クラウド・コンピューティング・サービスというのは、ユーザーがインターネット・ネットワークを通じて外部の企業などが持つ情報システム（サーバー）から情報処理のサービスを受けることを言う。

10月1日から始まる「政府共通プラットフォーム」の場合には、ユーザーである日本政府が、外部企業であるAmazonのAWSサーバーから情報処理サービスを受けることになる。

アマゾン創業者のジェフ・ベゾス最高経営責任者（CEO）＝2019年9月25日、シアトル

つまり、ここまでの文脈を一言で要約して言うと、戸籍謄本や銀行口座、クレジットカードからお薬手帳に至るまで、国民一人一人のほとんどの個人情報が米国の民間企業Amazonに引き渡される恐れが強いということだ。

マイナンバー制度については、安倍政権の時から、「個人情報が漏洩されることはない」と政府関係者が何度も繰り返している。

しかし、冷静に考えてみよう。顧客情報などについて苦労してハッキング行為をするまでもなく、自ら保有するサーバーの中に一国すべての国民情報が入っている。この場合、中身をビッグデータの形で覗いてみたいという誘惑に駆られない経営者がいるだろうか。

外交・防衛の機密情報は大丈夫か？

国民の情報だけではない。菅首相は「国、自治体のシステムの統一・標準化、マイナンバーカードの普及促進を一気呵成に進める」と言っている。つまり、AmazonのAWS内部に入る次期政府共通プラットフォームには、総務省や厚生労働省、財務省、金融庁などだけでなく外務省や防衛省などの情報も載ることになる。

高市早苗前総務相は5月20日に更新した自らのホームページ上のコラムで、こう記している。

「外国ベンダーを利用することについては、『セキュリティの観点から問題はないのか』という懸念をお持ちの方も居られると思います。（略）必要なセキュリティ対策をしっかりと行うこととしました。ちなみに、『特定秘密や極秘文書』を取り扱うシステムは、『第２期（次期）政府共通プラットフォーム』の利用対象外になっています」

防衛や外交分野の機密情報についてはAmazonのＡＷＳに載らず、従来の個別対応システム（オンプレミス）の方で管理するから心配は要らないという話だ。

しかし、私が専門家に取材したところによると、この高市前総務相の話も絶対の信頼を置けるようなものではない。

専門家によると、システムを構築するシステム・エンジニア（ＳＥ）は普通、「バックドア（非常口）」と呼ばれるデータ・アプローチの抜け道を作っておく。非常口のない建物がないように、万一の時に備えて、正面口から入れない場合の裏口を設けておく。

つまり、いったん次期政府共通プラットフォームを作ったからには、従来の個別対応システムにも通じるような「バックドア」を設え、自由に行き来できるようにしてしまう恐れがあるというのだ。

外交や防衛の機密情報を考えた場合、Amazonと米国政府との関係が気になる。果たしてどうだろうか。これも専門家によると、米国政府はＧＡＦＡに対し様々な形で出資している。米国中央情報局（ＣＩＡ）は多数のダミー企業を通じて出資関係を築いているようだ。

さらに言えば、Amazonは多国籍企業で、経営陣を含め多国籍の人たちの集合体だ。そのような企業形態を考えた場合、日本外交や防衛の機密情報などが海外に漏れ出る可能性は格段に高まってくると想定される。

菅首相をはじめとする政府関係者たちは、このような事態を想定しなかったのだろうか。あるいは、想定はしていても、日本のメーカーには任せられない特別な事情があったのだろうか。

アマゾンに日本政府のＩＴ基盤を丸投げする菅政権〜ＮＴＴデータはなぜ敗北したのか

菅政権「デジタル改革」の罠（2）

２０２０年09月28日

今から１６７年前の１８５３年、浦賀沖に米国ペリー提督率いる黒船が来航して徳川幕府は上を下への大混乱に陥り、明治維新につながっていった。それ以来、日本人の保守的で慣習に流されがちな側面を揶揄して「黒船が来ないと改革はできない」としばしば表現される。

10月1日から、次期政府共通プラットフォームは米国企業のAmazonが提供するＡＷＳ（Amazon Web Services）のクラウド・コンピューティング・サービスに移る。この事態をわかりやすく言えば、「みんなで黒船に乗って改革してもらおう」という話だ。

「みんなで乗れば怖くない」という意識が安倍政権の方針を引き継いだ菅政権にはあるのかもしれないが、本当に「怖くない」のか。

幕末の黒船には吉田松陰が乗り込もうとしたが、その話とはまるで違う。松陰は身を捨てても先進文明を学ぼうとする覚悟を決めていたが、現在の日本政府は黒船Amazonの単なる客だ。しかも、国民や政府の機密情報が大々的に流出するリスクにも目をつぶって乗ろうとしている。

「AWSは国内各社より優れていました」

Amazonにみんなで乗ることを決めた安倍内閣の総務相、高市早苗氏は日本会議国会議員懇談会の副会長でもあり、右翼的な言動が目立つ。

その高市氏は今年5月20日、自らのホームページ上のコラムでこう綴っている。

「私は、『第2期（次期）政府共通プラットフォーム』について、何とか『純国産クラウド』で整備できないかと考えていました。昨年9月の総務大臣就任直後、『設計開発の一般競争入札』は昨年3月に終わっていたものの、諦め切れずに、改めて国内各社のクラウドサービスとの比較・検証を行いました」

愛国の情がそうさせたのか、高市氏はAmazonと国内メーカーとの比較、検証の再調査をしたと記している。だが、その結果についてはこう続けている。

「日本人としては残念ですが、十分な比較・検証の結果、AWSは、『セキュリティ対策』も含め、『クラウドサービスのメリットを最大限活用するという点』で、国内各社のクラウドサービスよりも優れていました」

本当にそうなのか。この高市氏の言葉に対して、私が取材した日本有数のセキュリティ設計専門家は問題の深さをこう指摘している。

「ふざけるなという話ですよ。それだったら、なぜもっと早く国内メーカーや専門家にそういう問題提起をしなかったのでしょうか。問題は政府基幹システムのアプリケーションもセキュリティも今後はAmazonに従うということです。もっと早く議論すれば専門家や学者がいろんな意見を出したでしょう。安倍さんや菅さんのやり方はまさに独裁でしょう。議論や意見の出しようがない」

しかし、この専門家も高市氏も、Amazonなどの海外勢に比べて日本の国内メーカーが技術力で劣っていることを認めている。

記者会見する高市早苗総務相＝ 2019 年 11 月 8 日、東京都千代田区

なぜ、こんな状態になってしまったのだろうか。

ＩＴゼネコンの市場寡占が日本のＩＴ産業を衰退させた

私は日本の国内メーカーがどんどん力を落としていった２００７年から09年にかけて、この問題を集中的に取材したことがある。

この問題は、メーカー側を取材してもその原因はなかなか見えてこない。むしろ、クライアント側に目を移すことによって問題の所在がはっきりと浮かび上がってくる。当時の取材現場からわかりやすい事例を二つほど挙げてみよう。

２０００年7月、国税庁システム構築の入札で驚くべきことが起こった。最終的に61億円の契約となったが、当初ＮＴＴデータがわずか1万円で応札してきたのだ。いったんシステム構築の仕事を取れば、以後の随意契約で高値の改修作業を取り続けることができるからだ。

ＮＴＴデータのこの入札はふざけたやり方だが、このころ日本の大手ＩＴ企業はやはりそれぞれの縄張りを確保しようと躍起になっていた。

経済産業研究所の報告によると、２００１年度の政府調達ではＮＴＴや日立製作所、ＮＥＣ、富士通の４大グループで6割、これに東芝や日本ＩＢＭなどを加えた10大グループで8割を受注していた。

これら大手グループのトップ企業は2次下請け、3次下請けなどの多重構造ピラミッドの頂点に君臨しているため、土木建設業界のゼネコン企業にちなんで「ITゼネコン」と呼ばれている。このITゼネコンの市場寡占こそ、日本のIT産業が衰退していく最大の要因となった。

2001年4月、日本総合研究所から長崎県にひとりのシステムエンジニアが出向してきた。同県の最高情報責任者（CIO）に就いた島村秀世氏だ。

島村氏は当初建設業界のゼネコンで電算業務を担当していたが、日本総研に移って金融機関の電算化を手掛けた。だが、子会社へ出向していた時に、技術力があっても中小IT企業はなかなか受注できず、ブランド力だけで受注していくITゼネコンのやり方に疑問を感じていた。

国税庁システムを1万円入札で落としたNTTデータのやり方は極端な事例だが、当時のITゼネコンは縄張りを築くためにかなり貪欲な姿勢を見せていた。

このため、自治体からのIT調達改革を目指していた長崎県の呼びかけに「大喜びで飛びついた」（島村氏）。

私が長崎県庁に島村氏を訪ねた時、彼の「実績」のひとつが真っ先に目に飛び込んできた。長崎県の観光案内映像などを流すディスプレイのコンピューターは地元業者が県内の電器店で買った部品で作り上げたもので、製作費は70万円。ITゼネコンに発注すれば300万円程度は取られた。

島村氏はまず県庁職員自身のＩＴ知識向上を目指した。このため、職員全体の休暇システム作りを育児休暇から復帰したばかりの30代の女性職員に任せた。この職員は当初、パソコンでメールや検索ができる程度で、入門書からスタートしなければならなかった。しかし、地元業者と打ち合わせを重ねて半年後には設計書を完成させるまでにこぎつけた。

第一歩から始めて職員全体のＩＴ知識の水準もどんどん上がり、大手業者に依頼すれば数百万円かかりかねない少々のシステム変更などは職員自身がこなせるまでになった。

このために長崎県全体のシステム製作費は年を追って低下し、地場企業の受注割合は増加していった。

ＩＴゼネコンはいったんシステム構築を受注すると設計仕様などのソースをクローズする。こうしておけばこのシステムには他社は入れず、翌年度以降の改修事業などは黙っていても随意契約で入ってくる。これは、自治体や国税庁などの中央省庁だけではなく、民間企業でも同じ構図だ。

このクローズドソース体制に挑戦したのが長崎県であり、島村氏が率いる同県の職員たちだった。

「韓国モデル」を下敷きにしたオープンソース

もうひとつの事例を紹介しよう。

沖縄県浦添市はＩＴコンサルタント企業と共同して独自の業務システムを開発した。さらにこのシステムの設計図を公開して、他の自治体に共同管理を呼びかけた。このように設計や仕様を公開するやり方をオープンソース体制と呼ぶ。

先のクローズドソース体制に対して、システム全体を社会の共有財産にしようという考え方である。こうしておけば、自治体や中央省庁のシステム構築は競争の下に置かれ、予算低廉化とＩＴを中心とした社会全体の進化につながっていく。

私が取材した２００９年に稼働を始めた、地方税や国民健康保険、年金などの「基幹系」と呼ばれるシステムの発注価格は約8億円で、ＩＴゼネコンを使っていたころに比べて半分以下で済んだ。

これを可能にしたのは2年間かけて実施した市役所の業務見直しだ。余計な手続きが減れば、それだけシステム構築費は安くなる。

「なぜ、ここでその作業が必要なんですか」

見直し期間の間、コンサルタント企業の社員が市の職員の後ろにはりつき、一つひとつの作業の意味を洗い出し、作業の効率化を目指した。

極端な例は、小中学生の保護者への就学援助だった。それまで申請から通知までに必要だった20もの作業をわずか二つの作業にまで減らせることがわかった。

いかに無駄な作業をしていたか。すべての作業を見直した結果、システム費用が安くなっただけでなく、市職員も業務に習熟した。以前はシステム構築や補修をすべて大手ITメーカーに任せきっていたが、職員自身がシステムや市全体の業務を幅広く知るようになった。

そして、この先進的な事例を考える上で欠かすことのできない視点は、このオープンソース体制は「韓国モデル」を下敷きにしたという点だ。

浦添市のこの新システム構築を裏で支えていたのは、ITコンサルタントの廉宗淳（ヨムジョンスン）イーコーポレーションドットジェーピー社長だ。

廉氏はソウルの工業高校を卒業後、韓国空軍で3年間、戦闘機のエンジン整備に携わった。除隊後、夜間大学でITプログラムを勉強し1989年に初来日。当時はIT先進国の位置にあった日本の企業でプログラム作成の仕事をした。

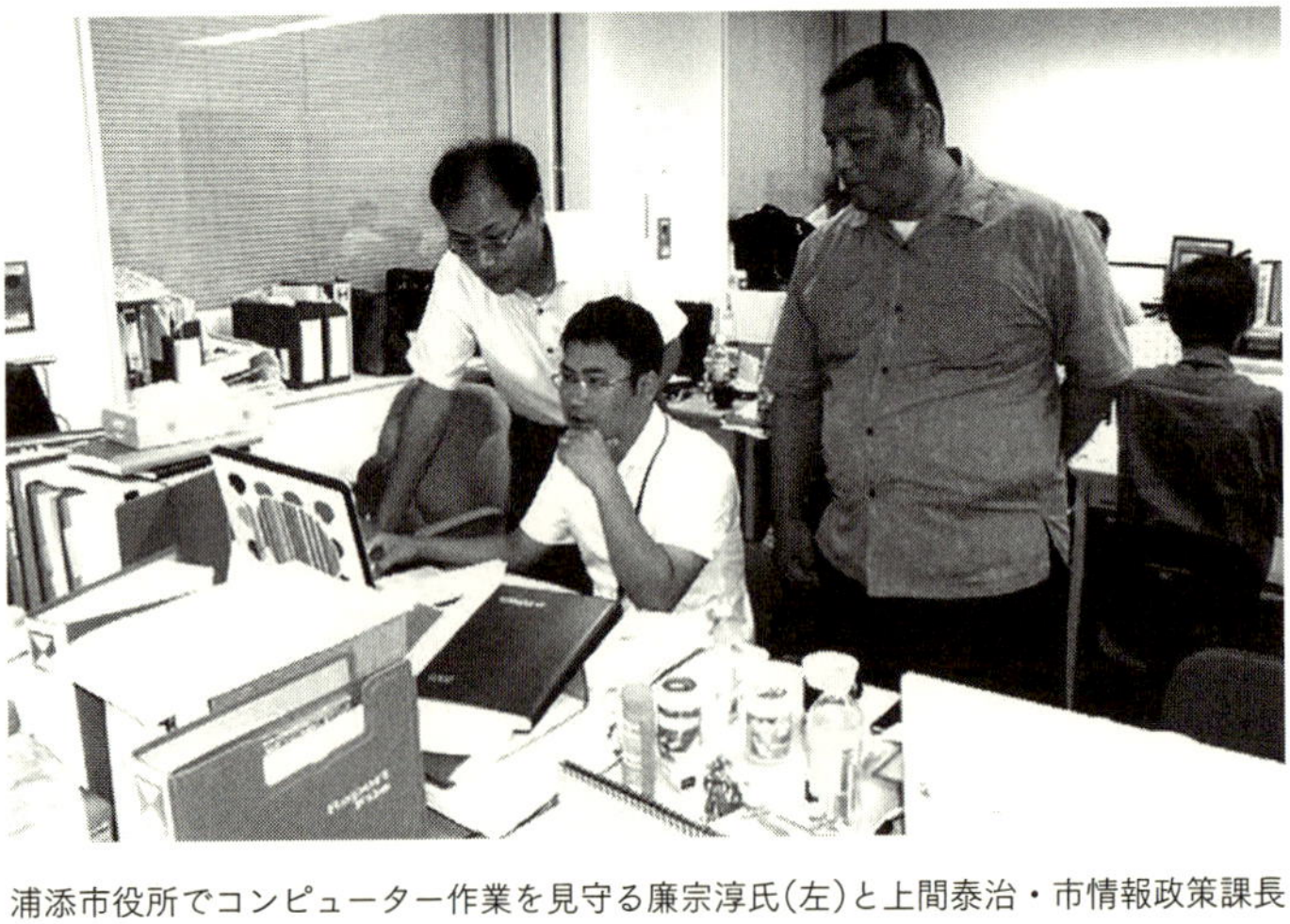

浦添市役所でコンピューター作業を見守る廉宗淳氏（左）と上間泰治・市情報政策課長＝2009年8月31日

1991年にいったん帰国し、97年に再来日するが、そのころから韓国はIT分野で日本を追い抜き始めた。

再来日後ITコンサルタント企業を作り、病院関係のコンサルタントから佐賀市や佐賀県、青森市、そして浦添市など自治体のIT改革を手掛けた。

「私は現代のIT朝鮮通信使を自任している。日本に韓国の方法を伝えたい」

廉氏は当時、私にこう語っていたが、現在IT分野では韓国は日本のはるか先に行ってしまった。同じ浦添市役所で、決済書類がいまどこの部署にあるか一目瞭然に見えるパソコンのディスプレイを初めて見た時、私は大変な驚きを味わった。便利なこの小システムを開発したのが韓国の若者が立ち上げた小さいベンチャー企業だと聞いて再び驚かざるをえなかった。

「台湾のオードリー・タンは日本には出てこない」

IT社会全体がオープンソース体制を取っているために若者のITベンチャー企業がどんどん出てきている。このためにIT社会全体のイノベーションが日々新たになり、韓国はIT五輪の世界で常にメダル争いを演じるまでに成長した。

翻って日本は、ITゼネコンだけが、外界から閉じた秘密のソースの中でいつまでも随意契約で楽な儲け口を見出しているクローズドソース体制によって、技術のイノベーションは衰え、IT業界全体が没落の道をたどっている。韓国がメダル争いを演じている一方、日本は10位台から20位台をウロウロしているのが現状だ。

「日本人は不思議なんですよ。自分たちは何か科学技術に非常に優れた民族で日本製品は素晴らしいと思っている。確かにそういう時代はあった。だけど、今や全然そうではない」

日本有数のセキュリティ設計専門家はこう言葉を継いだ。

「日本製のコンピューターのモニターなんかもう存在しないですから。ぼくはここ20年、一貫してLGのモニターしか買っていませんが、やっぱりLGは素晴らしいですね」

LGエレクトロニクスはサムスン電子に次ぐ韓国電機業界のナンバー2。同社の液晶モニターのシェアは世界トップクラスだ。

まだ日本のIT技術が世界トップレベルにあると思われていた2000年のころ、この専門家が韓国で講演したことがある。その時、会場の収容能力2000人のところを5000人が詰めかけ、講演の後半は質問攻め、ホテルに引き上げてからも韓国の自治体関係者が質問のために部屋に押しかけてきた。

当時の韓国は日本のIT技術を吸収するためにそのくらい貪欲だった。ところが、今や韓国のIT企業のホームページを開くと、この専門家でも教わりたいくらいの技術が載っているという。

「もう韓国には勝てないです。いや勝つ勝てないじゃなくて、もう日本はキャッチアップもできないでしょう」

専門家はこう話し、さらにこう続けた。

「日本のＩＴゼネコンには秀才が１００人いるんですよ。だけど、秀才１００人は一人の天才に勝てないんです。それがコンピューターセキュリティの世界なんです。日本ではみんなで天才の足を引っ張る。『お前は静かにしてろ』というわけです。だから、台湾のオードリー・タンは日本には出てこないんです」

国内ＩＴ産業は消失の危機

言葉を変えて言えば、クローズされた縄張りの中で随契の儲けを稼いでいくＩＴゼネコンの世界では、

台湾のオードリー・タン氏

「天才」の頭に閃くイノベーションはむしろ邪魔になる。

オードリー・タンのいない日本のITゼネコンは、最初の政府共通プラットフォームの構築に失敗した。NTTデータが中心となって構築するはずだったが、2016年9月、会計検査院はあらゆる面で「不十分」と指摘した。

さらに2018年には、利用実績がゼロだったために約18億円かかったこのシステム自体をそのまま捨ててしまう事態にまで追い込まれた。

昨年5月、この失敗の後を受けて、次期政府共通プラットフォームの設計・開発などの請負業務一般競争入札があった。落札したのはアクセンチュア。同社はAmazonのAWSの利用を前提に設計を進めていたようだ。

この点は発表がないためよくわからないが、専門家によれば、Amazonのクラウド・コンピューティング・サービスによる次期政府共通プラットフォームの試験走行はすでに相当の距離を走っているのではないか、という。

菅首相は9月25日、自治体のシステムについて、「全国一斉に迅速な給付を実現するため、25年度末までをめざし作業を加速したい」（9月25日付朝日新聞夕刊）と述べた。

また、マイナンバーカードについても、2022年度末にはほとんどの国民が手にするよう、普及策を加速するように指示した。

ここまで書けば、菅首相の頭の中はCTスキャンをかけたようにはっきり見えるだろう。

つまり、菅首相が考えていることは、国内ベンダーはどこも頼りないから米国のAmazonに日本政府全体のIT基盤構築を全部やってもらおうということだ。そして、新政権最大の目玉のデジタル庁はその露払い役というわけだ。

「みんなで黒船に乗って改革してもらおう。みんなで乗れば怖くない」

菅政権の本音の合言葉は恐らくこのようなものだろう。しかし、本当に「怖くない」のか。

例えば、これまで政府共通プラットフォーム構築のイニシアティブを執ってきたNTTデータは今後確実に退いていく。同じように、他の中央省庁システムを担当していたITゼネコンの業務も確実に縮小していくだろう。

確かに、これまで見てきたように、日本のITゼネコンの業容縮小は自業自得の面も少なくない。しかし、一国の経済政策、産業政策の側面から見れば、自前のIT産業全体の消失にまでつながりかねないこのような政策は、とても歓迎できたものではない。もっとはっきり言えば、21世紀の産業を引っ張るIT技術を自ら捨てるこの政策は、まさに亡国の政策だ。

確かに長年続いてきた自民党政権はIT業界の構造的な重大問題に目をつぶり、問題を放置してきた。しかし、専門家や学者らが議論を重ねれば、日本のIT産業をきちんと守りながら業界全体に改革を促し、政府共通プラットフォームの構築についてもソフトランディングさせる方法が出てきたかもしれない。

私は菅首相に問いたい。その道を模索する努力も払わず、黒船に乗ることを簡単に決めてしまったのはなぜなのか。

デジタル庁初代長官は竹中平蔵氏⁉

菅政権「デジタル改革」の罠（3）

2020年09月29日

東京・永田町の衆議院第2議員会館2階の議員事務所から地下の車寄せまで、その議員は、事務所職員に守られながら私の質問に対して、「知りません」という答えを繰り返した。

民主党政権が下り坂に差し掛かった2012年春から初秋にかけて、私はこの自民党議員、二階俊博氏に関係するIT調達問題の取材にかかり切りになっていた。当時在籍していた『週刊朝日』の同年10月19日号に記事を掲載したが、驚くべきその事実を簡単に紹介しよう。

二階幹事長とIT利権

経済産業省の外局である特許庁は2006年7月以来、「業務・システム最適化計画」に基づいた基幹系システムの全面刷新を進めてきたが、いまだに完成していない。その原因は、最初に発注した東芝の100%子会社「東芝ソリューション」（略称TSOL）がシステム設計に失敗したことにある。

失敗の原因ははっきりしている。TSOLが下請けに出したその企業は、システム設計など一度もやったことがなく実績ゼロだったからだ。

TSOLは実績のまるでないこんな企業に、なぜ設計の下請けを出したのだろうか。

ここで耳を疑うような事実を記そう。この新特許システムの入札説明会の6日前、2006年7月12日午後7時、東京・銀座5丁目のビル4階にある高級日本料理店に、TSOLの担当部長や下請け企業社長、そして当時の経済産業大臣、二階氏の政策秘書らが一堂に会したのだ。

下座に着いたのは元受けのTSOLの面々。上座中

自民党の二階俊博幹事長

央に座ったのは二階氏の政策秘書と下請け企業社長だった。実は、この下請け企業社長は、二階氏の有力後援者の息子だった。

入札直前に担当大臣の政策秘書と受注企業の担当部長、その下請け企業社長という利害関係者全員が会食したという事実は、何とも申し開きのできない不祥事だろう。しかも、実績ゼロの下請け企業社長は担当大臣、二階氏の有力後援者の息子で、この有力後援者自身も下請け企業の関連会社の取締役に就いていた。

私は何度も大阪府泉南市にある経営者の企業を訪ねたが、そこには企業の姿はなく、この社長が経営する介護施設があるだけだった。

前回『アマゾンに日本政府のＩＴ基盤を丸投げする菅政権～ＮＴＴデータはなぜ敗北したのか』で、ＮＴＴデータが国税庁システムを１万円入札したケースを記したが、この特許庁の基幹系システム全面刷新のケースはさらに奥深い闇を抱えている。

ＴＳＯＬはこの刷新開発を99億２５００万円で落札。特許庁はこのうち24億円をシステム設計のために執行。これが何らの成果物を生むこともなく、二階氏の有力後援者関係の企業に入った。また設計の開発管理のために30億円がアクセンチュアに支払われた。つまり、合計54億円あまりの公金が、いずことも知れぬ闇の奥に消えてしまったのだ。

10月１日から次期政府共通プラットフォームは米国企業 Amazon のＡＷＳ（Amazon Web

Services）クラウド・コンピューティング・サービスに移行する。発表がないためにわからないが、未開発のままの特許庁システムもそこに加わる可能性がある。

闇の奥に消えた54億円とともに、濃厚な疑惑もまた疑惑のままに消え去ってしまう可能性が強い。そして、言うまでもなく、日本のＩＴ産業を衰退させてしまった大きい原因の一つは、国民の税金をドブに捨てたこのようなデタラメな入札と腐敗した政治にある。

竹中平蔵氏との会食

安倍前首相が辞意を表明した後、自民党内では、この疑惑を背負ったままの二階幹事長と組んだ菅義偉前官房長官VS疑惑だらけの安倍氏・麻生太郎財務相の暗闘が繰り広げられた。

政策をめぐっての戦いでは到底ない。二階・菅組が暗闘を制して大勢が決まった後、石破茂氏と岸田文雄氏が参加して催された総裁選は装飾の施されたお祭りでしかなかった。

菅氏は首相に就任して2日後の9月18日午前7時25分から1時間あまり、虎ノ門のホテルThe Okura Tokyoのレストラン「オーキッド」で竹中平蔵氏と会食した。

前日の17日には選挙プランナーと会食しているが、首相に就任してほとんど初めに1時間あまりも話し込んだという事実から、菅氏にとって竹中氏がいかに重要な人物であるかということがよくわかる。

　竹中氏は１９７７年に一橋大学を卒業後、日本開発銀行（現日本政策投資銀行）に入行。開銀の本流である企業の設備投資関係を研究分野にし、１９８１年にハーバード大学、ペンシルベニア大学で客員研究員を務めた。

　さらに、大蔵省財政金融研究室研究官や慶応義塾大学助教授などを挟んで、１９８９年にハーバード大学准教授、１９９３年にコロンビア大学の客員研究員などを務めている。

　竹中氏が当時居を定めていた米国では、１９８１年から89年までレーガン氏、１９８９年から93年まではブッシュ氏（父親）が大統領職にあった。共和党全盛時代であり、米経済学界はミルトン・フリードマンを旗頭とするマネタリズムが席捲していた。

　ノーベル経済学賞に輝いたフリードマンの考え方は、

竹中平蔵氏＝2019年3月26日、東京都港区

人間の経済的自由を根本に据え、政府の干渉や介入は極力抑制していこうとするもので、政府の経済政策は金融政策さえ適切に遂行されていれば問題は起こらないという思想に要約される。

しかし、レーガンやブッシュ両氏、さらには英国のサッチャー首相、日本の中曽根康弘首相の政策に強い影響を与えたこの「新自由主義」（ネオリベラリズム＝略してネオリベ）は、それぞれの国に経済的二極化、社会的分断をもたらし、完全に行き詰まっている。

現在の資本主義社会で経済的自由だけを追求していけば、資本力の強い大企業がさらに強くなり、弱肉強食の社会が形成されることは明らかだ。１９８０年代から21世紀初頭にかけて各国が学んだ歴史的教訓だ。

しかし、9月18日午前7時25分から1時間あまり虎ノ門のホテル・レストランで会食した新首相と経済人の対話は、残念ながらこの教訓から取り残された者同士のものだった。

郵政民営化と竹中・菅ライン

竹中氏が日本の政界に躍り出てきたのは２００1年に小泉純一郎政権の経済財政政策担当相に就任してからだ。この時ＩＴ担当相も兼務しているが、その後金融や郵政民営化も担当している。

その竹中氏の名前が社会に広まった最初の大きいネオリベ政策は、規制緩和の名の下に遂行した労働者派遣法の拡大だ。正社員ではない非正規雇用がどんどん増え、景気が悪くなるとどんどん「首切り」の対象となった。

二つ目のネオリベ政策は小泉政権の目玉である郵政民営化だ。

自民党総裁選で菅氏が新総裁に選ばれた9月14日、郵政民営化に反対し続けている元日本郵政公社常務理事の稲村公望氏は、同日付の日刊ゲンダイにこう言葉を寄せている。

「郵政民営化の本質は、『ゆうちょ』と『かんぽ』が保有する膨大な資産を国民から強奪して、外資に売り渡すことだと思っています。（略）竹中平蔵氏、そして菅（義偉）氏のような希代の拝金の謀略家の影がちらつきます。まだ闇の中で、確証はありませんが」

「菅政権では、外資と結託して大儲けを追求する〝国際拝金主義〟がいっそう推し進められていくことになるでしょう。自国ファーストではなく外資ファーストです。（略）国際拝金主義者の菅氏が総理になるとは、恐ろしい時代になりました」

稲村氏が日刊ゲンダイにコメントを寄せたのは、9月11日に、元三井住友銀行頭取で日本郵政初代社長の西川善文氏が死去したことがきっかけだった。

西川氏は２４００億円かけて建設した「かんぽの宿」を１０９億円という破格の安値でオリックス不動産に一括売却しようとして大問題となり、結果的に責任を取る形で日本郵政社長を辞任した。

そして、２００５年11月にこの西川氏を初代日本郵政社長に強引に内定したのが、小泉内閣で総務大臣だった竹中氏と総務副大臣だった菅氏のコンビだった。稲村氏のコメントは、西川氏起用の強引な人事に象徴されるような当時の竹中氏や菅氏の手法を批判したものだ。

郵政民営化に見られるような小泉政権のネオリベ路線は第1次安倍政権に引き継がれ、当の郵政問題も小泉内閣の郵政民営化担当相兼総務相だった竹中氏から安倍内閣の菅総務相にリレーされた。菅氏は竹中氏の路線を忠実に走り続けていたと言える。

ベーシックインカムとマイナンバー

その竹中氏は、今回、菅氏と1時間あまり会食した5日後の9月23日、BS-TBSの「報道1930」に出演して、独特のベーシックインカム論を披露して注目された。

郵政持ち株会社初代社長に内定し、記者会見する西川善文氏（右から２人目）。その奥に竹中平蔵総務相と菅義偉総務副大臣＝2005年11月11日、東京・霞が関

ベーシックインカムというのは、全国民に一定額を無条件で給付し続ける政策だが、竹中氏の論点が独特なのは、その額が毎月7万円という点と所得が一定以上であれば後で返却するという点にある。

そして、この点はあまり注目されなかったが、その所得を捕捉するためにマイナンバーと銀行口座を紐づけることを前提とするという論点も主張された。

竹中氏は国民一人当たり7万円のベーシックインカムを導入する財源として現在の公的年金資金や生活保護費を充当させるとしているが、その主張について言えば、毎月支給されるというその金額の低さに驚く。また、現在の社会的セーフティネットを消滅させる論点からして、時代の進展からはるか遠くに取り残されたネオリベの残映とも言える。

ネオリベは「自由」に第一の価値を置くが、現代資本主義経済社会の中で「自由」を最優先させれば当然弱肉強食の社会となる。竹中氏独特のベーシックインカムを導入すれば、現在の生活保護世帯はたちまちのうちに経済的破綻に追い込まれてしまう。

同じように Amazon という世界的強者に政府共通プラットフォームを完全に委ねれば、日本のITメーカー、IT産業は衰退のスピードを加速させるだろう。それどころではない。

「将来は、日本政府の基幹システムにタッチできる日本のエンジニアは一人もいなくなるだろう。外国の企業に基幹システム構築を任せる国なんか一つもありません。これは一種の売国です」

政府系のシステム設計を手掛けた専門家はこう問題を指摘するが、その論点は実に深刻だ。

「韓国はもちろん自分で基幹システムを構築していますが、中国や北朝鮮、米国などはそれだけじゃなく、ハッカーを国家として育てています。こういう海外からのハッカーから自国のシステムを防御するには、実際の経験を積んで技術や知識をアップデートしないと太刀打ちできません。Amazonに基幹システム構築を任せたことで、今後はそういうエンジニアはいなくなり、もうずっと海外に頼らざるをえないでしょう」

デジタル庁の初代長官

2011年10月、私は野党時代の菅義偉氏に何度か会い、連絡を取り合いながら一つの仕事を共有していた。福島第一原子力発電所事故の国会事故調査委員会メンバー選びだった。菅氏は野党の立場にありながら、このような仕事には隠然たる力を持っていた。

すでに時効を過ぎたから書いてもいいと思うが、この時私は菅氏から相談を受け、メンバーの一人として、脱原発の理論的支柱である元原子炉設計者、田中三彦氏を強く推薦した。

私の説得に応じた菅氏は積極的に動き、田中氏の委員委嘱を実現させた。この時の菅氏に対する私の印象は、静謐な物腰の中にしばしば光る眼光と忠実かつ着実な姿勢だった。これは推測に過ぎないが、竹中氏の雄弁な説得を静かに忠実かつ着実に受け入れる菅氏の姿が見えるような気がする。

しかし、これまでに記してきたように、竹中氏の説得を静かに受け入れるということは、文字通りの亡国政策を採用することを意味する。

第一に、国民のあらゆる情報がAmazonのサーバーの中に入り、日本政府の外交、防衛機密情報までAmazonやその後ろに控える米国政府に漏出する恐れが生じる。Amazonは経営陣や技術者、企業形態も多国籍であるため、情報漏洩先は米国以外さえ考えられる。

第二に、日本政府全体の基幹システムだけでなく、各省庁や自治体の個別システムも基幹システムに移っていくため、日本国内のＩＴ企業は大きい打撃を受け、消滅の危機に陥る企業が出てくる可能性もある。

「マイナンバー制度及び国と地方のデジタル基盤抜本改善ワーキンググループ」で発言する菅義偉首相（右から２人目）＝2020年９月25日、首相官邸

さらには日本のＩＴエンジニアを育てる技術的土壌が小さくなり、21世紀の日本経済を先導すべきＩＴ産業自体が急速に衰えていくことが推測される。

これら最悪の結果を招来する亡国政策は、当然採用してはならない。しかし、私が得た最新情報では、Amazon のＡＷＳクラウド・コンピューティング・サービスは次期政府共通プラットフォームのためにすでに1年近い準備走行を終え、事態は取り返しのつかないところまで来ているようだ。

また、私が間接的に聞いている話では、菅氏は当初デジタル改革相や総務相に竹中氏を充てる案を考えていたが、社会的な反発を恐れた二階氏に止められたようだ。さらに、来年の設置を急いでいるデジタル庁の初代長官には竹中氏を就任させるという仰天情報も耳にした。

そうなった場合、日本経済は衰亡の坂を加速度的に降り、外交、防衛をめぐる情報戦では常に劣勢に立たされ、国益を大きく損なう恐れが強い。三島由紀夫ではないが、強い「憂国」の情を覚える。

パンケーキとグループ・インタビュー／菅首相と政治部記者の歪んだ関係

内閣記者会の記者たちは、もう一度初心に立ち返り真実を追求する志を取り戻すべきだ

2020年10月08日

首相を囲んでパンケーキを食べる会から、「グループ・インタビュー」という奇々怪々な会合まで、この国の権力者とマスコミ各社政治部記者との関係は、かつて見たことのない不可思議な領域に入っているようだ。

原宿で首相と大勢の政治記者たちがパンケーキをモグモグやってる光景は、首相の強弁をそのまま飲み下している記者たちの萎れた精神に通じるものがある。

パンケーキを前に笑顔を見せる菅氏。２万５千件以上の「いいね」がついた＝秋本真利衆院議員のツイッターから

緊張感のないこの萎れた風景に至る道を整理してみよう。

発端は、菅義偉首相による日本学術会議会員の任命拒否だった。

首相は果たして任命拒否できるのか

学術会議の会員は3年に一度、定数210人の半数が交代するが、今回、学術会議が官邸に提出した105人の推薦候補のうち6人が任命されなかった。

このことの大きい問題点は次の3点にある。

第一に、菅首相は果たして任命拒否できるのか。越権行為ではないのか、という疑問点だ。

学術会議は1949年に創設され、翌50年には「戦争を目的とする科学の研究は絶対にこれを行わない」という声明を出し、67年にも「軍事目的のための科学研究を行わない声明」を発している。

さらに2017年には、「軍事的な手段による国家の安全保障にかかわる研究が、学問の自由及び学術の健全な発展と緊張関係にある」として、先に記した二つの声明を継承することを宣言している。

対中戦争から太平洋戦争に駆け下った政府に協力してしまった戦前科学界への痛切な反省が学術会議創設の精神を形作っており、そのことが「学問の自由及び学術の健全な発展」という考え方に背骨のようにつながっている。

この「学問の自由」という言葉は憲法23条の「学問の自由は、これを保障する」という条項から来ている。何者からも圧迫を受けない「学問の自由」が失われた時、その国や国民は未来への探照灯を失う。「学問の自由」を掲げる学術会議の人事に介入することは、こうした圧迫以外の何物でもない。

１９８３年、内閣法制局は学術会議に関係する想定問答をまとめ、首相の任命は「実質任命であるのか」という想定の問いに対して「推薦人の推薦に基づいて会員を任命することとなっており、形式的任命である」と明確に記している。

当時の中曽根康弘首相も「政府が行うのは形式的任命にすぎません」と国会で答弁している。これは当然ながら憲法23条の趣旨と学術会議創設の精神を重く踏まえたもので、これまで唯一の有権解釈とさ

首相官邸前で、日本学術会議が推薦した会員候補が任命されなかった問題について抗議する人たち＝2020年10月6日夜、東京・永田町

れてきた。

　ところが、第2次安倍晋三内閣になって雲行きが変わった。

法解釈はいつ変わったのか

　駆け足で振り返ってみると、2014年7月に集団的自衛権の行使容認を閣議決定、翌15年9月に集団的自衛権を含む安全保障関連法が成立。この動きと並行して14年4月に、それまでの武器輸出三原則が防衛装備移転三原則に変わり、武器輸出や武器の国際共同開発ができるようになった。この新三原則の狙いは日本の防衛産業の育成にあり、15年10月、武器輸出や共同開発などを管理する防衛装備庁が発足した。

　学術会議が2017年に改めて、戦争目的の科学研究を行わないとする声明の継承を宣言したのは、このような安倍政権の動きに危機感を抱いたからだ。

　これまでの報道を整理すると、安倍政権と学術会議の緊張関係が表面化したのは2016年夏。欠員を埋める補充人事で3つのポストに各2人ずつ候補者を提出したが、安倍官邸は難色を示し欠員となった。

　さらに2018年には日本学術会議法を所管する内閣府から内閣法制局に対して法解釈の問い合

わせがあり、安倍政権末期の先月上旬にも再度問い合わせていた。

ここで最大の疑問点は、中曽根内閣時の内閣法制局が内部文書で示していた「首相の任命は実質任命ではなく、形式的任命」であるとする有権解釈が変わったのかどうか、変わったとすればいつの段階で変わったのか、さらに言えば、なぜ変える必要があったのか、ということだ。

もちろん、これらの疑問点に対する回答は国会で明らかにしなければならない。菅首相は、学術会議には政府予算が出ており任命権は首相にあるとしているが、その実質的な権限が生じるのは、前記のようにこれまでの有権解釈が変更された経緯や理由が国会で議論され、国民が納得してからだ。

この意味で、「菅首相は果たして任命拒否できるのか。越権行為ではないのか」という第一の問題点については何一つクリアされていない。

「本当の理由」を言えない菅首相

菅首相の任命拒否が孕む大きい問題点の第二は、首相が拒否した真の理由だ。

今回任命を拒否された6人の学者に共通している点は、第2次安倍政権時の安倍首相や菅官房長官が強引に進めてきた施策に反対を表明していたことだ。

芦名定道・京大大学院教授や宇野重規・東大教授、岡田正則・早大教授、小澤隆一・慈恵医大教授、加藤陽子・東大大学院教授の5人はそろって集団的自衛権を含む安全保障関連法制への反対を表明しており、松宮孝明・立命館大大学院教授は「共謀罪」の趣旨を盛り込んだ改正組織的犯罪処罰法に強く反対した。

6人は、反対する「学者の会」の呼びかけ人を務めたり、野党が推薦する公述人や参考人として国会に呼ばれたりしており、政治参加に積極的だった。

ここまで文脈を追ってくれれば誰もが推測できるように、菅首相が6人を任命しなかった真の理由は、第2次安倍政権の主要施策に目立って反対した学者たちのパージだろう。

しかし、菅首相はこの真の理由について言及することはできないだろう。安倍前政権への親密度で知られる田崎史郎氏は10月6日放送のテレビ朝日の番組でこう語っている。

「政府の弱点があって。6名の（拒否）理由を明かせないのが弱いところ。多少、外郭的な理由でも説明してくれれば腑に落ちるんですが」

田崎氏は、安倍政治の継承を公言する菅首相の応援団でもあると見られるが、この言葉は正直な感想だろう。安全保障関連法制などに反対したから任命を拒否した、という理由を明らかにした瞬間、菅首相の命運は尽きてしまう。

6人は憲法や政治学、歴史学などを専門分野とする高名な学者であり、それぞれの主張と行動は自らの研究と深い思索に基づいて発現してきたものだ。この主張と行動が拒否の理由ということであれば、それこそ「学問の自由」を蹂躙したことになる。

恐らくは菅首相の喉から出かかっているだろうが、この本当の理由を言うことは、反対意見につながる学問の存在は認めないという政治姿勢を表明することになる。

これを逆に言えば、まさにパンケーキの裏に隠された菅首相の真の姿が透視図のように浮かび上がってくる。

そして、この第二の問題点に付随して生じてくる第3の問題点は、菅首相の真の姿を浮かび上がらせるべきマスコミ各社、そして記者自身の問題だ。

「パンケーキの会」についていく政治記者たち

10月3日午前7時24分から同9時6分まで、菅首相はパンケーキで有名な「Eggs 'n Things（エッグスンシングス）原宿店」に、マスコミ各社の首相番記者たちと繰り出した。発言は報道しないという約束の「オフレコ懇談会」である。

推測でしかないが、首相と記者たちは恐らく店自慢のパンケーキをモグモグやったのだろう。では、その「懇談」とはどのようなものだったのか。

これも推測の域を出ないが、学術会議会員の任命拒否問題について、菅首相の口からは抽象的な説明が洩れ、記者たちも追及することなくモグモグを続け、最後に口を拭ったのだろう。

私も朝日新聞社の経済部記者時代「オフ懇」を何度も経験しているが、役に立ったことは一度もない。当局者の背景説明などはそれまでの取材でイヤというほど知り尽くしており、わざわざ「オフ懇」などを開く必要はない。

仮に、菅首相が「実は――」と本当の理由について語り出したらどういうことになるだろうか。急いで言っておくと、その可能性はない。政権運営の観点から極めてマイナスになるそのような発言は「オフ懇」でも出るわけがない。

当局者の意識としては「オフ懇」も「記者会見」とあまり変わりがない。極めて重大な発言をしてしまった場合、それを報道されないという最終的な保証は何もないからだ。

しかし、これも言っておかなければならないが、学術会議会員の任命拒否という極めて重大な問題が眼前にあるにもかかわらず、軽々しく「パンケーキの会」についていく記者たちには、オフレコの約束を破ってそれを報道する気概はないだろう。

この「パンケーキの会」には東京新聞と朝日新聞、京都新聞の3社が欠席した。このうち、東京、朝日の2社は紙面を見る限り、「会食ではなく会見を」と主張して出席を見合わせたようだ。

私は、この欠席の判断は正しいと考える。菅首相から「パンケーキの会」の提案を受けた時、内閣記者会が本来取るべき姿勢は、まさに「オフ懇」を断り、記者会の総意として記者会見を求めることだったろう。

前述のように「オフ懇」はほとんど報道の役に立たないし、記者の問題追及も甘くなりがちだ。記者クラブの数少ない存在意義のひとつは、記者たちの総意として記者会見を申し入れることにある。

終始原稿を読む「グループ・インタビュー」

ところが、「パンケーキの会」から2日後の10月5日、記者会見ではなく「グループ・インタビュー」という名の奇怪な説明会が開かれた。「パンケーキの会」に出席した北海道新聞、読売新聞、日本経済新聞の3社が代表して菅首相に質問を続け、あとの各社記者はその音声を聞いているだけという前代未聞の会合だ。

通常の記者会見では、冒頭に記者クラブの幹事社が2、3問質問をして、あとは自由な挙手と問答に移るが、最初から最後まで幹事社質問が延々と続いているようなものだ。様々な角度から想定外の質問が飛び出してくる本来の記者会見と違って、かなり打ち合わせと想定問答を作りやすい形式だ。

「グループ・インタビュー」の27分間を動画で見てみると、菅首相は終始原稿を読んでいた。すべて想定問答のシナリオ通りだったのだろう。

肝心の任命拒否の理由については、菅首相はこう説明した。

「日本学術会議は、政府の機関であり、年間約10億円の予算を使って活動していること、また、任命される会員は、公務員の立場になること、また会員の人選は、推薦委員会などの仕組みはあるものの、現状では事実上、現在の会員が自分の後任を指名することも、可能な仕組みとなっていること、こうしたことを考えて、推薦された方をそのまま任命してきた前例を踏襲してよいのか、考えてきま

「グループ・インタビュー」の27分間を動画

した」

「まさに総合的・俯瞰的活動を確保する観点から、今回の任命についても、判断をさせて頂きました」

6人の任命を拒否したことについて、この説明で理解できる人はいるだろうか。

「予算」や「公務員」の問題などは1983年の時から変わっていない。公式非公式の推薦方法の問題などは学術会議内部の問題であり、6人の拒否とは関連性がうかがえない。

そして、「総合的・俯瞰的活動を確保する観点」が拒否の理由だとする説明に至っては、本来言葉が持つ相互理解への通路がまるで見当たらない。「幹事社」の北海道新聞記者が質問を重ねていたが、当然予想されるように真実追求への厳しさを伴った質問ではなかった。

内閣記者会の記者は初心に立ち返れ

第2次安倍政権以来、首相会見はかなり形骸化してきたのではないか、と私は考える。様々な会見を経験してきた私から見て、安倍前首相の言葉はほとんど官僚の作った安上がりの建前に過ぎなかった。

今回の任命拒否問題で、菅首相にはその言葉以上に危険なものを感じる。これまで通用してきた有権的解釈を簡単に無視し、その説明も実質的にカットする。

さらに、あくまで記者会見を回避して、まるで戦前の大本営発表のような「幹事社質問」だけの場を設ける。

当局者に質問し有益な回答を得るには、記者会見を開いて、各社の記者がかわるがわる質問に立つしかない。

内閣記者会の記者たちは、もう一度初心に立ち返り真実を追求する志を取り戻すべきだ。記者たちがその志を見失えば、社会は未来への探照灯を失い、闇の中をただ彷徨うだけになってしまう。

菅総理と検察が安倍氏に迫る「政界引退」

「安倍前首相秘書ら聴取」の舞台裏と今後の行方を読み解く

2020年11月28日

シェイクスピアの惨劇が現代日本の政治状況の中で甦りつつある。創作前期の史劇群から後期の悲劇群への橋渡し作品となった『リチャード3世』の主人公は、権力への野心だけを頼りに実兄をはじめとする親族や臣下を冷酷に粛清し尽くし、王座に上り詰めていく。

権力のために、自らが殺した皇太子の未亡人を口説き落として妻とし、薔薇戦争の最後に殺されるまで、ただ権力だけにしか関心のなかった男。

現代の「リチャード3世」は誰なのか。私は今、あえて名指しすることはしないが、11月23日、勤労感謝の日の読売新聞朝刊1面を見た読者は意外な驚きを味わい、政界関係者はある種の戦慄を味わったのではないだろうか。

1面左肩にあるその見出し「安倍前首相秘書ら聴取」という記事の書き出しはこうなっている。

安倍晋三前首相（66）側が主催した「桜を見る会」の前夜祭を巡り、安倍氏らに対して政治資金規正法違反容疑などでの告発状が出されていた問題で、東京地検特捜部が安倍氏の公設第一秘書らから任意で事情聴取をしていたことが、関係者の話でわかった。

これに続く文章を読んでみると、さらにこうある。

特捜部は、会場のホテル側に支払われた総額が参加者からの会費徴収額を上回り、差額分は安倍氏側が補填していた可能性があるとみており、立件の可否を検討している。

この日の朝日新聞1面は、新型コロナウイルスの

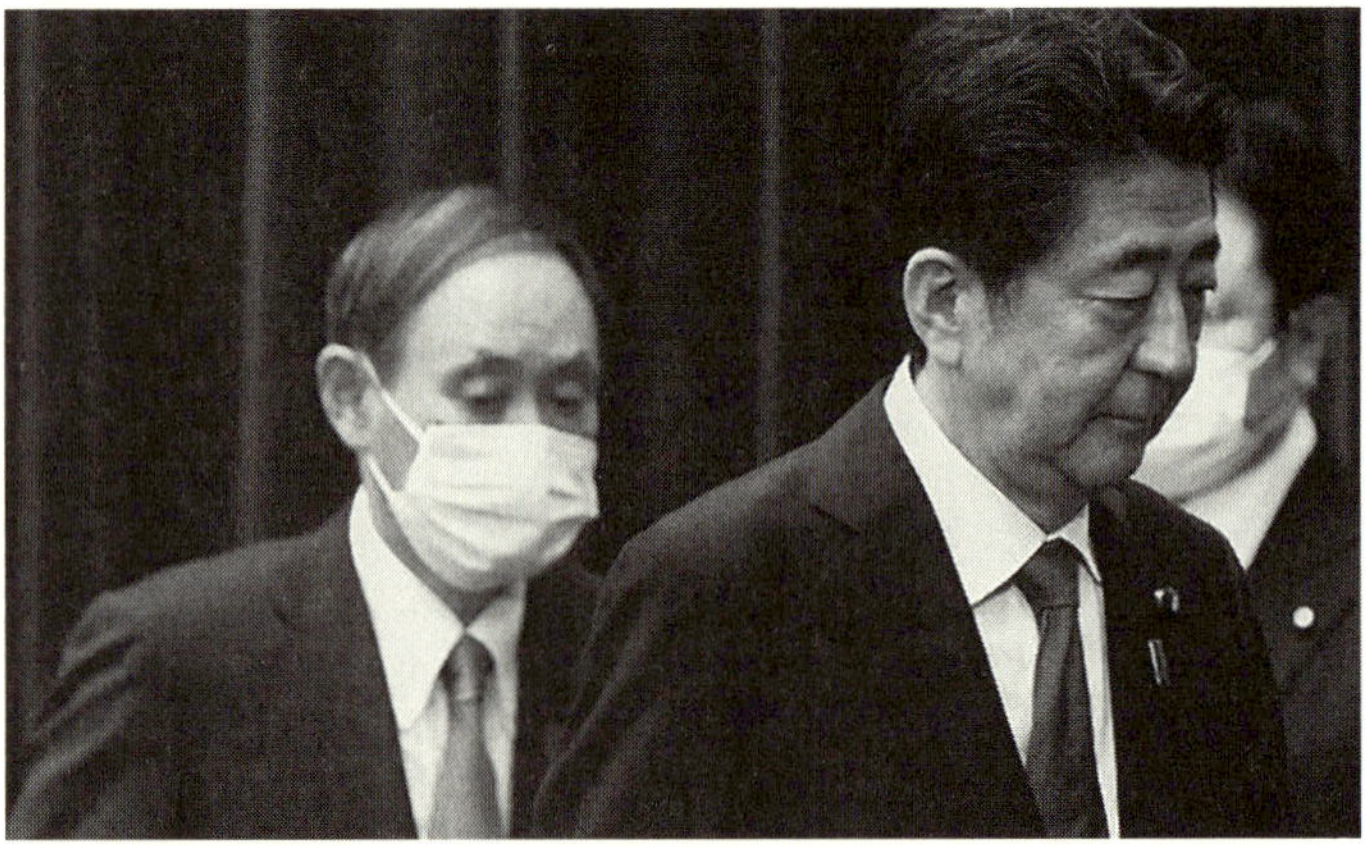

辞任記者会見を終え、会場をあとにする安倍晋三首相。左は菅義偉官房長官＝2020年8月28日、首相官邸

日本の死者総数が2000人を超えたというニュース。安倍氏の公設第一秘書が地検特捜部から事情聴取を受けたという記事はどこにも見当たらない。朝日だけでなく、毎日や東京などどの新聞にもない。つまり、読売のスクープである。

私に入ってきた情報によると、この読売やNHKに対して、首相官邸からリークがあったのだという。首相官邸の主は言うまでもなく菅義偉首相。9月にあった自民党総裁選の前に繰り広げられた党内暗闘を制して権力の座を手中にし、自ら官房長官として仕えた安倍前首相の政治を全面的に引き継ぐと公言した首相である。

その首相を主にした官邸が、前首相を一気に落とし込むブラックニュースを、それまで安倍政治にほとんど忠実に従っていた新聞界と放送界の両雄に「嬉々として」流した――。

いま、「嬉々として」とあえてカギカッコをつけたのは、この様態は私が推測した部分であり、実際には「嬉々として」だったのか「冷静に」だったのかはわからないからだ。むしろ、菅政権の性格から推してみると「冷静に」とか「冷酷に」とかと形容する方が正確かもしれない。

菅首相は何を考えているのか

振り返ると7年8か月の第2次安倍政権の間、日本の政治状況は「安倍一強」体制と言われ続けてきた。その体制が崩れ、体制を支えてきた官房長官の菅氏が後継首相となってほぼ2か月後にこのニュースが流れた。しかも、ニュースの流れ方が尋常ではない。官邸が検察の動きを止めるどころか自らささやくことまでやっている。

読売新聞とNHKのニュースが流れた朝、自民党内にこのような見方が広がり、官邸や検察の思惑をめぐって様々な憶測が飛び交った。情報が混乱する中で、議員たちの最大関心事は次の2点に絞られた。

まず、検察はどこまで捜査を進めるつもりなのか、という点。

そして、二つ目に菅官邸がニュースを流した狙いはどこにあるのか。さらに端的に言えば、菅首相は何を考えているのか、という点である。

二つ目の点から先に考えてみよう。最初に思い描いていただきたいのは、菅義偉氏が首相になった経緯、暗闘の構造である。

私は日本人ジャーナリストとして初めて、安倍前首相が辞任表明する1週間前の8月21日の論座（『ポスト安倍は「麻生」か「菅」か／安倍VS二階の攻防激化～安倍内閣総辞職の可能性強まる。「佐藤栄作」越えの24日以降か』）で内閣総辞職の予測ニュースを報じ、その後同29日の論座（『「安倍・麻生」VS「二階・菅」 国家権力を私物化する総裁選の行方』）と併せて、「菅・二階」VS「安倍・麻生」という暗闘の構造をレポートした。

つまり、安倍後継を決めるにあたって、当時の菅官房長官を立てる二階俊博自民党幹事長と、麻生太郎財務相を後継としたい安倍首相との暗闘の構造のことである。

この構造を思い描いた時、誰しもが疑問に思う点がひとつだけある。内閣官房長官は首相のパートナーとして内閣を支え続けてきた「縁の下の力持ち」。首相とは誰にも増して同志的なつながりを持っているはずなのに、なぜ対立構造の中に位置することになってしまったのか、ということだ。

同じような疑問は官房長官時代の菅首相の頭にも去来したにちがいない。菅氏にとってみれば、安倍内閣や安倍個人の醜い不祥事、疑惑をかばい続け、毎日午前、午後の記者会見でも弾除けの役を担ってきた。

しかし、それにもかかわらず、後継首相を考え

辞任会見に臨む安倍晋三首相（手前）。左端は菅義偉官房長官＝ 2020 年 8 月 28 日、首相官邸

る際に安倍氏が推したのはまず岸田文雄自民党政調会長、そして菅氏とは折り合いの悪い麻生氏だった。あくまで菅氏自身は外され続けた。

この疑問の果てに「菅・二階」VS「安倍・麻生」という暗闘の構造が出来上がった。そして、この構造の特徴は8月29日の論座レポートでも詳述したが、4者のうち誰一人として安閑としていられる人間は存在しないという点である。

「安倍再登板」への警戒感

二階幹事長と菅首相とは、それぞれの地元、和歌山と横浜にIRを誘致しているという点で共通している。

そのIRをめぐる汚職事件で秋元司衆院議員が逮捕、起訴され、さらに保釈中に事件の証人を買収しようとした疑いで再逮捕、追起訴されるという前代未聞の事件を起こした。その秋元氏をIR担当の内閣府副大臣に据えた背景には二階、菅両氏の力があったとされている。

一方、麻生氏には二つほど大きい疑惑がある。ひとつは「忖度道路」として有名になった下関北九州道路の建設問題。この道路建設は財政難のために2008年に完全凍結されたが、下関を地元とする安倍氏、北九州を地元とする麻生氏の下で2019年度に調査が再開された。総工費数

1000億円とされるこの道路が本格着工されれば、麻生氏の実家であり自ら社長も務めた麻生セメントを中核とする麻生グループは大きく潤う。

もうひとつの問題は、北九州沖の響灘で進められている洋上風力発電事業だ。この企業は独立行政法人「新エネルギー・産業技術総合開発機構」（NEDO）から補助金を受けているが、社長が代表を務める政治団体は、麻生氏の資金管理団体「素準会」に対して2017年と18年に計3000万円の寄付をしている。

そして、安倍氏についてはは言うまでもないが枚挙にいとまがない。森友学園、加計学園、河井元法相夫妻の公職選挙法違反事件と1億5000万円という破格の運動資金の問題、そして今回、公設第一秘書が東京地検特捜部から事情聴取を受けた「桜を見る会」の疑惑。

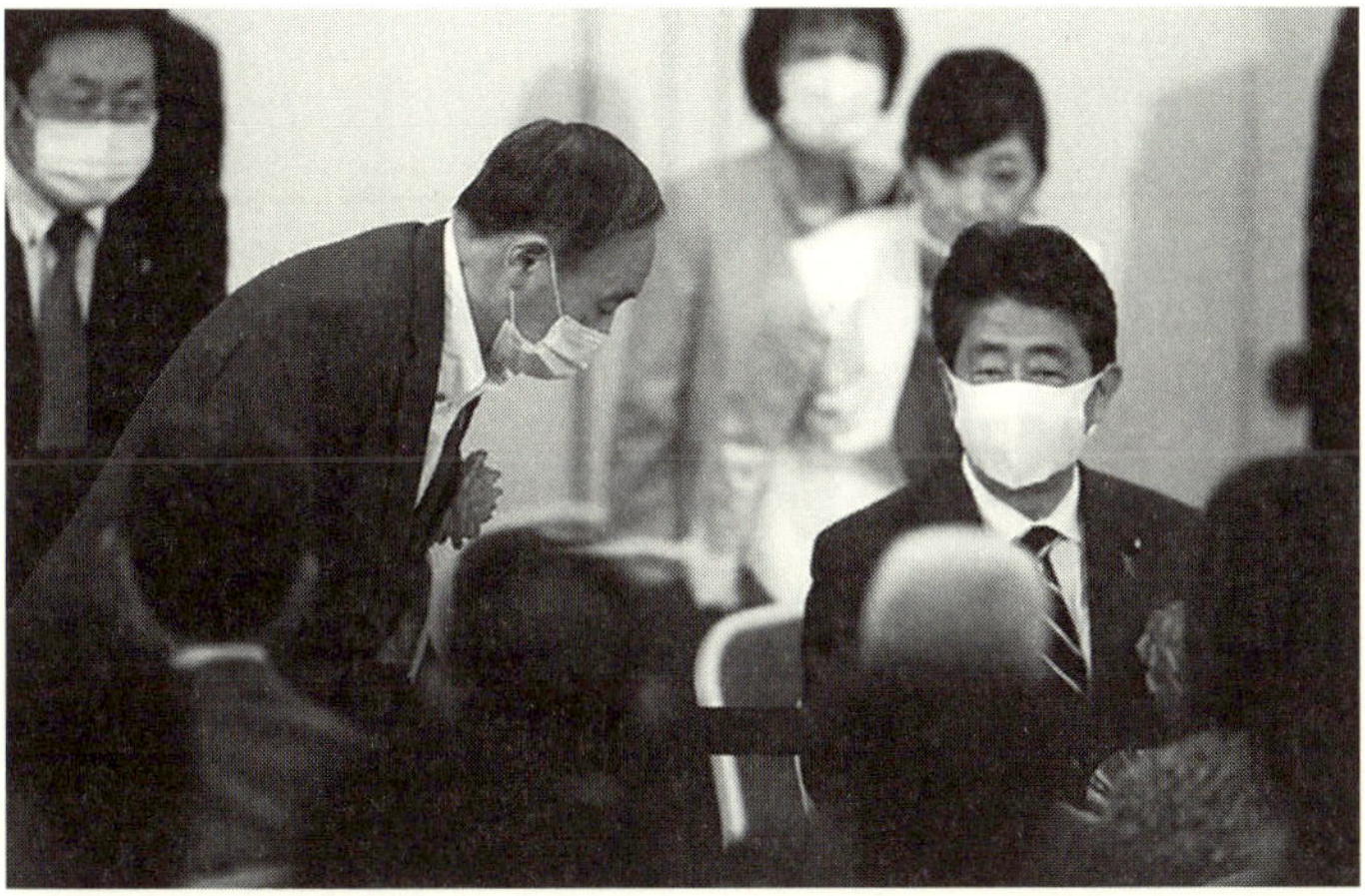

清和会の懇親会会場に到着し、安倍晋三前首相にあいさつする菅義偉首相＝2020年9月28日、東京都港区

安倍氏を筆頭として4人のうち誰一人として安閑としていられる人間はいないはずだ。

ところが驚くべきことに、菅首相就任後、安閑としている人間がただ一人だけ存在した。安倍前首相である。

安倍氏は首相職を辞任する直前、慶應大学病院への検査に何台もの車列をなして押しかけ「体調不良」をアピール、首相辞任の第一の理由として「潰瘍性大腸炎」という持病を挙げた。

ところが、首相辞任後2か月も経たないうちに体調は戻り、現在活発な活動を続けている。さらに出身母体の自民党内最大派閥である清和政策研究会（清和会＝細田派）への復帰にも意欲を示しているとされる。安倍氏が清和会に復帰するということは、まさに最大派閥の会長に収まることを意味する。

そのことと併せて、安倍氏の周辺からは、来秋の総裁選に安倍氏自身が三度目の登場をするのではないかという期待の声さえ漏れてくる。この事態を前にした時、菅氏は、血色の戻った安倍氏の顔を決して喜びを持っては見られなかっただろう。

東京地検特捜部が安倍氏の公設第一秘書らを事情聴取した案件は、毎年開催している「桜を見る会」の前夜祭に安倍事務所が5年間で計約900万円を補塡していたという問題。

読売新聞を追いかけた11月25日朝日新聞1面の詳細な記事によると、正確な補塡額は916万円。各年の参加者は450―750人規模。安倍氏の地元支援者一人当たりでざっと計算すると

2000円から3000円の補填額だ。

補填は何と言っても補填であることには違いはなく、有権者に同額の供応をしていたことは間違いない。このために公職選挙法や政治資金規正法違反であることは事実だとする見解がある。

その一方で、「前首相を公選法に問うには金額が小さすぎる」という見解も根強く、最終的には検察は、政治資金規正法に基づく罰金刑を秘書に課して処理を終了させるのではないか、と見る見方が一般的のようだ。

しかし、最初に提起した問題に戻るが、ここでさらに考えなければならないことは、権力の座に就いた菅義偉氏という個人が一体何を考えているのだろうかという、まさに歴史の不確定要素だ。

7年8か月の間、不祥事に揺れ続ける政権を盾となって守ってきたにもかかわらず、最後になって最も劣後した地位に追いやられ屈辱をなめさせられた記憶。議員秘書や横浜市議から始めた自分のキャリアに比べ、輝く日本政界のスターたちを親や親族に持つ安倍氏の恵まれた偶然の境遇。

脳内で働き続ける不確定要素は、今後、刻々と上がってくる検察の捜査情報を前に、アクセルとブレーキのペダルのどちらを踏むべきか決定的な要因となる可能性がある。

安倍政権に伝統や誇りを引き裂かれた検察

ここで、政界関係者らが強い関心を持つもう一つの問題の方を考えてみよう。つまり、検察はどこまで捜査を進めるつもりなのか、という点である。

まず、各マスコミの報道によれば、今回任意の事情聴取を受けたのは、安倍事務所の公設第一秘書ら。合計で「20人近く」（週刊朝日）という報道もあるが、私が得た情報では「最低でも10人以上」だった。

この事情聴取は今年5月21日に全国の弁護士や法学者662人が東京地検に安倍氏らを告発したことを受けたものだが、もし東京地検にやる気がなければ、恐らくは公設第一秘書に形式だけのヒヤリングをして終わりである。

しかし、現実には任意とはいえ10人から20人の間の秘書らを事情聴取。相当力を入れた捜査であることを推量させる。

私に入ってきた情報でも東京・霞が関の検察庁舎の地検特捜部のフロアは連日夜遅くまで煌々と明かりがともっているらしい。さらに言えば、事件に強い読売社会部が増員体制に入ったという情報も伝わってきた。

これらの間接情報を総合すると、地検はかなり真剣に疑惑に向き合っていることを想像させる。

地検の姿勢を検討する際にも、先ほど指摘した歴史の不確定要素を勘案する必要がある。つまり、簡単に言えば、安倍政権のために検察の伝統や誇りといったものがズタズタに引き裂かれてきたという経緯だ。

振り返ってみると、まず２０１４年に、政治資金収支報告書への未記載費用が１億円を超えるという疑いを持たれた自民党議員、小渕優子氏の疑惑があった。地検特捜部は関係先を家宅捜索したが、データを保存していたとされるハードディスクが電動ドリルで破壊されていたという事態が起

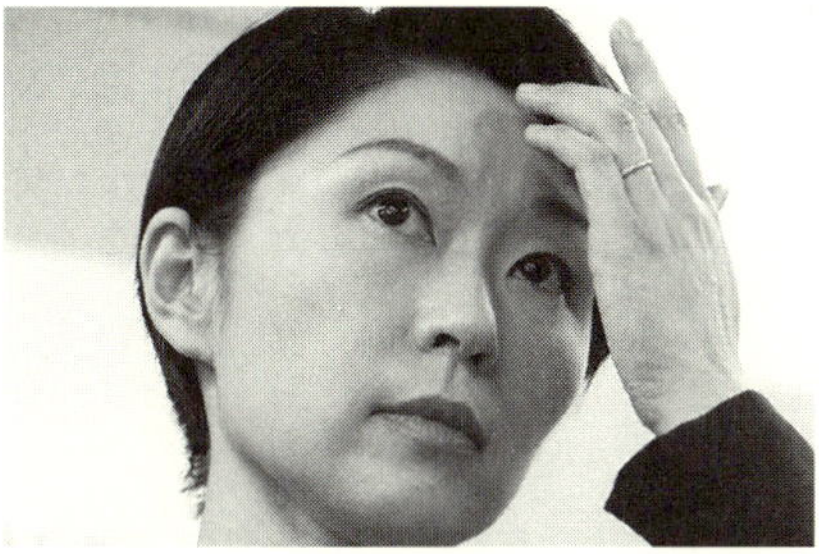

経産相を辞任後、記者会見する小渕優子氏＝ 2014 年 10 月 20 日、東京・霞が関

経済再生相の辞任を表明した後、眼鏡を直す甘利明氏＝ 2016 年 1 月 28 日、東京都千代田区

きた。

２０１６年には、甘利明氏による都市再生機構（ＵＲ）に対する口利き疑惑事件が明らかになった。口利きの見返りに甘利氏側が計１２００万円もの現金や接待を受けていたという疑惑で、甘利氏自身、計１００万円の現金を受け取っていた事実を認めた。

これらは明確な事件だったが、東京地検は議員への捜査、立件を見送った。そして、その裏には、安倍官邸の意を受けた黒川弘務・東京高検前検事長の働きがあったとされている。

安倍氏に突きつけられる「政界引退」、そしてその先は…

黒川氏は「安倍官邸の守護神」とも俗称され、安倍氏や菅氏の政治力をバックに検察捜査に圧力を加え続けた。

安倍氏は今年1月31日、この黒川氏の定年延長を閣議決定。違法の疑いが強い定年延長の狙いは、検察の最高権力者である検事総長に黒川氏を就任させることだったが、その後5月になって、黒川氏がコロナ禍の緊急事態宣言下で新聞記者らと賭けマージャンに興じていたことが報じられ、「守護神」はあっけなく退場となった。

安倍氏を背後に背負った黒川氏の度重なる圧力や定年延長問題などによって特捜検事をはじめと

する検察職員たちはかつてない屈辱を味わってきたと見られる。

そこに黒川氏という重しが取れ、安倍氏に対してそれほど庇い立てする気がない菅政権が誕生した。しかも、「桜を見る会」前夜祭という比較的立証が簡単な事件。処理は罰金刑かもしれないが、立件はまちがいないだろう。

しかも、ここでもう一つ付け加えなければならない情報がある。検察は単に安倍事務所による補填の裏付けを取るだけではなく、補填した資金の出所まで強い関心を持って捜査しているという情報だ。

安倍氏の周辺には、河井元法相夫妻への1億5000万円供与の問題や加計学園、森友学園問題などカネにまつわる疑惑が多い。重しが取れた検察は、「桜を見る会」前夜祭を入り口にど

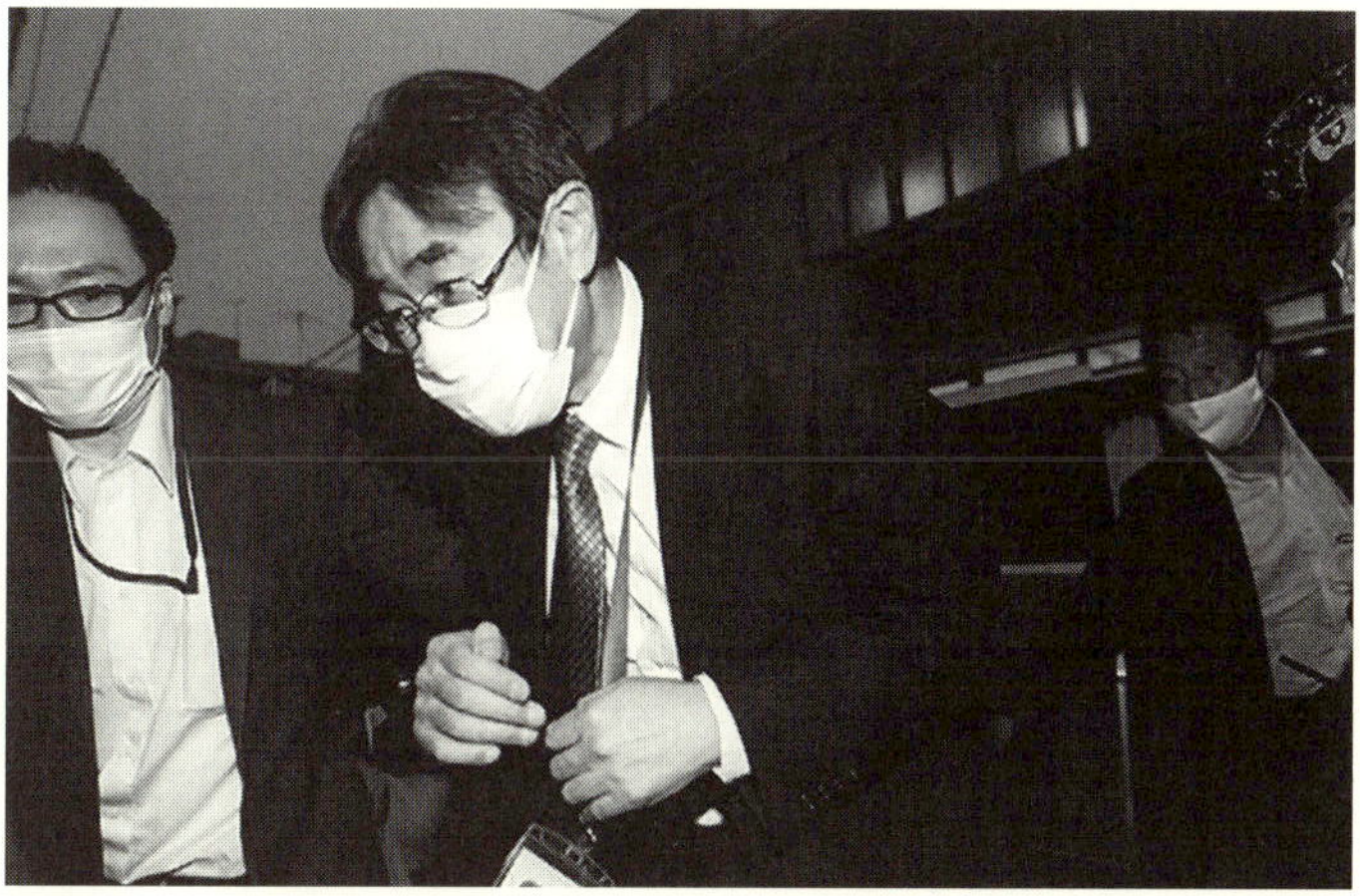

車から降りて無言で自宅に入る東京高検の黒川弘務検事長＝2020年5月21日、東京都目黒区

こまで駆け上がっていくのか。

この疑問に対して、菅氏と検察がそれぞれに内包する「歴史的不確定要素」がどういう解決策を与えるのか。

積極捜査を進める検察を前に、安倍氏は現代の「リチャード3世」の軍門に降ると見られる。白旗を掲げた「前王」に対して、菅氏と検察が下す処断の内容は、政界引退だろう。

しかし、検察はそれから先にまだ捜査の手を伸ばすのか、まだ見通すことができない。

『粛清裁判』『国葬』『アウステルリッツ』〜「群衆3部作」が問う現代の民主主義

セルゲイ・ロズニツァのドキュメンタリー映画を観て

2020年12月08日

12月3日のNHK「ニュースウオッチ9」で、ウクライナ出身の映画監督セルゲイ・ロズニツァ氏の「群衆3部作」が紹介されたので、東京・渋谷のイメージ・フォーラムに観に行った。

これらのドキュメンタリー映画が数々の国際映画祭に出品され、極めて高い評価を得ていることに驚いた。質の高い鑑賞眼と映画批評が生きていることの証である。

ロズニツァ氏はウクライナ国立工科大学の学生時代、第2外国語として日本語を学んだ。日本文学や絵画に関心があり、一時期は日本語の翻訳の仕事もしていた。

映画のプログラムに掲載された「公式インタビュー」では、ロズニツァ氏は、「私の映画は世界のどの国よりも日本で理解され受け入れられると信じています。（略）私の映画がどうなるか様子を見ることにします」と語っている。

私はロズニツァ氏の仕事に敬意を表し、きちんとした批評をここに書き残しておきたいと思う。

巨大惨劇を自ら引き起こしていく「群衆」

「3部作」を構成する映画の歴史的時間を追って順に紹介しよう。

まずは1930年のソ連。スターリンの最初の粛清劇を当時のフィルムから追った『粛清裁判』。スターリンにとって最初に邪魔になった技師階級を抑圧するために架空の事件を捏造、9人の技師を裁判にかけ、6人に対して銃殺刑、3人に対して10年の自由剥奪という判決を下した。

ところが、これらは事前にシナリオが練られた「茶番劇」で、裁判後、銃殺刑は全員懲役10年か収容所への収容に減刑された。全員無実であることはわかり切った話なので、法廷で自白の演技をすることを交換

セルゲイ・ロズニツァ監督の群集ドキュメンタリー３選のトレーラー

条件に減刑処分となった。

しかし、この内実を知らない群衆は連日法廷に詰めかけ、夜になると処刑を求めるデモを起こして、「銃殺刑」の判決が読み上げられると歓呼の声を法廷中に轟き渡らせた。

その後、スターリンの本格的な大粛清は1934年のセルゲイ・キーロフ暗殺を起点にソ連全土に展開された。古参ボリシェヴィキを処刑台に送るためにスターリンは本人の「自白」を重視した。この自白を得るために活用したのが、秘密警察の活動を駆使して集めた醜聞情報の集積だった。

醜聞公開の脅しが効かなければ拷問が待っていた。アレクサンドル・ソルジェニーツィンの『収容所群島』によれば、あらゆる拷問が試されたが、最も効率的で簡単な自白強要方法は男性器の踏み潰しだった。目を凝視しながらゆっくりと踏み潰していけば、どんな「自白」を獲得するにも15秒とかからなかった。

処刑は有名なボリシェヴィキから、それに連なる中級、下級の党員に及び、さらに処刑された党員の遺族や友人、同僚、部下を巻き込んだ。粛清官僚機構の活動は止まらず、ついには処刑された党員の家に出入りしていたクリーニング店の店員にまで及んだ。

粛清の官僚機構を内部から観察していたソ連秘密警察のヨーロッパ駐在諜報機関長、ワルター・クリヴィツキーの著書『スターリン時代』によると、スターリンは1935年から12歳以上の子どもにも死刑を適用、数10万人の子どもたちが拷問の末に強制収容所に送られ、処刑された。

ロズニツァ氏がアーカイヴから発掘し、大粛清の最初の動きとなった1930年の『粛清裁判』は、その後数百万人から数千万人の犠牲者を出したとされる巨大惨劇の第一歩を記録した貴重なフィルムだ。

ロズニツァ氏は記録フィルムを忠実に編集し、裁判の合間に、「茶番劇」という真実の姿を知らない「群衆」が無実の被告たちの極刑を求めて熱狂的なデモ行進をする様子を差し挟んでいる。「群衆」は「処刑台に送れ」という横断幕を掲げて夜の街を行進し、見世物ショーのように大ホールで開かれた裁判の傍聴に詰めかけ、「銃殺刑。上告審なし」という判決が下されると熱狂の声を挙げた。

歴史の行方を知らないとはいえ、自分たちの巨大惨劇を自ら引き起こしていくこの「群衆」とは何者なのか。

ハンナ・アーレント『全体主義の起原』

ここで想起しなければならないのは、ヒトラー体制のドイツやスターリン体制のソビエトを分析して、両体制に共通する「全体主義」の姿を浮かび上がらせたハンナ・アーレントの著書『全体主義の起原』だ。

ロズニツァ氏の言う「群衆」はアーレントの言う「大衆」「モブ」に通じる。自らがユダヤ人であるアーレントは、ナチスが政権を取るまでに「反ユダヤ主義」を大衆操作の道具としていかに活用したかについて分析する。

アーレントの言う「大衆」は、個人主義や利己主義が世間的に敗残し、「自分はいつでもどこでも取り替えがきく」という負け犬的な感情に支配されると同時に、またその感情と裏腹に「世界観的な問題」や「歴史の幾時代をも占め幾千年の後までも跡の消えることのないような使命に選ばれて携わるという大いなる幸福」に酔い痴れたい願望に浸された人間群である。

そのようないわば「没我」的状態に陥ったアトム的状態の大衆がユダヤ人や外国人を排撃し、その排撃自体の中にドイツ人の「大いなる幸福」を

引き倒され、鼻の欠けたスターリンの銅像と彼が粛正した人々のオブジェ＝モスクワ市内で

味わっていく。

余談になるが、経済的苦境などからアトム的状態に陥った現代日本の大衆の前に「反韓」や「反中」を掲げて煽り続ける政権周辺の動きは、アーレントの言う戦前ドイツの大衆操作による全体主義形成と同一のものだろう。

アーレントは、全体主義について、ナチス支配とともにスターリン治下のボリシェヴィズムを名指しする。スターリンは、ヒトラーとちがって、「絶滅」政策によって人間の連帯の芽を摘み、アトム状態の大衆を人為的に作り出していく。

アーレントの言う全体主義は、静的な国家体制ではなく、動的な運動である。組織や人々の中で常に粛清のテロルが動いていなければその推進力を失って倒れてしまう。このためテロルの対象は恣意的に変化し、恐怖の意識と支配の構造は組織、人々の全体に、それこそ隈なく行きわたる。

アーレントの表現を借りれば、その粛清のテロルは、Aと言えばBと言うことを求める。さらに、Bと言えばCを言わなければならない。そして、この過酷な論理性の連鎖は鉄の法則をもって最後の宿命的なZを断言するに至る。

次元は異なるが、現在の日本の政治状況にも同じ論理が働いている。菅義偉政権は日本学術会議への違法人事介入を実行しながら「違法ではない」(A)と言い張っている。日本国民が、無関心や諦念のあげくこの「A」の無法を認めてしまえば、政権は次に「B」の無法、「C」の無法を認めるよう迫ってくる。そして、その時に後悔してももう遅い。そのすぐ先には「最後の宿命的なZ」が回避しようもなく待ち構えているだろう。

花に埋もれたスターリンの遺骸に長蛇の列をなす群衆

スターリンの大粛清は1953年の「医師団陰謀事件」を最後に終わった。この事件の捏造はその真の狙いがわからず、スターリン以外の指導者たちの恐怖心を煽った。

しかし、最後の粛清劇は序幕で終わった。同年3月6日、スターリンの死が発表されたのだ。ロズニツァ氏の映像ドキュメンタリー『国葬』は、モスクワを中心にソビエト全土で繰り広げられたスターリンの壮大な葬儀の記録だ。

全ロシアが喪に服し、花に埋もれたスターリンの遺骸を一目見ようと長蛇の列をなす群衆。涙する者も多い。映画には出てこないが、あまりに人が押し寄せたためにモスクワのトルブナヤ広場では群衆が将棋倒しになり大量の人が圧死した。犠牲者の数はいまだに判明していないという。

歴史的にはスターリンの死の3年後、1956年2月にソ連共産党第20回大会が開かれ、ニキータ・フルシチョフがスターリンの個人独裁、大量粛清を批判する秘密報告を行ったが、このフルシチョフがスターリンの葬儀を司会する様子もフィルムに克明に収められている。

私はソ連が消えてなくなる直前の１９９１年、74回目にして最後の革命記念の月にあたる11月、革命の跡を訪ねてソ連国内を駆けずり回った。モスクワからサンクトペテルブルグ、クロンシュタット、サマラ、カザン、そしてトビリシ、ゴリ。

社会主義経済はほとんど息も絶え絶えの状態で、飛行機や鉄道の10時間ぐらいの遅れは日常茶飯事だった。雪の舞い散る駅では、列車がどの線路に入ってくるのかわからず、群衆とともに何時間もレール脇でうずくまって待っていなければならなかった。

ロズニツァ氏は、私が重いカメラ機材を担いでソ連国内を歩き回っていたこの年、モスクワの全ロシア映画大学に入学した。

ウクライナ国立工科大学を卒業し、国立サイバネティクス研究所で科学者として人工知能を研究して

スターリン＝1941年4月13日、モスクワのクレムリン宮殿

いたが、ソ連崩壊の時代に「自分たちの歴史を正しく伝えたいという想いが強くありました」（公式インタビュー）という理由から進路を大きく変えた。

20世紀の人間の進路を大きく変えた出来事は、スターリンの大粛清とナチス・ドイツのユダヤ人強制収容所、広島・長崎への原子爆弾投下だったと私は考えている。その巨大で不条理な出来事の前では、人間は何一つ出来ることはなく、ただ吹き飛ばされ、払い捨てられる塵のごときものとなる。

強制収容所を訪れる観光客にカメラを向ける

ロズニツァ氏の「群衆3部作」で年代順に紹介される3つ目の映画は『アウステルリッツ』である。

この映画にはアーカイヴ映像は一切なく、ロズニツァ氏がザクセンハウゼンやブーヘンヴァルト、ダッハウの3強制収容所の諸所にカメラを据えて撮影した映像だけが使われている。

映画の冒頭、ザクセンハウゼン強制収容所を訪れた観光客たちの姿が延々と映される。2カット目と3カット目になると、「ARBEIT MACHT FREI」（働けば自由になる）という標語が記されたメインゲートをバックに記念写真を撮る観光客の姿が映され続ける。

実はこの映画、約100分のドキュメンタリーであるにもかかわらず、全部で30のカット割りしかない。1カット3分か4分の間、カメラ・パンもチルトも一切ない。ストーリーもナレーションもなく、聞こえてくるのは観光客のざわめきとカメラのクリック音、それに収容所を案内するガイド役の断片的な説明だけだ。

そして見えるものは、当時のユダヤ人が置かれた途轍もなく不条理で残虐な跡地と記念物、それらの横をハンバーガーを齧りながら素通りしていく現代の「群衆」の姿である。

私は3カット目でロズニツァ氏の狙いに気がつき、すべてのカットを数え、重要だと思われるカットを頭に刻んだ。

8カット目、収容所の庭に立つ3本の柱。ガイドが説明する。

ヒトラーが政権を取った1933年につくられたダッハウ強制収容所跡では、国内の中高生たちが「負の歴史」を学ぶため、毎日のようにやってくる＝2015年3月24日、ドイツ・ミュンヘン郊外

「独房者は順に後ろ手に縛られ、その姿のままこの柱に吊るされました。苦痛を味わいながらすぐに死にました」

一人の男性観光客が柱に寄りかかってその姿を真似、女性観光客が記念写真を撮る。別のカットでは、死体解剖所や焼却場で記念写真を撮影する。これらの観光客の脳内には生きた歴史や生きた人間の姿は存在しない。

この映画のタイトル『アウステルリッツ』は、ドイツの現代作家W・G・ゼーバルトの同名小説から採っている。ロズニツァ氏は、ゼーバルトの手法は自身のそれに似ていると言っている。たしかに。しかし、それ以上に共通しているのは互いの作品を成り立たせている思想だ。21カット目でカメラを据え付けた場所は、恐らくザクセンハウゼン強制収容所のガス室を内包する要塞のような建築物だ。

この要塞のようなコンクリートの塊の中には一体何があるのか。何があったのか。

強制収容所のひとつ、ベルギーのブレーンドンク要塞を見つめるゼーバルト作品の主人公・建築家アウステルリッツはこう言っている。

「その形は私の想像の埒外にあって、とうとう最後まで、人類の文明史上自分の知るいかなる形態とも、いや有史以前か歴史初期のいかなる物言わぬ遺構とすら結びつけられなかったのである。(略)風化した粒々と、石灰の縞模様に表面を被われている要塞は、まさしく醜悪さと見境ない暴力をこれ以上ないまでに具現した石の怪物であった」

アウステルリッツは、英国のリヴァプール・ストリート駅についてはこうも語る。

「中央ホールが地下15ないし20フィートの深さにあるこの駅は、80年代末に改築のはじまる以前はロンドン屈指の薄暗い不気味な場所であり、そこかしこにしばし言及されたように、冥界の入り口めいた気配を漂わせていました」

リヴァプール・ストリート駅は、18世紀まで、精神病患者を非人間的な過酷さで扱い苦しめた王立ベスレム病院の跡地に建設され、第1次世界大戦ではドイツ軍の爆撃によって162人が犠牲になった場所だ。

ロズニツァ氏は、ゼーバルトのこの視点を引き継ぎ、何カット目かは私の記憶にないが、見学する観光客の姿がまるで収容所をさまよう亡霊のように見えるシーンを少なくとも2カット残した。ゼーバルトに捧げたオマージュだったろうと私は想像する。

この批評文も核心部分に近づいた。

ロズニツァ氏がオマージュを捧げたゼーバルトの思想は何に影響を受けたのか。数々の批評家が指摘しているように、ドイツの哲学者ヴァルター・ベンヤミンの『歴史の概念について』である。その中にある「歴史哲学テーゼIX」でベンヤミンはこう語っている。有名な「歴史の天使」の箇所だ。

「かれ（歴史の天使）は顔を過去に向けている。ぼくらであれば事件の連鎖を眺めるところに、かれはただカタストローフのみを見る。そのカタストローフは、やすみなく廃墟の上に廃墟を積みかさねて、それをかれの鼻っさきへつきつけてくるのだ。たぶんかれはそこに滞留して、死者たちを目覚めさせ、破壊されたものを寄せあつめて組みたてたいのだろうが、しかし楽園から吹いてくる強風がかれの翼にはらまれるばかりか、その風のいきおいがはげしいので、かれはもう翼を閉じることができない。強風は天使を、かれが背中を向けている未来のほうへ、不可抗的に運んでゆく。その一方ではかれの眼前の廃墟の山が、天に届くばかりに高くなる。ぼくらが進歩と呼ぶものは、〈この〉強風なのだ」

引用が長いのでどこかをカットしようと思ったが、ベンヤミンのこのテーゼはあまりに重要なのでとても省略できるところがない。

「歴史の天使」に姿を借りたゼーバルトやロズニツァ氏は、廃墟の山を見つめ「死者たち」を目覚めさせて歴史をありのままに眺めようとするが、「進歩」という名前の強風が吹き付けてその「翼」を遠くに運んでいこうとする。

現在の日本でも歴史修正主義がかつてないほどはびこっている。死者たちを目覚めさせて思いを語ってもらい、廃墟の山を見つめ続けなければ、歩いてきた道もこれから続く道もわからないのに、それを闇の中に消し去ろうとするうごめきが強くなっている。

映像ドキュメンタリー『アウステルリッツ』の26カット目は極めて重要だ。映画のスクリーンを見ている者にはわからないが、定点カメラがアップで捉えた3人の女性観光客の表情が、下の方の何かをじっと観察しながら極めて深刻なものに変わり、長い時間何かの思いに耽っている。

その表情ともの思いの時間はすでに観光客のものではない。このカットは長い時間をかけて3人の表情を追い、音の輪郭もぼやけてくる。全30カットの中でこのカットだけ特別な音響効果を施しているのがわかる。「歴史の天使」が舞い降りているのかどうか、ナレーションは何もないので映像を見る者の想像だけに任されている。

最後の30カット目は、映画の最初に映し出された「ARBEIT MACHT FREI」の正門を出てくる観光客の群れの姿だ。その観光客たちの表情はほとんど揃って笑顔だ。抑圧の記憶の場所から現在の明るい陽射しの下へまさに解放された気分が笑顔となって現れているのだろう。その頭には瀟洒なホテルの柔らかいベッドやディナーとアルコールなどが去来しているのかもしれない。

イメージ・フォーラムのホームページより

しかし、ロズニツァ氏はそれを批判しているのではない。「公式インタビュー」から氏の言葉を引用しておこう。

「私たちは自らの過去を忘却し、そのことで人間と社会に劣化が起きている事を理解する必要があると思いました。そして私は強制収容所を訪れる観光客にカメラを向けました。（略）私はそこに映る何も美化されず、冒涜もせず、そして強調もされていない、ホロコーストの記憶の現在の在り方を正確に伝えたかったのです」

美化も冒涜も強調もなしに映し出された群衆。それはそこにそのようにして存在するしかないのだ。

「新規まきなおしに事をはじめる」

カット26の「歴史の天使」からカット30の群衆へ。ロズニツァ氏はその映像に明示的なメッセージを込めているわけではない。しかし、私はこの批評文の最後に、ロズニツァ氏に代わって、「AからZまで」の強制の連鎖を断ち切るべく希望を語るアーレントの『全体主義の起源』の言葉を引用しておこう。

「この強制と、矛盾のなかで自己を喪失しはすまいかという不安に対する唯一の対抗原理は、人間の自発性に、「新規まきなおしに事をはじめる」われわれの能力にある。すべての自由はこの〈始めることができる〉にある」

アーレントの「新規まきなおし」「始めることができる」という言葉を思い浮かべれば、群衆の笑顔は批判されるような対象ではない。カット26の「歴史の天使」が折々に私たちを訪れ、「AからZまで」を迫る政治権力に対して、それを強く否定する力を与えてくれればそれでいい。

驕れる者は久しからず～「安倍氏立件」はあるのか

安倍前首相に壊された法治国家を取り戻すために

2020年12月14日

「驕れる者は久しからず」という言葉、実に古今を通じての名言と言えよう。

昨年の4月13日、東京・新宿御苑の桜名所に1万8000人もの招待客を呼んで5500万円もの国費をかけ、当時の安倍晋三首相が主人公然として満座の会場を歩き回った。数多くの芸能人や「安倍応援団」とも言うべき右翼言論人の面々、そして山口県からは安倍前首相の選挙区の有権者約850人が押し寄せ、前首相とともに記念写真を撮った。

「平成を名残惜しむか八重桜」

挨拶に立った安倍前首相が紹介した自らの句だが、平成最後となったこの「桜を見る会」も今年、来年と開かれず、今後も開催されるかどうかはわからない。そして、安倍前首相の政治人生も、見ごろを終えた桜のように舞い散る可能性が少なくない。

安倍前首相自身「名残惜しむ」心境なのかどうかは外部には伝わってこないが、現在の情勢から判断する限り、来年の総裁選出馬を目指すような政治活動は終了。政界引退の可能性も大きいと見られる。「桜を見る会」前夜祭の捜査をめぐって今後政界が激動する可能性もあるが、私に入ってきた情報を基に現時点での途中経過を報告しよう。

検察捜査、二つのシナリオ

東京地検特捜部は安倍前首相に対して任意による事情聴取を要請している。特捜部は、前夜祭の収支について政治資金収支報告書に記載する義務があると判断しており、これを怠った安倍事務所の公設第一秘書ら10数人を任意で事情聴取。さらに安倍前首相本人から事情を聴く必要があると考えている。

「桜を見る会」であいさつする安倍晋三首相＝ 2019 年 4 月 13 日、東京都新宿区

安倍前首相本人への事情聴取は今月中旬にも行われるが、聴取内容について、前首相側と検察側とに対立、争点があるようだ。

安倍前首相側としては、基本的に「あくまで任意の聴取を受けるだけであり、前夜祭のことを聴くだけなら聴取を受けよう。他のことは聴かないでいただきたい」という考えだという。

これに対して検察側は、前夜祭のことに限らず、様々な案件について聴取を行いたい意向のようだ。この争点は形式的なようにも見えるが、今後の捜査の進展を見極める上で重要なものだ。

なぜだろうか。安倍前首相に対する今後の捜査の進展を大きく分けるなら、二つのシナリオが浮かんでくる。

まず最初に考えられるのは、政治資金収支報告書への前夜祭収支不記載により安倍前首相の公設第一秘書らだけが略式起訴され、罰金刑などが科されるというシナリオ。この消極的なシナリオでは前首相本人は不起訴となる公算が強いが、それでも検察審査会でもう一度、起訴、不起訴の判断が問われることは間違いないだろう。

次に考えられるシナリオは、安倍前首相を逮捕し、身柄を拘束した上で前夜祭以外の案件についても追及していくものだ。この積極的なシナリオであれば、当然安倍前首相の政治生命は終了するが、前者のシナリオでも前首相の政治勢力は格段に小さくなり、政界引退にまで追い込まれる可能性は少なくない。

現在対立していると見られる安倍前首相側と検察側の事情聴取をめぐる争点は、この二つのシナリオに関わってくる。どちらのシナリオに沿って検察捜査が進むのかは現時点では不明だが、それぞれの可能性について検討してみよう。

安倍氏は菅総理の最大のライバル

まず、秘書の略式起訴で終わる最初のケースだ。朝日新聞の11月25日付一面の記事によると、「桜を見る会」前夜祭に参加した安倍前首相の地元有権者は5年間で毎年450〜750人。ホテルでの飲食代などに安倍事務所が負担した補填額は916万円。一人当たりざっと2000円から3000円の補填額になる。

有権者への寄付行為にあたるが、寄付を受けていたという有権者側の認識の立証が難しく、立件困難と見られている。しかし、検察は前夜祭全体の収支そのものを政治資金収支報告書に記載すべきだとの見方を取っており、この件で担当していた公設第一秘書らを略式起訴し、罰金刑となる見通しだ。

このため、政治資金収支報告書への不記載の件については、安倍前首相の関与を立証できたとしても、身柄を拘束するには額が小さすぎると見られる。前首相を逮捕、起訴するには、かつて田中角栄元首相が逮捕、起訴されたロッキード事件クラスの金額が必要と言われている。

しかし、問題は安倍前首相が不起訴となった後に登場する検察審査会の対応だ。検察審査会は検察官が独占する公訴権の行使を審査し、不当な不起訴処分がなかったかどうか検査する機関だ。この検察審査会が二度「起訴相当」の議決をした場合には強制起訴の手続きに入らなければならない。

安倍前首相が不起訴となれば、今回検察に対して前首相を告発していた弁護士グループは検察審査会に対して審査を申し立てる可能性が高い。検察審査会の審査はまず免れがたいだろう。

検察の不起訴、検察審査会の強制起訴を受けて裁判となった事件に、現在立憲民主党所属の小沢一郎衆院議員の「陸山会事件」があった。しかし、この事件はむしろ検察側のずさんな捜査が問題となり、政治資金収支報告書へのわずかな形式的記載ミスが問われただけだった。このため、小沢議員の無罪は確定している。

ところが、安倍前首相の場合は、前夜祭の収支自体を政治資金収支報告書に記載することは必要ないという見解を採っており、収支をまるまる記載していない。前首相自身、記載は必要ないと国会で何度も答弁し、今年2月3日の衆院予算委員会では、追及した立憲民主党の辻元清美衆院議員から「安倍方式」とまで揶揄された。

この常識外れの「安倍方式」は、当然検察の見解とも真っ向から対立し、検察審査会が見逃すことも考えにくい。ロッキード事件などに比べ金額は格段に小さいが、安倍前首相の認識が改めて問題となることは間違いない。このため、検察審査会の審査の結果、強制起訴を免れる保証はなく、さらに言えば無罪となる保証もない。

今回、安倍前首相が不起訴となっても、将来的な強制起訴、有罪というケースは十分考えられる。そのコースをたどれば前首相の政治的発言力は格段に落ち、少し前に前首相周辺から漏れてきた来秋の自民党総裁選への立候補情報などたちどころに消えて失せる。そして、安倍前首相が消えれば菅首相の当面のライバルはいなくなる。

菅総理も避けたい「最悪の事態」

しかし、ここで考えなければならないのは、安倍VS検察をめぐるもう一つのシナリオだ。つまり、先に紹介したもう一つの積極的なシナリオ、安倍前首相逮捕である。

この積極シナリオの背景には、安倍前首相の場合、「桜を見る会」の前夜祭だけではなく、刑事責任を問われるべき「公私混同」の疑惑、不祥事が目白押しだという側面がある。

森友学園や加計学園問題でも、公私混同疑惑を裏付ける上で、ほとんど決定的と言えるような内部文書などが次々に暴露されている。そして、数々の疑惑の中でも検察が特に強い関心を持って内偵を進めてきたと見られるのが、自民党の河井案里参院選候補者に対する1億5000万円の運動資金だ。

同じ広島選挙区から立候補していた同じ自民党候補者、溝手顕正前参院議員に対する運動資金のちょうど10倍、常識外れの巨額だ。はっきり言えば、新人の1参院選候補者の選挙戦にそんな巨額を注ぎ込むことは、これまでの選挙の常識からすれば考えられない。

この巨額が本当にストレートに「新人の1参院選候補者」の金庫に入っていったのか。この疑問に首を傾げる政界関係者は少なくない。金庫に入る前、そのうちのいくらかは別の場所に移されたのではないか。

今回、「桜を見る会」前夜祭の問題をめぐって安倍事務所の公設第一秘書や政策秘書らが検察の事情聴取を受けたようだ。河井候補の選挙運動には安倍前首相の政策秘書らが深く関わっていたことが知られている。

しかし、検察はこの政策秘書らに対して1億5000万円の件をどこまで聴取したのか、また秘書たちが検察にどこまで話したのかというような情報は外部に伝わってきていない。

一方、安倍前首相の身柄が拘束される事態となれば、菅首

林真琴・検事総長

相の想定を超えて自民党政権自体を大きく揺るがす事態となる。安倍前首相の3度目のカムバックを防ぎたい菅首相にとっても、そのような事態だけは回避したいところだろう。

林検事総長の「天敵」

菅内閣の法相には、安倍内閣に続いて二度目の登場となる上川陽子衆院議員が就任した。私に入ってきた情報によると、この上川法相は、検察が「暴走」しないように林真琴検事総長を抑える特別使命を担っているという。

この上川法相と林検事総長との因縁の「対決」については、長年検察取材を続けてきたジャーナリスト、村山治氏の最近著『安倍・菅政権VS検察庁 暗闘のクロニクル』(文芸春秋)に詳しい。その著書の中から、要約引用しよう。

現在、全検察を率いるのは林検事総長だが、この体制に落ち着くまでには安倍・菅政権VS検察の4年に渡る暗闘

上川陽子法相

があった。安倍・菅政権は「安倍官邸の守護神」と言われた黒川弘務東京高検検事長（当時）を検事総長に据えようとして、林名古屋高検検事長（同）を本命とする検察と対立した。

この林氏が刑事局長だった2017年冬、上川法相は、検察内人事構想の既定路線であった林氏の法務次官就任の人事案を蹴ったばかりか刑事局長留任さえ拒絶した。その結果、林氏は名古屋高検検事長に転出したといういきさつがあった。当時の林氏は上川法相に直接説明を求め、2時間以上の談判になった。

村山氏の著作からの要約引用はここで終わるが、林氏にとっても、また、黒川東京高検検事長が賭け麻雀問題で失脚するまで検察路線をじっと守り抜いた稲田伸夫前検事総長にとっても、上川法相は油断のならない「仇敵」となる。

その上川衆院議員を再度の法相に就けた菅首相の狙いは、かつての黒川東京高検検事長ほどの内部防波堤とはならないまでも、林検事総長にいくらかの睨みを利かす役目を負わせたというところだろう。

だが反対に、林検事総長にとっては上川法相はあらゆる面で「天敵」。前掲村山氏の著書によれば、林検事総長の性格は「潔癖でプライドが高い」。

この林検事総長の前に上川法相を置いた菅首相の人事がどのような結果をもたらすか。

かつては黒川氏という「政治的な重し」に配慮しなければならなかった検察だが、村山氏は12日のTBS『報道特集』のインタビューに答え、「安倍さんが総理を辞めたので、そういう配慮をする必要がなくなった。法と証拠に基づいて早くやるという話」とクールな見方を披露している。私に入ってきた間接情報でも、林検事総長は、もちろん「初めに逮捕ありき」という姿勢ではないが、一連の事案について法に基づいた非常にクールな見方をしているという。

いずれにしても、巨大な権力と対峙するには世論のバックアップが必要だ。林検察がどう動いていくか。ひとり検察だけの問題ではなく、国民にとっても正念場となる。私は国民の一人として林検察を応援、支持したい。

沖縄・西表島の炭坑に眠る台湾の記憶～黄インイク氏の最新映画『緑の牢獄』

騙されて島にやって来た橋間おばあ、台湾人坑夫は何を思って生きていたか

2021年04月01日

「西表島」と言えば、人は何を思い浮かべるだろうか。西表島だけに生息する絶滅危惧種のイリオモテヤマネコだろうか。島中に鬱蒼と生い茂るマングローブ林だろうか。

西表島は日本最西端に位置する八重山諸島のうちのひとつで、沖縄本島から南西に約400キロの海上に浮かぶ。すぐ西の「国境の島」与那国島の先に横たわる台湾までには約200キロの距離しかない。当然ながら、古来台湾との往来、交流は多い。

知られざる西表島の台湾人坑夫の痕跡を追う

しかし、この西表島の地層には豊富な石炭の鉱脈が存在し、戦争に突入していった戦前、日本が

多くの台湾人坑夫を過酷な労働条件下で酷使していたことはほとんど知られていない。

国際的に注目されている台湾のドキュメンタリー映像作家、黄インイク氏の最新作映画『緑の牢獄』は、歴史の闇に埋もれたこの台湾人坑夫たちの痕跡を、7年の月日をかけて追ったものだ。

黄氏とそのチームは、様々な映像記録や音声記録、書籍などを調べ上げ、その記録群の上に炭坑の生き証人である台湾人坑夫の娘を登場させた。娘は、両親が亡くなり夫が亡くなった後も西表島に一人で住み続け、訪ねてきた黄氏と面会した時は88歳。その後92歳で亡くなるまで黄氏のインタビューを受け続けた。

「おばあ」の姿を撮り続けたカメラ

黄氏チームのカメラは、インタビューを受けている間も、そうでない間も、日本名・橋間良子（台湾名・江氏緞＝ガン・シードゥアン）さんの姿を追い続けた。

黄氏が親密感を込めて「おばあ」と呼ぶ橋間さんは、台所に据えたカメラの前で子ども時代のことや娘時代、両親のことを語り、買い物に出かけ、下宿人にもらったタケノコを煮て海を眺め、横になって小さいテレビの画面を見る。

テレビはバラエティ番組を流して都会に住む日本人の日常生活を映し、橋間おばあは静かな寝息をたてて眠り込む。夢の中では、子ども時代にそのまま台湾に留まっていれば送っていたかもしれない「もうひとつの人生」を味わっているのだろうか。

橋間おばあの両親は実の両親ではない。戦前の台湾ではよくあったことだが、10代の子どものころに嫁入りの家に入り、将来の夫と兄妹のように育てられた。婚期を迎えたある日を境に兄妹は夫婦となる。

養父は「斤先人《きんさきにん》」と呼ばれる坑夫たちの親方で、西表島における炭坑日本企業と台湾人坑夫たちとの仲介役をしていた。

おとなに10代の自分の人生を決められて

「いわば馬鹿だ。親の言うことだけ聞いて」

ゆっくりとしたテンポで進んできた映画はなかばあたりで、急に大きくなった橋間おばあの声に中断

橋間良子(台湾名・江氏緞＝ガン・シードゥアン)さん

楊添福。橋間おばあの養父。戦後、台湾には長くは帰らなかった。台湾人坑夫と炭坑会社をつなぐ「斤先人」という立場が微妙に作用したのかもしれない。

カメラは橋間おばあの暮らしを追い続ける。戦前、戦中、島に暮らしていた台湾人坑夫たちの唯一の関係者。沈黙の中にも語るものがある。

される。その声の響きは怒りと驚きを含み込み、実の父親や養父の言うことだけを信じて西表島にやって来た自分自身への憤りの感情を感じさせる。

映画は、橋間おばあの人生が幸福だったのか不孝だったのかを問うているのではない。

おとなになるまで兄だった橋間おばあの夫は早いうちに亡くなり、その後女手一つで育て上げた子どもたちは、島から出て行ったきり帰って来なくなってしまった。その家族環境からすれば、橋間おばあは人生の運に恵まれていたとは言えない。

しかし、橋間おばあが悔やんでいるのは、そのような特異な家族環境の不運だけではなく、実の父親と養父というおとなによって10代の少女だった自分の人生の航路が決められ、西表島という小さい「緑の牢獄」に生涯閉じ込められることになった、その不運そのものなのだ。

「潜在意識の中」「記憶の暗がり」に踏み込む

ドキュメンタリー映画『緑の牢獄』の監督である黄氏は、映画製作終了後『緑の牢獄——沖縄西表炭坑に眠る台湾の記憶』(五月書房新社)という本を書いている。7年に渡る映画の製作過程や、ドキュメンタリー映画を製作する際の黄氏自身の思想を語ったものだ。

それによると、黄氏が橋間おばあの「潜在

黄インイク著『緑の牢獄——沖縄西表炭坑に眠る台湾の記憶』(五月書房新社)

意識の中」「記憶の暗がり」に踏み込んでいったのは、インタビューを開始して2年が経った時点だった。

歴史の闇に埋もれた西表島の台湾人坑夫たちの世界に直接つながりを持つほとんど唯一の生き証人、橋間おばあの「記憶の暗がり」。それは、旧大日本帝国の植民地経営や台湾人坑夫たちの過酷な労働実態を赤裸々に暴くというようなものではない。

黄氏の製作チームは、橋間おばあへのインタビューを続けるとともに、西表島の炭坑と深い関連を持つ台湾北部の炭坑や九州の炭坑、「端島炭坑」(通称「軍艦島」)などへの取材旅行を積み重ねた。

なぜ来たのか、どう暮らし、何を思ったか

軍艦島の巨大な廃墟に圧倒されながら、この炭坑跡をめぐる日韓両国の軋轢《あつれき》を考える。映画『緑の牢獄』には、これらの取材や考えた末の論考などは直接は出てこない。

黄氏が『緑の牢獄』で表現しているものは、戦前日本の台湾人坑夫に対する過酷な扱いへの追及ではなく、台湾人坑夫たちはなぜ西表島の炭坑にやって来たのか、台湾人坑夫たちは西表島でどのように暮らし、何を思って生きていたのかという問題だ。

映画の後半部分に入ると、若い台湾人俳優や日本人俳優を使った再現フィルム部分が映される。

西表島の住民の間では、騙されて炭坑に入っていった台湾人坑夫たちの幽霊が、いまだに島中を彷徨《さまよ》っているという言い伝えが残されている。俳優たちはその幽霊となり、あるいは戦前の炭坑にあった博打場で博打に興じ、あるいは「モーフィ」（モルヒネ＝アヘン）を腕に注射する。

借金のたまった坑夫たちはとても返済できず、早朝から夜遅くまでの過酷な労働に耐えるためにアヘン漬けになっていく。海で囲まれた島からは逃げることもできず、運よく台湾にたどり着いた者も、アヘンからは逃れることができなかった。台湾ではアヘンを自由に打てず、ただアヘンを打つことだけを考えて再び「緑の牢獄」に舞い戻ってくる坑夫も少なくなかった。

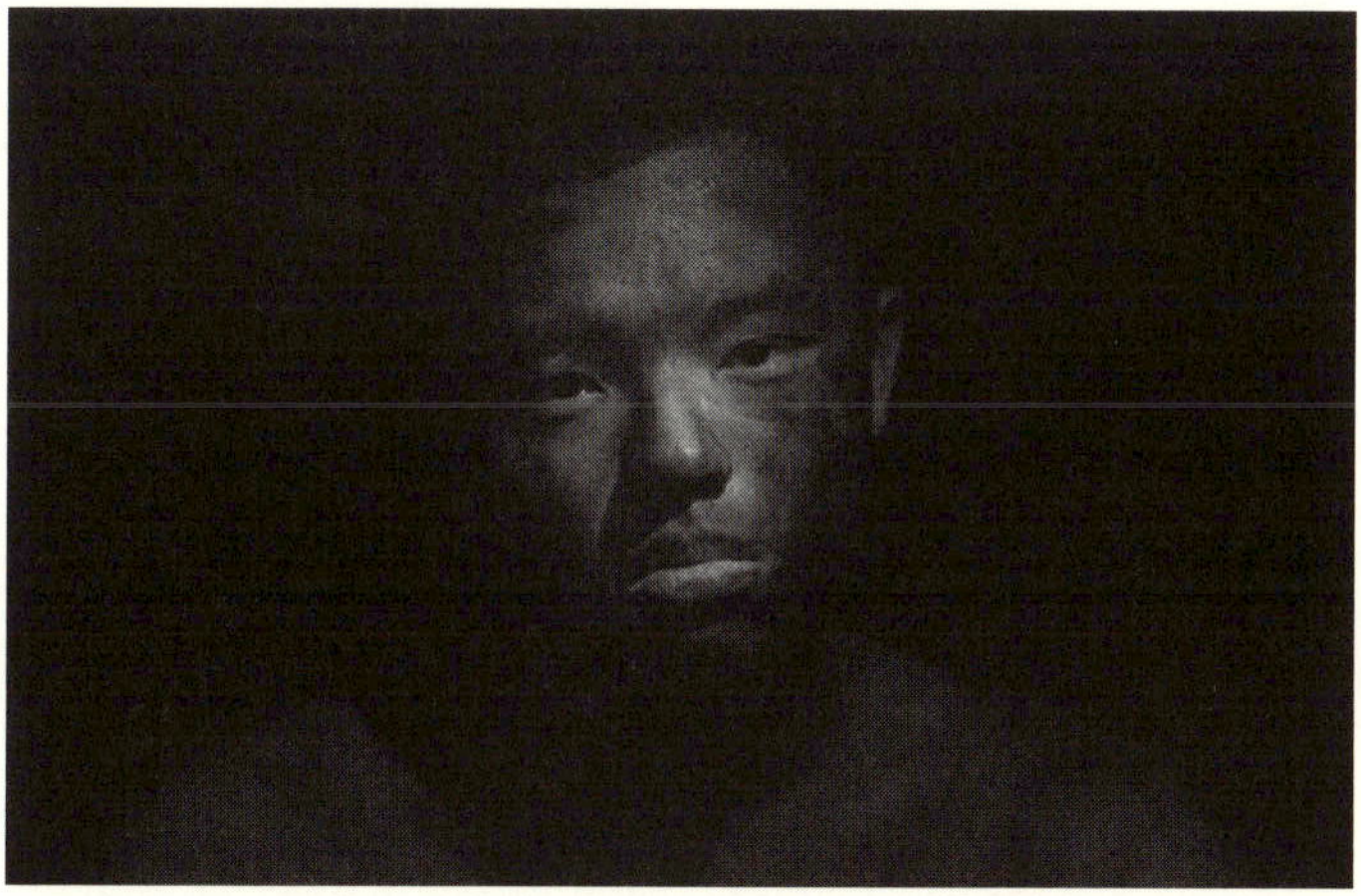

再現フィルム上の坑夫。セリフは一切与えられなかった

再現フィルムの中の俳優たちには一切セリフがない。ただ黙ってモーフィを打ち、博打に興じ、酒を飲み、カメラを見つめ続ける。まさに歴史に埋もれた坑夫たちに言葉がなく、その証言が一切残されていないことを表しているかのようだ。

騙されて来島した台湾人や日本人坑夫

西表島にはいくつかの炭坑が存在したが、坑夫たちの構成は台湾人がざっと半分ほど。あとは朝鮮半島から来た人たちと日本人だ。残された記録や証言などによると、このうち台湾人や日本人坑夫たちは騙《だま》されて来島した人が多い。

「仕事が楽で南の島の生活も過ごしやすい。自然になっているバナナなどはすぐに食べられる」といったような誘い言葉に乗せられてやって来たが、島で待っていたのはまさに囚人の生活で、経済的な問題やアヘン漬けなどで「緑の牢獄」からは抜け出せなくなってしまった。映画はそのような事情について、渉猟した記録、資料に基づいて、スクリーン上で納得させていく。

橋間おばあが発した、

「いわば馬鹿だ。親の言うことだけ聞いて」

という言葉は、実は橋間おばあ自身のことだけを言っているのではない。簡単に騙されて島にやって来た坑夫たち全員のことも言っているのだ。映画はそのことを十分に理解させてくれる。従軍慰安婦や徴用工をめぐって、「強制連行」があったのかどうかということが問題になっているが、歴史の問題はそんなに単純なものではない。その時の台湾人、日本人、朝鮮人たちが騙されてしまう構造そのものに問題があるのだ。

騙す炭坑会社、発注する政府は、西表島で坑夫たちが当面する過酷な労働やアヘン漬けの生活などを知り尽くしている。知り尽くした上で騙し続けているのだ。

映画を観て連想した三つのこと

私は映画を鑑賞しながら、三つのことを連想した。

ひとつは、夏目漱石の異色の小説『坑夫』だ。

筆が進まなくなった島崎藤村に代わって急きょ、「朝日新聞」に連載しなければならなくなった漱石が、足尾銅山で坑夫の仕事をした経験を持つ青年からの聞き書きを基に書き下ろしたドキュメンタリー小説。漱石の他の小説とまるで趣の違うこの小説で青年が経験する世界は、日本とはまったく異次元のもののようだ。生活や労働、習俗までもが日本のそれとはかけ離れているように映る。

だが、その驚きは、過去の鉱山では、朝鮮半島や台湾などからやって来た人たちが中心だったことを思えば、奇妙な納得の中に吸い込まれていく。

もうひとつは、戦前日本におけるアヘン政策だ。

19世紀中国人をアヘン漬けにした英国の三角貿易やアヘン戦争は有名だが、戦前日本は英国のアヘン利権を引き継いだ。中国大陸を侵略した軍部は、そのアヘン利権を求めて、西へ西へと侵略の版図を広げていった。

中国大陸を西へと進んでいく陸軍将校は、必ずアヘンを携行していた。現金以上に通用するその用途は自ずと推測できる。西表島も含めて、アヘンは戦前日本の軍国主義を支える重要な柱だった。

最後は、台湾人や朝鮮人、日本人坑夫たちの〝沈黙〟の声だ。

私は、戦前の中国大陸を舞台にした歴史的な小説を読むたびに不思議に思うことがある。それは、魯迅の小説などを除いて、膨大に存在した「苦力《クーリー》」＝中国

カメラは西表の自然を写し続ける。マングローブが茂る美しい風景

人・インド人を中心とするアジア系の移民、出稼ぎの労働者のこと＝たちが発した声が、ほとんど記されていないことだ。

苦力とは構造が違うが、戦後になって中国や韓国の徴用工、従軍慰安婦たちが発言を始め、声を持ち始めると、日本政府は途端に身構え、門前払いしようと、城塞《じょうさい》深く立てこもった。

日本政府は、戦前の満州国実質トップの孫、安倍晋三氏が前首相を務め、明治以来の北九州の炭坑を富蓄積の始原とする麻生太郎氏が現副首相に就いている。そして、安倍、麻生両氏のような世襲議員が自民党の主流を構成し、政権に群がる「ビジネス右翼」たちがその周辺を固める。かくして徴用工や従軍慰安婦たちの声は、日本政府にはまったく届かない。

こうした風潮に抗するかのように、黄氏は歴史の中に埋もれてほとんど誰も耳にしたことがない台湾人坑夫たちの声を掘り当てようとした。

饒舌ではない映像が語ること

とはいえ、ドキュメンタリー映像作家の黄氏は決して饒舌《じょうぜつ》ではない。映画の中の台湾人坑夫たちには、一切セリフを与えなかった。フィルムは過去のドキュメンタリー映像や橋間おばあの日常生活、西表島の美しい自然を映し出し、何か特定の主張を打ち出した形跡はない。

それらの映像、スクリーンの裏側を重く軽く流れていく音楽、橋間おばあたちのモノローグ。それらはコラージュのように積み重なり、観る者それぞれをして、ある方向に向かわせる。私の場合は、すでに記したように、歴史の中に埋もれた人間たちの声を想像し、現在進行中の歴史の動きについて思いを致すことだが……。

21世紀は人に優しい新たな戦争の時代～戦場のAI化が進み「死傷ゼロ」

中国軍の現役将校が縦横に展開するAI戦略の未来の驚くべき中身

2021年05月23日

驚くべき翻訳書が出版された。著者は現役の中国人民軍上級大佐で戦略学博士。中国人工知能学会会員でもある。龐宏亮（ホウ・コウリョウ）著『知能化戦争　中国軍人が観る「人に優しい」新たな戦争』（五月書房新社）。

自分が関係している出版社の本に「驚くべき」という表現は慎むべきかもしれない。だが、中国軍の現役将校が自身の担当している人工知能（AI）戦略の未来について、縦横に論を展開した書であることを知れば、この世界に関心のある人ならその表現に何度も首肯することだろう。

龐宏亮著『知能化戦争　中国軍人が観る「人に優しい」新たな戦争』（五月書房新社）

戦場から人間の姿がなくなる

この世界に馴染みのない人に簡単に説明しておこう。本書でも指摘しているように、２０３０年代には戦争はＡＩ同士、ロボット同士の新しい形態を取り、戦場から人間の姿はなくなる。21世紀は人類史上革命的な戦争形態の転換が起こっていくのだ。

その未来の戦略について、中国軍の最高幹部が見通しを開陳した書なのである。私自身はこの翻訳書の成り立ちには直接関与していないが、社の担当スタッフの話を聞けば、「日本で翻訳書を刊行するにあたっては、中国共産党の最高幹部まで話がいったのではないか」とのことだ。

ＡＩ戦略は、中国だけではなく、米国やロシアなど世界中の軍事関係者が最も注力している分野だけに、この翻訳書の許可と刊行は単なる出版だけではない意味合いがあるかもしれない。世界や日本に向けた、中国の何らかのメッセージが含まれている可能性がある。もちろん、本の企画から構成作業まで手掛けたスタッフによれば、翻訳に当たっては、中国のプロパガンダに乗せられないように細心の注意を払ったということだ。

以下、この本の印象的なエキスを剔抉《てっけつ》し、少々強引に再構成してみよう。

世界一囲碁が強い男がAIに負けた

２０１７年5月27日、中国・烏鎮で涙を落とした一人の青年の姿に人類は衝撃を受けた。青年の名前は柯《か》潔《けつ》。世界中の人間の中で今、最も囲碁の強い男だ。その囲碁界の第一人者がグーグルのＡＩシステム「アルファ碁」に0対3で完敗したのだ。

囲碁は人類史の中で最も難しいとされるボードゲームだ。３０００年以上前に中国で考案された。縦横19本の線が引かれた格子の中で黒白の石を互いに置き合って、それぞれの時代を代表する棋士たちが陣地を争い合ってきた。

碁盤の局面のバリエーションは10の１７０乗を超え、宇宙にある原子の数よりも多い。現時点で最高の能力を持つコンピューターをはるかに超える計算能力が必要だ。この計算能力をさらに超える想像力が人間の頭脳には存在し、コンピューターはその人間の頭脳を超えることはできない。柯潔の落涙の瞬間まで、そう信じられてきた。

人類が敗北する前兆はあった。

前年の２０１６年3月15日、グーグル「アルファ碁」は、世界トップクラスの韓国のプロ棋士イ・セドルを4対1で打ち負かした。解説していた別のプロ棋士は、「アルファ碁」が指したある一手を、「驚くべき一手」と評した。その一手が「不可思議なやり方」であり「常識外の新天地を切り拓いた」からである。

紀元前500年の兵法書『孫氏』が言う「兵に常勢なく、水に常勢なし」という戦法を、文字通り自身の目の前で目撃し、第一人者・柯潔はこう語った。

「人類の数千年の実戦と演練は進化しているが、コンピューターは、人類はいずれも間違いであることを教えてくれた。囲碁の真理に触れた人は一人もいなかったのだと思う」

深層学習で人間のような大局観を獲得

しかし、世界最高峰のコンピューターの計算能力をはるかに超える囲碁の世界で、なぜAIは人間の頭脳に打ち勝つことができたのだろうか。

その秘密は、AIが新たに身につけたディープラーニング（深層学習）にある。ディープラーニングというのは人間の脳の神経ネットワーク構造をモデル化したもので、抽出・認識したデータを次のより一層深い層に送り込んで認識し、さらにそのデータをより深い層に送り込む。こうしてデータは次々により深い層で正確に認識され、この作業過程自体をAI自身が自ら学習していく。

その結果、AIは単なる計算機械から、人間のような幅広く深い大局観を持つようになった。このディープラーニングのアルゴリズムに、単なるデータの供与ではなく、コンピューターが蓄積したビッグデータを与えれば、ＡＩはビッグデータを養分にして飛躍的な成長を遂げていく。

人類の代表に勝った「アルファ碁」は、これまでに記録の残る３０００万種類の囲碁の手筋を与えられ、自らを鍛えてきたのだ。

このＡＩに、戦略や戦場のビッグデータを与えればどうなるか。もうお分かりだろう。

世界中の参謀将校、兵士が失業

囲碁界の第一人者同様、世界中の参謀将校は失業の憂き目に遭う。将校だけではなく、武器を携行する兵士、さらには航空機や船舶などからも人の影は消えていく。

実際、アフガニスタン戦争とイラク戦争では、偵察や監視活動など米軍の作戦支援任務の大半部分と、

ＡＩに３連敗し、対局を振り返る柯潔九段（左から２人目）＝2017年5月27日、中国浙江省烏鎮

航空攻撃の約3分の1は無人機によって実行された。現在、米軍の無人機基地は60カ所を超え、世界各地に分散している。ロシアやイスラエルも無人機に注力しており、世界の航空偵察・攻撃の中心部分を占めつつある。

AI兵器の七つの優位性

無人のＡＩ兵器がなぜ優れているのか。本書では7点にわたる優位性を挙げている。

1　自由な設計が可能で、これまでの兵器システムの応用だけでなく、新規の兵器装備を作り出すこともできる。

2　小さくすることやステルス機能の強化が可能。壁を上りパイプを通り抜けることもでき、無人水中航走体は潜行接近も可能だ。

3　人間の能力を超える超長時間の行動持続能力。英国キネティィク社の太陽電池式無人機は14日間の連続飛行記録を樹立した。

4　超絶機動性能。無人航空機であれば有人の耐G能力の2倍を超える20G前後の負荷に耐え、毎秒3回の360度ロールも可能。

5　命令への正確な服従。特殊な危険環境に置かれた戦場では人間は生存本能に従うが、ＡＩは過酷な環境に恐れも萎縮もせず行動。
6 訓練時間の短縮。飛行経験のない操縦士でも1年以内の訓練で無人機を操縦。数分間の訓練で無人ヘリの着陸に成功した事例も。
7 コスト削減。無人機は小型化が可能で安全装置も不要。オペレーターの給与や医療費、住宅手配などは操縦士より格段に低廉。

これらの優位点を備えたAI兵器は、今後まちがいなく世界の戦略兵器の中心になっていく。その結果、どのようなことが起こるのか。

戦場で死傷者がゼロになる？

著者の中国人民軍上級大佐は、戦場における「死傷ゼロ」が実現する可能性があると見ている。

「将来、知能化戦場では無人機、地上ロボット、水上・水中の艦艇、宇宙船などのさまざまな知能無人化プラットフォームが大量に使用され、戦場の有人操縦システムは大幅に減少する。（略）知能化無人システムを主戦力とする軍隊は、人員の死傷を最小にとどめ、場合によっては戦闘死者を出さない状況も実現させる」

さらにその結果、世論の動向は強く「死傷ゼロ」を求めるようになる。「なぜわれわれの子供と冷酷なロボットを戦わせなければならないのか」「なぜわれわれの子供の代わりにロボットを使わないのか」「戦争は機械同士が行うものであるべきである」という考え方が世論の主流となり、政府は限定的な戦争において常に「死傷ゼロ」を目指さなければならなくなる。

今後、戦場のＡＩ化が進み、人間の戦闘員数は減少し続ける。政権維持を狙う政府は人間の戦闘員起用に慎重になり、人類の戦争形態はまさに「死傷ゼロ」の時代に突入していく。これが、21世紀の戦争形態に対する著者の見通しだ。

『中国軍人が観る「人に優しい」新たな戦争』という本書の副題の意味は、この見通しに由来している。

しかし、その反面「死傷ゼロ」がもたらす結果として、戦争への引き金を引きやすくなるという側面も指摘されている。古代ローマで戦闘士同士の戦いを市民が楽しんだように、ロボットやＡＩ兵器による限定戦争が弄ばれる恐れもある、という心配だ。

戦争の形態が劇的に変わる可能性

もうひとつ本書の中で指摘されているＡＩ時代の戦争の変化は、まさに「ゲームのルール」が変わるのではないか、ということだ。

近い未来において、ＡＩの進化と並んでマイクロ飛行体やマイクロ機器、ナノテクノロジーの技術が発展し、ＡＩ兵器は鳥や蚊、トンボ、蜂、蜘蛛など小さい昆虫の形態を取る。これら昆虫大のＡＩ兵器は、自分自身で配管や穴、隙間、窓などの間隙空間から室内に入り込み、敵国の政府首脳や要人、指揮官などを至近距離から殺害する。

しかし、昆虫ヒットマンは相手国の激しい反発や怒りを招く可能性があるために、この方法を採る前には「世論戦」を仕掛けて、相手政権への国内世論の反発を高めておくことが必要だ。

いずれにしても、ＡＩ兵器が中心になることで戦争の形態は劇的に変わっていく可能性がある。まさにホメロスの描いた『イリアス』の時代、トロイ戦争でしばしば見られた大将同士の戦いに発想としては近づいていく可能性もある。

中国共産党の隠れたメッセージ

現在の国際政治は米国と中国という二大国の角逐を軸に展開されている。米バイデン政権が菅義偉首相に対して「台湾海峡の安定」を共同声明に盛り込むよう迫ったことに象徴されるように、日本はこの二大国の間に挟まれ続けながら、東アジアで生き続けていかなければならない。

日本と中国との間にはさらに尖閣諸島という領土問題が横たわっているが、ＡＩ兵器が21世紀の戦場空間で展開される近未来を見通す中国が、果たして20世紀の象徴のような「死傷多数」のホットな戦闘を仕掛けてくるだろうか。本書の日本語訳出版を許可した中国共産党首脳の隠れたメッセージの意味を考えれば、そのような事態は想像しにくい。

本書は、ここまでエキスを要約したように21世紀の近未来戦争のあり方を見通した書物だが、前半部分では、まさに21世紀産業の中心になると見られるＡＩ技術そのものの発展形態を要領よく紹介している。

「中国軍人恐るべし」そう思わせる内容であることは間違いない。

コロナワクチン接種のチェック体制の再構築を
～副反応疑い死の遺族が遺族会結成

2022年11月05日

そのフェイクニュースは驚くほど拙劣なものだった。コロナワクチンを接種した自衛隊員のうち400人ほどが接種後に死亡したというネット上の拡散情報のことだ。防衛省が「そのような事実はありません」と否定し、菅義偉内閣時代にワクチン対策を担当していた河野太郎デジタル相も「反ワクって本当に懲りないね」とツイートした。

軽い認識ではすまされない副反応問題

しかし、コロナワクチンの抱える副反応の問題は、「反ワクって本当に懲りないね」という言葉に現われているような軽い認識ですまされるようなものではない。

私は河野氏の政治姿勢については、特に原子力発電所問題や核燃サイクル問題に対する同氏の考え方を通して、基本的に高く評価してきた。核施設問題からの脱却こそ現代日本の抱える最大の難問の一つだと考えるからだ。

だが、コロナワクチンに対するこの発言には疑問を禁じ得ない。副反応問題は決して軽い問題ではない。

コロナウイルスに対して科学的な対策を打ち出せない自民党政府にとっては頼りの綱はワクチンだけ。このような悲惨な状況の中で、ワクチン副反応などの問題は軽く素通りしたい問題と映っているのだろう。

このこと自体が、現在の日本が抱えるコロナ対策上の構造的問題を表している、と私は考えている。

中日の木下雄介投手はなぜ死んだのか

昨年8月3日、活躍が期待されていた中日ドラ

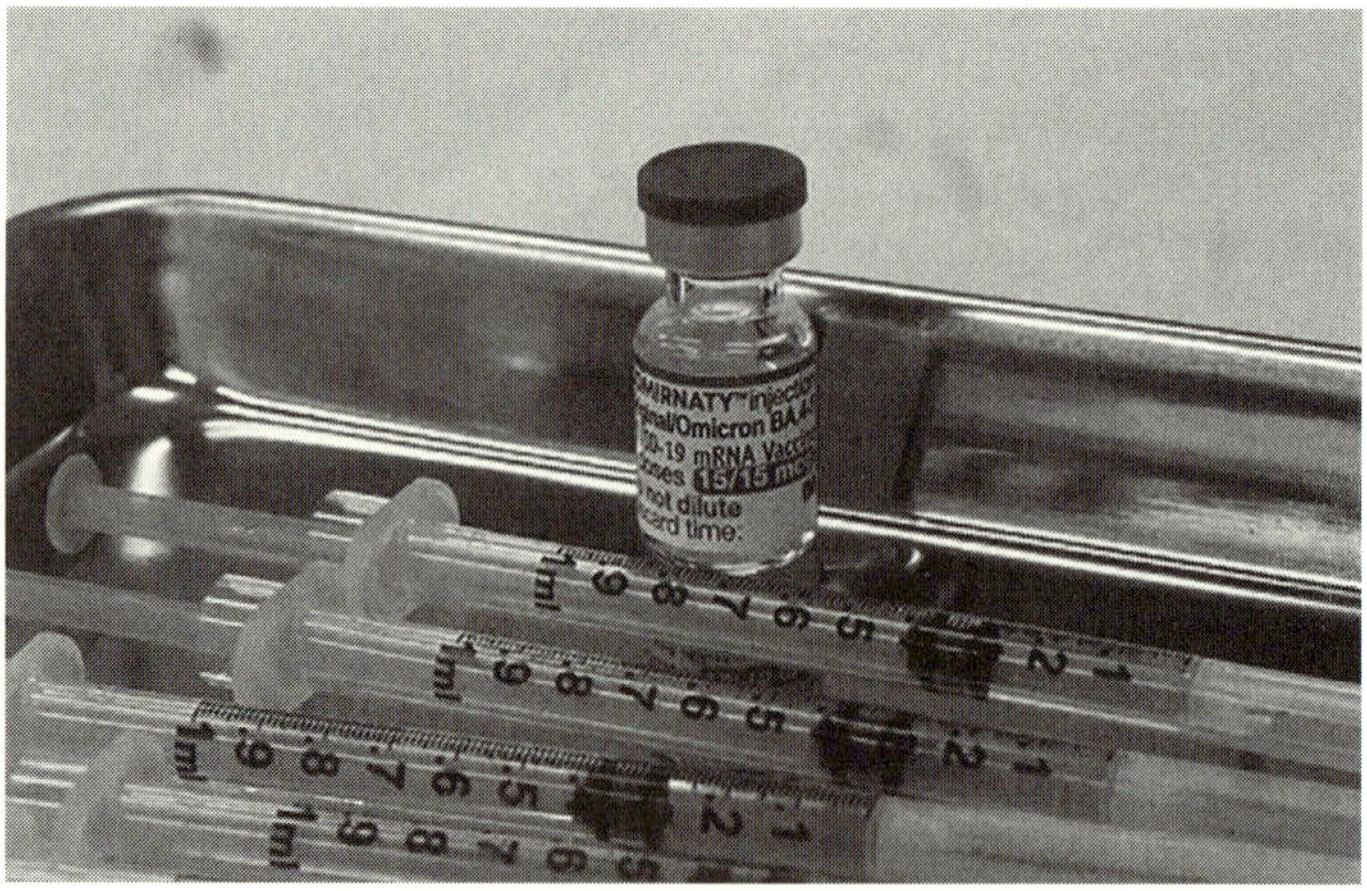

オミクロン株に対応するBA.5型ワクチン＝2022年10月24日、京都市左京区のみやこめっせ

ゴンズの木下雄介投手が、妻と二人の子どもを残して死亡した。享年27歳。最速150キロを超えるストレートとフォーク、スプリットが武器だった。

亡くなる4カ月余り前の3月21日、オープン戦に登板した木下投手は右肩を脱臼、その手術と併せて右ひじのトミー・ジョン手術を受けた。だが、1年後の復帰を目指してトレーニング中の7月6日、突然意識を失い、心肺停止状態となり、亡くなるまで意識が回復することはなかった。

倒れる8日前の6月28日、彼はコロナウイルスのワクチン接種を受けていた。モデルナ製だった。病理解剖の結果、劇症型心筋炎を発症していたことがわかった。主治医は、ワクチンの影響で心筋炎を発症し、激しいトレーニングが加わって心室細動を起こしたと判断。厚生労働省にワクチン接種と死亡の因果関係を報告したという。

ところが、木下投手の遺族や主治医などへの取材を重ねているジャーナリストの山岡淳一郎氏によると、厚労省は「情報不足」などを理由にして因果関係を認めなかったという（参照：10月25日・日刊ゲンダイ「中日投手・木下雄介さん 因果関係『評価不能』判定に妻は『崖から突き落とされた』と」）。

もちろん、ワクチンとそのリスクについては、様々な要因が絡まり合っているため、一筋縄ではいかないことは確かだ。

木下投手の突然の死についても、ワクチン接種が引き起こした劇症型心筋炎と激しいトレーニングという要因の他に、もう一つの要因が重なっていた可能性があるという。死因について追究取材した週刊文春は、妻の茜さんが主治医から聞いた話として「倒れてから、周囲が救急車を要請するまでに、6分もかかっていた」ことを紹介している（参照：文春オンライン「球団が適切な対応をしていれば…」急死した中日・木下雄介投手の妻が涙の告発）

つまり、報道によると、ワクチン接種と運動の他に救急車要請の遅れも死の引き金になったのではないか、ということだ。

現在、遺族側と球団側との間で話し合いが続いているというが、劇症型心筋炎と激しいトレーニングとの因果関係などをめぐって不調をきたしているようだ。

ワクチン接種後に死亡した人の遺族が遺族会を結成

厚労省はワクチン副反応の疑い死である1885件（ファイザー1668件、モデルナ185件、アストラゼネカ1件、武田薬品工業＝ノババックス1件）について、1件も因果関係を認めていない。

「現時点において、ワクチンとの因果関係があると結論づけられた事例はなく、4回目接種後の事例を含め、引き続きワクチンの接種体制に影響を与える程の重大な懸念は認められない」

（厚労省ホームページ）

10月20日、ワクチン接種後に死亡した人の遺族が遺族会を結成、東京都内で記者会見を開いた。働き盛りの配偶者を突然亡くした人にとってはあらゆる意味で深刻な問題だ。

しかし、ワクチン接種と死亡との因果関係が1件も認められていないため、国の予防接種健康被害救済制度の救済は受けられない。今後、遺族会には100人以上が加わる予定で、記者会見では国を相手取って集団訴訟を起こす考えも述べられた。

ワクチン接種の影響は本当に残らないのか？

ファイザーやモデルナ製のワクチンはmRNA（メッセンジャーRNA）ワクチンだ（ノババックス製は不活化ワクチン）。コロナウイルスが細胞に吸着するスパイク蛋白の遺伝情報を体内に注入する。この情報に基づいて体内でスパイク蛋白が形作られると、今度はそれに対する抗体が形成される。この抗体がコロナウイルスに立ち向かっていくという仕組みだ。

厚労省の説明では、体内に送ったこのmRNAは数日で分解され、体内からは消失することになっている。

しかし、2021年8月31日に公開された米国ロチェスター大学のジョン・S・コグネッティ、ベンジャミン・L・ミラーの論文では、この説明の一部に疑問符がつくような試験結果が出ている。

この論文はNIH（アメリカ国立衛生研究所）傘下のNLM（国立医学図書館）に発表されたもので、1回目のワクチン接種後73日経ってもスパイク蛋白がほとんど同じ値で体内に残り続けていた事例が紹介された。この論文の基になった試験はコグネッティ、ミラーが新しく開発した試験方法によるものだ。

ただ、スパイク蛋白が体内に残り続けていた被験者は、73日目の最終サンプリングの際、風邪をひいていたことが伝えられている。このため論文は、この異常な測定値について、被験者の血流中で増加していた免疫活性と、一般的な風邪コロナウイルスのスパイク蛋白とが交差反応を起こした可能性がある、としている。

この論文には、これ以上の記述はない。論文の基になった試験は4人の被験者に対して行われた。4人のうちのひとりに上記のような異常な測定値が出たわけで、風邪をひいていたという特殊事情があったにせよ、ワクチン接種者に本当に何らかの影響が残らないのかどうか、厚労省は慎重に検討する必要があるだろう。

ワクチンと死亡事例との因果関係

厚労省には現在のところ、ワクチンと死亡事例との因果関係を認める姿勢は見られない。自民党内にも因果関係を認める向きはないようだ。

たしかに厚労省が言うように、心筋炎については、日本循環器学会が米国・イスラエルなどの事例から、ワクチンについての頻度は0・0005~0・006%と低く、感染による合併症の頻度のほうが高いと指摘していることは事実だろう。ワクチンの効果としては十二分の感染回避は期待できないが、重症化予防という点で一定の効果が期待できることもたしかだ。

しかし、1855件のワクチンの副反応疑い死は看過できない。「情報不足」という理由では、遺族は納得しないだろう。

重篤な副反応が出たワクチン接種者や亡くなってしまった人の遺族にとって、副反応は極めて重要な問題である。因果関係を疑っている臨床医の見解も軽視できない。そもそも厚労省が臨床医の報告を義務付けているのもそのためだ。

もちろん、ファイザーやモデルナをはじめ世界中のワクチン製造業者、各国政府ともワクチン接種と副反応疑い死については直接の関連は認めていない。日本の厚労省も「情報が不足していることによって因果関係を跡付けることができない」と言い続けるだろう。だが、日本の場合、もっと別の構造的要因が背景に横たわっているのではないかと、私は考えている。

PCR検査はなぜ抑制されたのか

２０２０年1月にコロナウイルスが日本に入ってきて以来、厚労省はウイルス対策を間違え続けてきた。それは現在に至っても基本的に改められていない。コロナウイルスに対抗する手段、武器は mRNA ワクチン以外にないのが実情だ。コロナ対策を講じている厚労省の医系技官にすれば、その使用に制限が課される事態は回避したいのだろう。

厚労省が間違えてきたコロナ対策の例を挙げれば枚挙にいとまがないが、ここでは最大で典型的な事例を二つ挙げよう。

まず、コロナ罹患を発見するためのＰＣＲ検査の抑制である。現在ではその非常識が広く理解されているが、厚労省や国立感染症研究所、その周りに集う専門家によって長らく大真面目に議論されていた。

厚労省は２０２０年2月17日、「37・5度以上の熱が4日間以上続いた場合にＰＣＲ検査」という目安を公表した。発熱した人々は苦しみを味わい、4月23日には国民的な人気のあった女優の岡江久美子さんが検査を待つ間に亡くなってしまった。5月8日にはこの目安を引っ込めたが、ＰＣＲ検査抑制の考えは変わらなかった。

同じころの２０２０年4月2日、日本の感染症医８０００人以上が加盟する日本感染症学会が提言を発表した。その内容は、「重症者の治療体制を維持するため、軽症者に対してはＰＣＲ検査を推奨せず、自宅安静による対応を求める」というものだった。同学会理事長の舘田一博・東邦大学教授も同じころに同趣旨の発言をしている。

舘田教授や日本感染症学会だけではない。厚労省の新型コロナウイルス感染症対策分科会の会長である尾身茂氏をはじめとする分科会の構成員専門家たちも、口をそろえてＰＣＲ検査抑制論を唱えていた。

この事態は一体、どう考えればいいのだろうか。現在では常識となっているが、検査をしなければコロナに罹患しているかどうかの判断はつかない。コロナであると科学的に診断されなければ対策も立てようがない。対策などは端からあきらめていたのか。それとも、ワクチンさえ手に入れば対策などどうでもいいと考えていたのか。

コロナの「空気感染」を巡って

そうした推測もあながち邪推とまでは言い切れないような事実がある。それは、厚労省が間違えた最大の対策ミスの二つ目である、コロナウイルスの感染ルートである「空気感染」の問題とからむ。

２０２０年２月から３月にかけて、横浜港に停泊したダイヤモンド・プリンセス号の問題は世界中の医学者・科学者の注目を集めた。世界57カ国から乗船客2645人、乗員1068人の合計3713人が乗り合わせていたが、2週間以上、最大ほぼ1カ月もの間、クルーズ船内にただ閉じ込められていた。

「感染させるために培養用シャーレに入れたようなものだ」。2020年2月19日付のウォールストリート・ジャーナル日本版は、乗船していた米国人医師のこんな言葉を紹介した。「シャーレ」では様々なことが起こったが、世界中の医学者は「空気感染」の可能性に気が付いた。感染者とは別の船室にいる人がエアコンのダクトを通じてコロナに感染してしまったからだ。

その後、「コロナウイルスは空気感染する」という認識が世界中に徐々に広まり、2021年4月末にはWHO（世界保健機関）が「空気感染は一般的な感染経路の一つ」と認めた。さらに米国の世界的科学誌『サイエンス』が同年8月27日号で「呼吸器系ウイルスの空気感染」という総説論文を掲載し、「コロナウイルスの主要な感染経路は空気感染」という理解が世界の医学界、科学界に定着した。しかし、厚労省はこの事実をなかなか認めなかった。

本来であれば、この時点でコロナウイルス対策は、それまでの「飛沫感染」を前提にした対策から、「空気感染」を前提とする対策に転換されなければならなかった。ところが、『サイエンス』が「空気感染」の総説論文を掲載してから約5か月後の今年1月13日、国立感染症研究所はオミクロン株に関する報告（第6報）の中でこんなことを書いていた。

「現段階でエアロゾル感染（＝空気感染）を疑う事例の明らかな増加は確認されず、従来通り感染経路は主に飛沫感染と接触感染と考えられた」

厚労省と国立感染研は、当初から飛沫感染と接触感染をメインの感染ルートと位置づけ、「空気感染」についてはまれに起こるものという認識だった。この認識は、先述したWHO発表、『サイエンス』総説論文掲載後も基本的に変わらなかった。

ワクチンがあるから大丈夫でいいのか？

「空気感染」を防ぐ最良の方法は、アクリル板の設置よりも、室内換気のための空気清浄機の導入と二酸化炭素測定器を備えることだ。しかし、厚

伊藤忠商事の東京の本社ビルでは新型コロナウイルスのオミクロン株に対応したワクチンの職域接種がはじまった＝ 2022 年 10 月 17 日、東京都港区

労省や国立感染研はこれを大々的にPRしていないように見える。

おそらく、飛沫感染と接触感染にこだわってきたため、今さら「空気感染」を大きく言えないのではないか。私はYouTube動画（「一月万冊」）で時事問題を解説しているが、コロナの「空気感染」への対策として、コロナウイルスに有効なHEPAフィルターのついた空気清浄機などをリストアップして何度も紹介した。本来は厚労省や国立感染研が大々的に広報しなければならないはずだが、完全に腰が引けているように思える。

PCR検査と「空気感染」の問題は、コロナウイルス対策上、極めて重要であり、厚労省が犯した間違いは大きいと考える。しかし、厚労省と自民党政権はその間違いを認めようとせず、ましてや謝罪しようとしない。最終的にはワクチンがあ

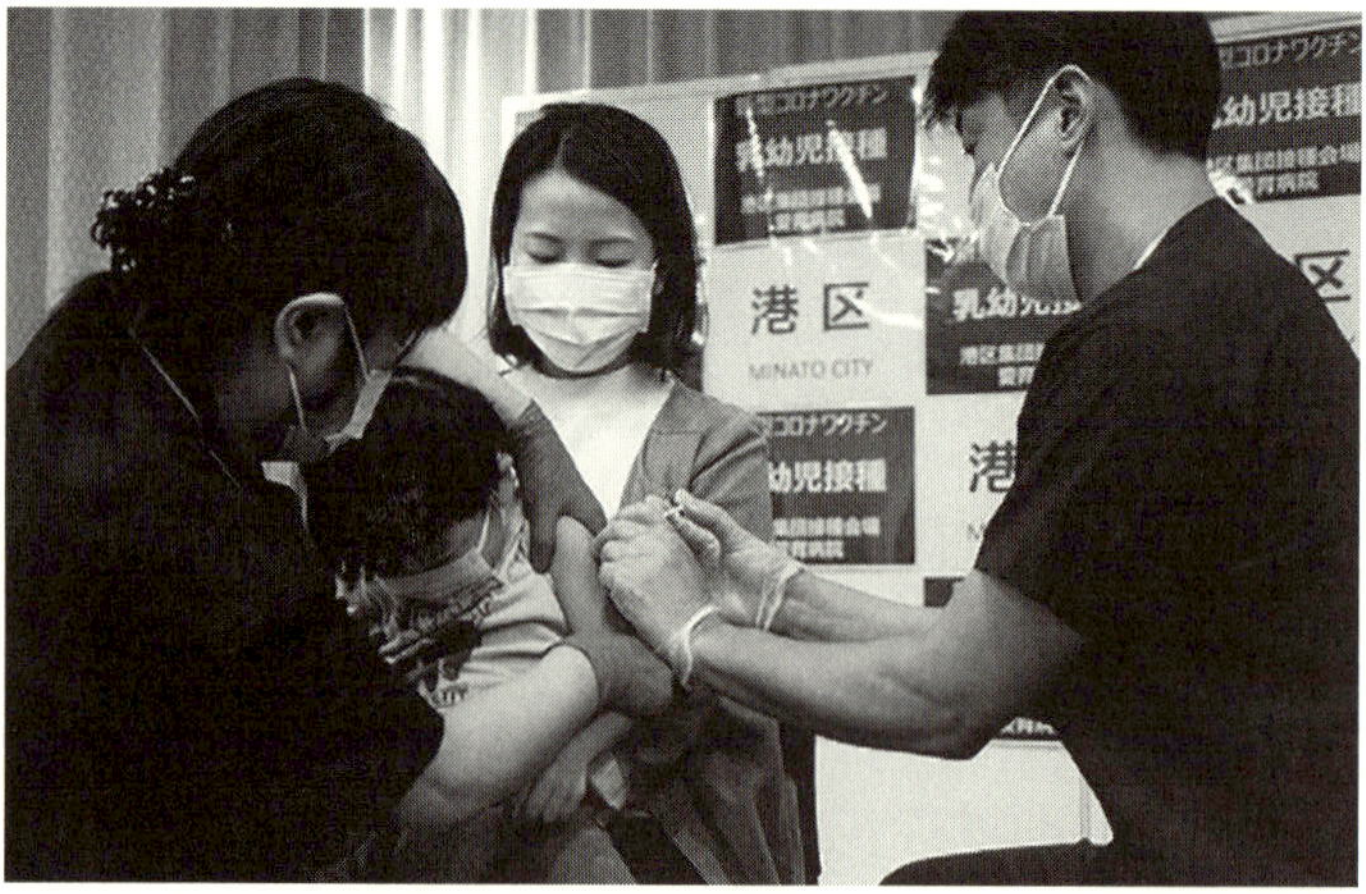

新型コロナウイルスへの乳幼児ワクチンへの接種が開始。接種を受ける幼児＝2022年10月25日、東京都港区

るから大丈夫。厚労省と自民党はそう思っているのではないだろうか。

海外との連携も含めた検証体制を

ただ、そのワクチンには重篤な副反応がつきまとう。3回ワクチンを打った私自身はほとんど副反応が出ないが、妻と子供二人は全員発熱し、2、3日は活動できなかった。ワクチンの副反応についての疑念は国民の間に広がっている。

生後6カ月から4歳の乳幼児を対象としたコロナワクチンの接種が、10月25日から始まった。厚労省はワクチン副反応の疑い死も含めて、あらゆる観点から、ワクチン接種についてチェック体制を再構築すべきだ。場合によっては海外の研究者との連携を含めて検証体制を強めるべきだろう。

たとえば木下雄介投手の事例を可能な限り追跡調査し、ワクチン接種後1カ月は激しい運動は避けなければならないという注意事項をつくる。あるいは、一般的な風邪をひいている時は、発熱していなくても接種を避けるようにするなど、するべきことはいろいろある。

コロナウイルスだけでなく、ワクチン自体についても追跡しなければならないことが少なくないのだ。国は追跡、探求の努力をゆめゆめ怠ってはならない。

著者略歴

❖

佐藤 章（さとう・あきら）

1955年生まれ。ジャーナリスト学校主任研究員を最後に朝日新聞社を退職。朝日新聞社では、東京・大阪経済部、『AERA』編集部、『週刊朝日』編集部、『月刊 Journalism』編集部など。退職後、慶應義塾大学非常勤講師（ジャーナリズム専攻）、五月書房新社取締役・編集委員会委員長。現在はYouTube動画「一月万冊」で時事問題解説を配信中。最近著に『「星条旗」の下の宰相たち』（五月書房）、『職業政治家 小沢一郎』（朝日新聞出版）。その他の著書に『ドキュメント金融破綻』（岩波書店）、『関西国際空港』（中公新書）、『ドストエフスキーの黙示録』（朝日新聞社）、『コロナ日本黒書』（五月書房）など多数。共著に『新聞と戦争』（朝日新聞社）、『圧倒的！リベラリズム宣言』（五月書房）など。

日本《にっぽん》を壊《こわ》した政治家《せいじか》たち
安倍《あべ》晋三《しんぞう》から裏金《うらがね》自民党《じみんとう》政権《せいけん》まで

本体価格……二五〇〇円
発行日……二〇二五年　二月二五日　初版第一刷発行

著者……佐藤《さとう》 章《あきら》
企画監修……清水有高
編集人……杉原 修
発行人……柴田理加子
発行所……株式会社 五月書房新社
東京都中央区新富二―一一―二
郵便番号　一〇四―〇〇四一
電話　〇三（六四五三）四四〇五
FAX　〇三（六四五三）四四〇六
URL　www.gssinc.jp

組版……片岡 力
装丁……今東淳雄
印刷／製本……モリモト印刷 株式会社

ISBN: 978-4-909542-74-8 C0031

緑の牢獄

沖縄西表炭鉱に眠る台湾の記憶

黄《コウ》インイク著、黒木夏兒訳

台湾から沖縄・西表島へ渡り、以後80年以上島に住み続けた一人の老女。彼女の人生の最期を追いかけて浮かび上がる、家族の記憶と忘れ去られた炭鉱の知られざる歴史。ドキュメンタリー映画『緑の牢獄』で描き切れなかった記録の集大成。

１８００円＋税　四六判並製

ISBN978-4-909542-32-8 C0021

中国軍人が観る「人に優しい」新たな戦争

知能化戦争

龐《ホウ》 宏亮《コウリョウ》著　安田 淳監訳

上野正弥、金牧功大、御器谷裕樹訳　木村初夫解説

自律型人工知能兵器の登場で、戦争は戦場で兵士が死傷することのない「人に優しい」戦争になるのか、それともそれは別の悲劇の幕開けにすぎないのか……。情報化から知能化へと新たな段階に移行しつつある未来の戦争の形態を、現役の中国軍人が分析・予測する。

３５００円＋税　A５判上製

ISBN 978-4-909542-33-5 C0031

平野丸、Uボートに撃沈さる

第一次大戦・日英秘話

島崎 淳著

平野丸（日本郵船）とは、イギリスと日本を結んだ定期旅客船。第一次大戦末期、ドイツのUボートに撃沈され多くの犠牲者を出した。そして海沿いの英国の村に流れ着いた日本人らの遺体を、地元住民が手厚く埋葬した。それから１００年。長い年月の中で失われた墓標を再建しようと、英国の人々が立ち上がった。

２０００円＋税　四六判並製

ISBN978-4-909542-57-1 C0022

アマゾンに鉄道を作る　大成建設秘録

電気がないから幸せだった。

風樹 茂著

１９８０年代、世界最貧国ボリビアの鉄道再敷設プロジェクトに派遣された数名の日本人エンジニアと一名の通訳。２００％のインフレ、週に一度の脱線事故、日本人上司と現地人労働者との軋轢のなか、アマゾンに鉄道を走らせようと苦闘する男たちの記録。

２０００円＋税　四六判並製

ISBN978-4-909542-46-5 C0033